# 质量溯源管理

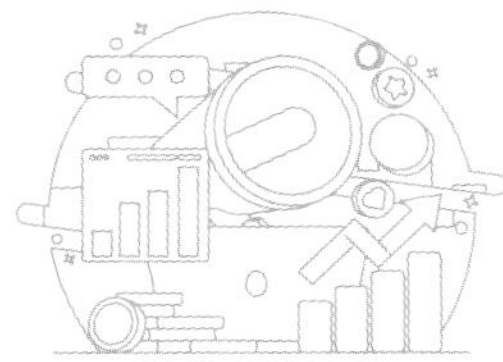

ZHILIANG SUYUAN GUANLI

霍红　李鹏◎主编

化学工业出版社
·北京·

## 内 容 简 介

本书系统阐述了质量溯源的相关概念、体系结构及其构建方法，深入探讨了质量溯源的关键技术。通过具体案例详细分析了影响产品质量的各类因素，并介绍了针对不同产品类型的溯源技术及其应用实践。本书从理论线、系统线和应用线三个脉络系统化地呈现产品溯源框架的构建思路，并辅以实例进行生动说明。全书内容全面而系统，既可作为高等学校质量科学、食品质量安全等专业的教学用书，也可为产品质量监督管理部门和生产企业构建产品溯源体系、完善溯源机制提供专业咨询和指导，同时还可供相关科研单位和技术人员参考。

**图书在版编目（CIP）数据**

质量溯源管理 / 霍红，李鹏主编 . -- 北京：化学工业出版社，2026.2. -- ISBN 978-7-122-49824-3

Ⅰ. F273.2

中国国家版本馆 CIP 数据核字第 2026YF1825 号

---

责任编辑：刘　丹

责任校对：张茜越　　　　装帧设计：王晓宇

---

出版发行：化学工业出版社 ( 北京市东城区青年湖南街 13 号　邮政编码 100011)

印　　装：三河市双峰印刷装订有限公司

787mm×1092mm　1/16　印张 14$\frac{1}{4}$　字数 320 千字　2026 年 3 月北京第 1 版第 1 次印刷

---

购书咨询：010-64518888　　　　售后服务：010-64518899

网　　址：http://www.cip.com.cn

凡购买本书，如有缺损质量问题，本社销售中心负责调换。

---

**定　　价：58.00 元**

# 前言

PREFACE

中共中央、国务院印发的《质量强国建设纲要》强调，建设质量强国是推动高质量发展、促进我国经济由大向强转变的重要举措，是满足人民美好生活需要的重要途径。《质量强国建设纲要》要求构建重点产品质量安全追溯体系，完善质量安全追溯标准，加强数据开放共享，形成来源可查、去向可追、责任可究的质量安全追溯链条。在数字技术深度融入经济社会发展、深刻影响社会治理方式的今天，运用机器学习、大数据、人工智能等一系列新的研究方法和工具赋能产品质量安全治理，提升质量溯源水平，已经成为传统质量安全产业转型升级的关键。

本书立足于全面推进质量强国战略的大背景，聚焦中国特色质量溯源管理实践，通过构建相对完整的质量溯源管理研究方法知识体系，系统阐述了如何植根中国质量管理实践做高质量的质量溯源研究，集理论、系统、应用于一体，很好地兼顾了理论性与实践性、前沿性与适用性、学术性与可操作性的平衡。

本书共十章，按照理论线、系统线和应用线三条脉络展开。第一部分是理论线，包括质量溯源概述、食品风险分析与预警、供应链中的可追溯体系，可追溯体系中的过程信息及相关理论技术，如大数据、区块链、大模型等；第二部分是系统线，通过详细介绍溯源信息系统技术实施过程，展示了食品全程溯源系统的一般建立思路；第三部分是应用线，介绍了产地及污染源溯源和个体溯源的应用、食品召回。

本书编写分工为：哈尔滨商业大学管理学院李鹏副教授负责全书结构设计、草拟提纲、组织编写及统稿工作，并编写了第一～九章，霍红教授编写第十章，姚璐、闫泽钰、李晓珊、刘子菁、贺政萍、苏忻洁、朱心如等负责资料收集与整理工作。

本书可作为管理科学与工程、工商管理、工程管理、物流工程与管理等相关专业的研究生教材，也可作为质量管理与工程、物流管理、物流工程、食品科学与工程等相关专业的本科生教材，同时，还可作为食品安全监管部门、食品生产经营企业、第三方检测与追溯服务机构、科研院所及行业协会的培训及参考用书。通过系统研读本书，读者能够掌握产品质量溯源管理的基础理论、关键技术与制度工具，提升在复杂产品质量风险场景中的研究设计能力、系统集成能力与政策创新能力，为推动我国质量安全治理体系现代化贡献力量。

本书历经多轮专家评审，但疏漏之处在所难免。在此，恳请学界同仁、政策制定者、产业实践者及广大读者不吝赐教，以便在再版时进行修订完善。

编者

# 目录

CONTENTS

## 第一部分 溯源理论


第一章 质量溯源概述 / 2

1.1 溯源的概念和意义 / 2

1.2 溯源技术国内外研究现状及进展 / 7

1.3 国内外食品溯源法律体系 / 12

第二章 食品风险分析与预警 / 19

2.1 食品风险分析 / 19

2.2 食品安全预警 / 32

2.3 食品安全预警体系建设 / 38

第三章 供应链中的可追溯体系 / 44

3.1 食品指纹方法 / 44

3.2 可追溯体系中的食品指纹模型 / 47

3.3 利用可追溯体系优化供应链 / 51

第四章 可追溯体系建模和瓶颈问题 / 57

4.1 可追溯体系建模 / 57

4.2 可追溯模型中的过程和产品问题 / 65

4.3 可追溯体系瓶颈问题分析 / 70

第五章 可追溯体系中的过程信息 / 82

5.1 应用过程信息提高产品质量 / 82

5.2 危害分析与关键控制点 / 84

5.3 数据采集与分析方法 / 89

5.4 数据采集与清洗 / 90

5.5 产品溯源识别技术 / 96

5.6 溯源数据分析的工具与方法 / 98

5.7 数据分析方法 / 99

5.8 分析测量的可追溯性 / 101

5.9 AI 大模型赋能食品安全 / 103

第六章 区块链溯源 / 107

6.1 区块链技术的原理 / 107

6.2 区块链的发展阶段 / 110

6.3 区块链溯源 / 118
6.4 区块链发展与应用面临的挑战和障碍 / 118

## 第二部分 溯源信息系统

第七章 食品全程溯源系统的建立与实施 / 122
7.1 食品全程溯源系统的特点 / 122
7.2 建立全程溯源系统的一般流程 / 123
7.3 不同种类食品全程溯源系统的建立 / 152

## 第三部分 溯源应用

第八章 产地及污染源溯源 / 156
8.1 产地溯源 / 156
8.2 污染源溯源 / 166
8.3 植物源性食品污染源溯源 / 169
第九章 个体溯源 / 172
9.1 物种鉴别技术分类 / 172
9.2 虹膜识别技术 / 178
9.3 大型动物个体识别案例 / 184
第十章 食品召回 / 187
10.1 食品召回制度 / 187
10.2 食品召回体系 / 195
10.3 食品召回与逆向物流 / 205
参考文献 / 216

# 第一部分
# 溯源理论

# 第一章　质量溯源概述

## 1.1　溯源的概念和意义

### 1.1.1　溯源的起源

溯源，又称“可追溯性”，源自英文术语“Traceability/Product Tracing”。根据ISO 9000：1987《质量管理体系　基础与术语》的定义，可追溯性是指借助记录和标识手段，追溯某一对象的历史、用途或所处位置的能力。在国际标准化组织发布的ISO 9001：2015《质量管理体系　要求》中，对可追溯性的要求呈现出更加系统全面的特点。该标准规定，在必要情况下，组织须采用适当方式识别输出，以确保产品和服务的合格性。在整个生产和服务提供过程中，组织应依据监视和测量的要求，对输出状态进行识别。若存在可追溯性要求，组织不仅要管控输出的唯一性标识，还需保留实现可追溯性所需的成文信息。

具体而言，产品标识包括产品特性标识（如名称、型号、规格、数量、生产日期、产品批号、颜色等）、产品状态标识（如待检、合格、不合格、特采或让步、报废品等）以及法规要求标识（如3C、UL、EN、RoHS等）。为便于追溯，通常采用批号管理，关联生产指令单、领料单、原物料采购单、IQC（来料质量控制）进料检验记录、客户订单号、生产日报表、生产设备和检点记录（设备参数）、生产人员等信息。信息化和自动化程度较高的企业，常借助MES（制造执行系统）系统、ERP（企业资源规划）系统等信息系统开展追溯工作；人工生产线则可通过生产流转单、生产报表等报表，或人工扫码将数据录入追溯系统，以实现追溯目标。

本书主要以食品溯源为例对质量溯源管理问题进行介绍。

### 1.1.2　溯源的定义

食品溯源是指在食品产业链的各个环节，包括生产、加工、运输、销售等过程中，实现对食品本身及其相关信息的追踪与回溯，从而确保整个食品生产与流通过程处于有效监管之下。然而，食品溯源的定义存在多种形式，例如：

（1）国际标准化组织在ISO 22005：2007《饲料和食品链的可追溯性　系统设计和实施的一般原则和基本要求》中，将食品可追溯性定义为“在食品生产、加工、流通等特定阶段中，对食品移动进行追踪的能力”。其遵循“向前一步和向后一步（one step back and one step forward）”原则，即食品供应链上的任一节点都需至少记录货物的直接来源和直接去向。这一原则被大多数国家广泛应用于食品追溯要求中，旨在构建一种系统方法，用于识别、追溯并管理食品供应链中的食品安全风险。

（2）国际食品法典委员会（CAC）将食品溯源界定为“能够识别食品从哪里来、发生了哪些变化、被送往何处，并明确不同产品之间关系及其相关信息的能力”。

（3）欧盟将食品溯源定义为“在整个食物链供应链中，实现对食品生产、加工、流通各环节，以及用于生产的饲料或其他原材料的识别和追踪的可能性”。

目前，尽管国际上尚未形成完全统一的食品溯源定义，但这并未阻碍人们对食品溯源基本要素的理解、掌握与运用。食品溯源的概念自提出以来，历经多次迭代，不同国家、组织和行业基于自身的监管重点、产业特色与技术水平，对其有着不尽相同的阐释。例如，欧盟倾向于从食品安全危机应对角度出发，强调食品从生产源头到消费终端全程信息的可回溯性，以此作为解决“疯牛病”等食品安全事件的关键手段；美国食品药品监督管理局（FDA）则更侧重于食品供应链各环节信息的精准追踪，以便在食源性疾病暴发时能够迅速定位问题根源，采取召回等措施，保障公众健康。

尽管存在差异，但人们对食品溯源基本要素已形成较为一致的认知。产品标识是其中的关键要素之一，无论是运用条形码、二维码还是RFID（射频识别）技术，赋予每件食品独一无二的“身份编码”，是实现精准溯源的基础。通过这些标识，可串联起食品在原材料采购、生产加工、仓储物流、销售等各个环节的信息。以生鲜农产品为例，消费者通过扫描产品包装上的二维码，便能获取其产地、种植户信息、采摘时间、施肥用药情况、运输途中的温度和湿度变化以及销售终端等一系列信息。

信息记录与存储同样不可或缺。食品供应链上的各个主体，从农场主、生产商到零售商，都需要详细记录与食品相关的各类信息。这些信息不仅涵盖产品的基本属性，如品种、规格、生产日期、保质期等，还包括生产过程中的关键参数，如加工工艺、添加剂使用情况，以及流通过程中的环境数据，如运输车辆的温度、湿度等。并且，借助数据库、云计算等先进技术，将这些海量信息进行安全、可靠的存储，确保随时可查、可调用。

流程追踪与溯源能力是食品溯源体系的核心功能体现。从正向追踪来看，能够沿着供应链，清晰知晓食品从原料到成品，再到消费者手中的整个流动路径；逆向溯源时，一旦发现食品安全问题，可迅速从消费终端回溯至生产源头，精准定位问题环节与责任主体。例如，当某批次食品被检测出质量问题时，通过溯源体系，可快速确定是原材料供应环节出现污染，还是生产加工过程中的工艺失误，抑或是物流运输过程中的环境因素导致。

此外，国际标准化组织（ISO）、国际食品法典委员会等国际组织虽未统一食品溯源定义，但制定了一系列相关标准与指南，为各国在食品溯源基本要素的实践上提供了参考框架，促进了全球范围内食品溯源体系建设在关键环节的一致性与兼容性。因此，即便定义未统一，凭借对这些基本要素的清晰把握，各国食品行业从业者、监管部门以及消费者，都能够在食品溯源体系的构建、运行与监督中发挥各自作用，切实提升食品安全保障水平。

### 1.1.3 食品溯源基本要素

在农产品与食品溯源系统（agricultural and food chain traceability system）中，食品溯源主要涵盖以下六个基本构成要素（图 1-1）。

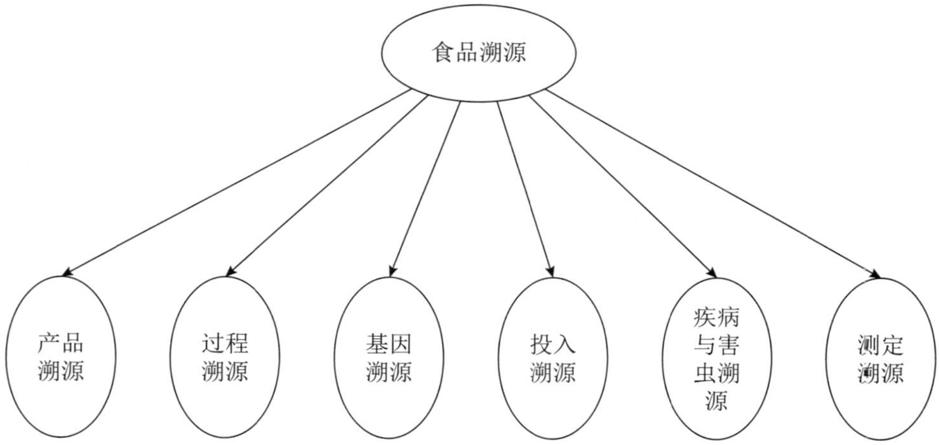


图 1-1 食品溯源的基本要素

（1）产品溯源（product traceability），指借助溯源手段，识别食品在整个供应链中的位置或流向，以支持后续管理与登记、食品召回的实施，以及向消费者或利益相关方传递相关信息。

（2）过程溯源（process traceability），指通过溯源识别食品在种植、养殖或加工环节中可能影响其安全性的行为或过程，包括产品间的相互作用、环境因子的迁移路径，以及污染发生的具体情况等。

（3）基因溯源（genetic traceability），指通过溯源手段识别食品的遗传组成，涵盖转基因食品的基因来源与类别、农作物的品种构成等。

（4）投入溯源（input traceability），指追踪农业生产过程中所投入物质的来源与类型，如配料、农药、灌溉水源、饲料以及为食品保鲜所使用的添加剂等。

（5）疾病与害虫溯源（disease and pest traceability），指通过溯源掌握与食品相关的疾病传播情况、生物性危害（如细菌、病毒及其他致病微生物）及源自农业原料的其他生物成分。

（6）测定溯源（measurement traceability），指通过追踪和检测食品本身、其生产环境及从业者的健康状况等指标，以收集相关信息资料并提供决策依据。

食品溯源是一种基于信息管理的先行介入措施（proactive strategy），其核心在于，在食品质量和安全监管过程中，对相关溯源信息进行准确、全面地收集与整理。尽管溯源体系本身不能直接提升食品的安全水平，但它在问题识别、原因溯源、行政干预以及责任追究等方面发挥着关键作用。

### 1.1.4 食品溯源的意义

完善的可追溯机制是实现食品安全有效管理的重要保障措施，也是适应国际贸易要求、增强消费者信心、保障消费者健康的关键手段。

1. 适应国际贸易与出口要求

发达国家相继实施了食品追溯制度，规定食品，尤其是肉类和肉制品的销售必须具备可追溯性。因此，出口到这些发达国家的食品必须符合食品可追溯管理要求。根据欧盟第178/2002号法规，自2004年起，凡在欧盟市场销售的食品必须具备可跟踪与追溯性，缺乏追溯能力的产品将被禁止上市。美国食品与药品管理局（FDA）规定，凡在美国境内或向美国出口、从事食品生产、加工、包装或供应给人类或动物消费的相关单位，均须完成向FDA的登记，以便实现食品安全的跟踪与管理。自2022年4月1日起，日本国内生产的食品制造商必须在所有产品标签上标明主要成分的原产地。2025年4月21日，日本农林水产省修订了精米及植物蛋白标准，增加了鉴定装置鉴定方法和浸泡检测方法。

目前，世界上已有20多个国家和地区利用各种编码系统，对食品的生产、供应、储存和销售等各环节实施标识管理，实现食品链的跟踪与追溯。随着经济全球化，自由贸易已成为世界贸易的主流。根据“符合性评定原则”，出口食品必须符合进口国的要求。食品追溯制度已成为食品国际贸易的新焦点之一。

2. 保障消费者对所购食品生产过程的了解权利

食品生产主体与消费主体之间存在复杂的互动关系。2025年发布的《食品安全国家标准 预包装食品营养标签通则》（GB 28050—2025）对食品标签的营养信息提出更详细的要求，包括热量、蛋白质、脂肪、糖分等营养成分的标示，以及对特殊饮食需求人群的考虑，这将帮助消费者更清晰地了解食品的营养成分，从而做出更健康的饮食选择。新版食品标签标准（GB 7718—2025）将对食品标签的格式、内容、用语等提出更详细的要求，包括食品名称、配料表、生产日期、保质期、过敏原信息、原产国信息等。此外，标准还要求食品标签内容清晰、醒目、易读，避免误导消费者。食品可追溯体系的建立，能够保证食品链的基本属性信息和与食品安全相关的关键信息得以记录和保存，通过查询，可满足消费者对信息的需求，维护消费者知情权。

3. 提升食品安全保障能力，降低食源性疾病的发生率

目前，全球每年约有700万人感染食源性疾病。溯源体系有助于收集对健康产生长远影响的危害数据，有助于提出风险管理措施，明确食品企业的责任。一旦发生食品安全事故，溯源体系能迅速找出原因。通过追溯和跟踪，可了解不安全食品或食品原料的去向和分布，及时采取召回措施，最大程度降低不安全食品带来的危害，从而提升食品安全水平，减少由食品污染或不当处理引起的疾病事件。

4. 促进企业改进生产工艺，降低损失

建立食品可追溯体系，一旦发现不安全产品，可通过外部追溯寻找可能发生问题的环节；通过内部追溯确定问题发生的具体原因和环节，帮助生产者更好地识别问题根源，及

时采取纠错措施，改进生产工艺，完善 HACCP（危害分析和关键控制点）体系，生产安全的食品。溯源体系使产品与原料直接相连，有助于改善工艺流程，保证原料的更好使用，避免高品质原料和低品质原料的混合，更易进行质量审核程序。

5. 提高食品安全突发事件的应急处理能力

在食源性疾病暴发时，可追溯系统作为重要的应急管理工具，能够实现快速响应与源头定位，有效阻断问题食品的进一步流通，提升风险控制的效率。在原有 HACCP 和 GMP（食品良好生产规范）等食品安全管理体系的基础上，行业逐步引入全过程可追溯的质量控制机制，推动食品安全管理向系统化、精细化方向发展。一旦食品出现安全隐患，通过产品标识与相关记录，可以回溯其生产历史、流通路径及所在环节，从而精准缩小排查范围，迅速锁定问题源头，为问题溯源和责任追究提供有力支撑。目前，我国已上线“中国商品条码食品安全追溯平台”，覆盖包括肉类、蔬菜、水果、海产品等在内的 13 个大类、超过 15 万种产品的信息采集。下一步工作的关键在于，在技术框架基本建立的前提下，进一步确保供应链各环节的信息录入完整、准确，避免因供应链某一环节的脱节而导致整个追溯体系崩溃。

6. 食品溯源体系是保障国家安全的重要组成部分

随着食品产业链的不断延伸，其结构愈加复杂，国际联系日益紧密，行业呈现高度多元化特征。在食品产业链的各个环节——从原料生产、加工处理，到流通销售和终端消费，均存在有意或无意引入食源性风险的可能。近年来，我国食品领域违法违规现象频发。2025 年 7 月，浙江五芳斋实业股份有限公司出口至韩国的一批次绿豆蓉月饼，因检出韩国食品监管体系中糕点类“不得检出”的防腐剂山梨酸，被判定为不合格产品，面临退回或废弃处理。这不仅关乎企业自身声誉，更反映出在食品进出口环节对不同国家标准把控不足带来的食品安全隐患。此前，麻六记酸辣粉也因部分批次生产过程中消杀环节存在不足，导致湿粉饼保质期缩短或霉变，不得不进行召回。从国内市场的食品添加剂违规使用，到出口产品因标准差异出现问题，再到知名品牌食品因生产环节漏洞引发质量风波，这些事件严重影响了公众的安全感和相关企业乃至国家食品行业的信誉。因此，建立健全食品追溯体系，对于保障人民生命健康和维护国家食品安全具有重要而深远的意义。

### 1.1.5 食品召回简介

（1）食品召回：指生产、进口或销售商在发现食品可能对消费者健康构成威胁时，依法向监管机构报告、通知消费者，并回收问题食品，同时提供更换或赔偿的一系列流程。其目的在于降低健康风险、保障消费者权益、提升企业的质量管理水平。值得注意的是，召回并不等同于销毁，部分召回食品经过适当处理后仍可重新上市，或可委托第三方进行处理。

（2）适用情形：涵盖微生物或化学性污染、混入异物、包装缺陷、农药残留超标、成分错误、操作人员带病加工、人为破坏、未经证实的投诉举报、标签问题等多种情况。

（3）召回等级：多国采用分级制度，例如美国将其分为三级：一级（最高风险，可能致命）、二级（风险较轻）、三级（不影响健康，通常因标签问题引起）。我国应重点监管一级和二级召回，同时鼓励三级召回的实行。

（4）召回形式：根据范围的不同，可分为公开召回与沉默召回、贸易召回与消费者召回、批发召回与零售召回等。食品召回制度凸显了以消费者健康为核心的理念，强化了企业责任，弥补了传统监管的不足，提升了应急响应能力和产品质量，具有深远的意义。

## 1.2 溯源技术国内外研究现状及进展

近年来，全球食品安全问题频发，严重威胁着消费者的健康。法国多个知名品牌的瓶装水被检测出含有药物或杀虫剂残留，严重影响了消费者对瓶装水安全性的信任；美国 15 个州相继暴发大肠杆菌疫情，引发民众对食品安全的恐慌；日本一些商家被曝光存在食材标识不实的欺诈行为，损害了消费者的知情权；巴西原料奶掺假事件以及梅菜扣肉预制菜问题，也都给消费者的健康带来了潜在风险。

面对严峻的食品安全形势，世界各国纷纷加强食品安全管理。为强化食品安全监管，许多国家制定了相关政策，构建起覆盖食品全生命周期的“从农场到餐桌”可追溯体系。依据欧盟 178/2002 号法规，自 2005 年起，在欧盟境内销售的所有食品必须具备可跟踪能力，这一规定确保了食品在整个供应链中的流向可查。与此同时，美国、日本等发达国家和地区也提出类似要求，明确规定所有出口到本地的食品必须实现全过程追踪，以便在出现安全问题时能够快速溯源，采取有效措施。

围绕农产品的生产、加工、储运、销售和消费等环节建立的信息采集与追溯体系，已成为农产品质量追溯制度的核心内容，也是保障农产品质量安全的有力手段。这样的追溯机制具有多方面重要意义：它能有效保护农产品产地声誉和地理标志产品，有力打击假冒伪劣产品，营造公平竞争的市场环境，进而提升生产者的积极性；在食品安全事件发生时，能够迅速、精准地召回问题产品，保障消费者的合法权益。而且，如今消费者对食品来源信息愈发关注，英国标准委员会的调查显示，食品产地已成为影响消费者购买选择的关键因素之一，消费者更倾向于购买来源清晰、质量有保障的农产品。

### 1.2.1 我国食品溯源技术应用现状及研究进展

食品可追溯制度在国际上的研究起步于 20 世纪 90 年代，经过多年发展，已在欧盟、加拿大等发达国家形成成熟体系并广泛应用于食品安全监管，在中国也有了很好的开端。

我国于 2015 年颁布《中华人民共和国食品安全法》（以下简称《食品安全法》），明确要求企业建立追溯体系。2016 年，商务部开展了重要产品追溯体系建设示范工作，在山东、上海、宁夏和福建四地，以肉菜、蔬菜和乳制品等产品为重点深入开展追溯体系建设示范试点，打造从生产、流通到消费的全程信息化追溯链条；农业农村部于2016年启动了国家农产品质量安全追溯管理信息平台建设工作；2017年7月，国家农产品质量安全追溯信息平台正式上线以加强对农产品的追溯监管；2020年底，市场监管总局为应对疫情防控需要，建设了进口冷链食品追溯平台，以加强对进口冷链食品的监管，确保食品安全（吴新敏等，2025）。

在动物源性食品领域，我国多个地区相继建立了覆盖牛肉与水产品的追溯管理机制（郝修振等，2016）。例如，北京部署了“北京牛肉产品跟踪与追溯自动识别技术应用示范系统”，陕西构建了“陕西牛肉质量与跟踪系统”，广东开发了“广东水产品质量安全追溯平台”。为加强肉类食品质量安全监管，通过构建覆盖养殖、屠宰、加工、流通等全链条的信息采集与编码识别机制，并建立统一的追溯数据库与服务平台，实现全过程动态监管。将产品生产管理系统与公共信息平台相结合，推动信息在企业、监管机构与消费者之间高效流通，逐步形成“从农场到餐桌”的肉类产品可追溯体系，提升食品安全保障能力与公众信任度（谈和义，2023）。海南省水产品全流程质量追踪与溯源系统以条码和人工可读标识贯穿原料生产、加工包装、储藏、运输及零售各环节，为供应链建立了统一识别链路。若发生水产品卫生安全事件，监管人员可凭借标识链条快速追溯至源头，实现及时、科学且高效的风险管控。

为加强植物性食品的全程监管，相关地区建立了“山东蔬菜可追溯信息系统”“新疆吐鲁番哈密瓜追溯信息系统”和“海南省热带水果质量追溯系统”，在农产品的种植、田间管理、采摘、包装至销售等各环节构建标识体系。这些系统不仅提升了产品流通过程中的质量可控性，也使消费者能够通过终端平台快速查询所购农产品的品牌来源、产地情况、等级标准、生产过程及营养成分等信息。“云南普洱茶信息跟踪与追溯管理系统”采用统一的商品编码技术，对茶叶产品在种植、加工、流通等环节的关键控制点进行识别和记录，确保全过程的质量安全可追溯。系统同步建设了面向公众的信息查询与交换平台，为市场监管部门提供动态监控手段，也为消费者提供便捷的溯源信息获取服务，初步构建起以产品标识为基础、以信息平台为支撑的普洱茶质量安全追溯管理体系（张黔生，2019）。“北疆红提质量追溯系统”已覆盖6个主要种植基地、2000 $hm^2$ 挂果果园及3317户种植户，实现了对红提种植全过程的质量可追溯管理。“北京蔬菜溯源系统”以生产履历为基础，采用IC卡作为管理手段，借助溯源标签标注蔬菜追溯码，依托查询服务平台实现信息追踪。截至2016年，该系统已有140多家企业试点应用该系统，截至2017年，北京市已建成数千个肉菜追溯节点，蔬菜追溯节点达到2383个，覆盖主要大中型连锁超市、批发市场、蔬菜直营店等。2019年，北京市食安项目覆盖节点达到6000多家，可追溯品种达500多种，有效提升了蔬菜产品的质量管控与市场可视化水平。

在消费终端管理方面，上海市建设了“食用农副产品质量安全信息系统”，通过集成生产环节监控、条码识别与网络查询功能，构建起农副产品质量安全的信息化管理平台。农业企业借助“食用农副产品安全信息条形码”，为每一件产品建立了完整的生产档案，实现产品源头的可追溯与质量过程的透明化。

在既有种植业、动物识别与疫病控制、水产品及农垦等多行业追溯体系的基础上，农业农村部启动建设“国家农业产品质量追溯安全管理信息平台”，倡导合作开放、资源共享，并通过印发通知文件，指导各地依托该平台开展统一的农产品质量追溯管理工作。目前，该平台已在山东、广东、四川等省份进入试运行阶段，为全国范围内的农产品质量安全监管提供了技术支撑与示范经验（荆会云，2019）。

条码技术在食品追溯体系中的应用已无技术障碍。若供应链中每个加工环节都能在标注自身产品信息的同时，整合其所用原料的既有标识，并将所有数据完整附加至最终产品，便可实现信息层层传递，构建起闭环、连续的追溯链条。然而，追溯系统的运行高度依赖各环节之间的协调与连贯，一旦某一节点中断，整体链条就会失效，而供应链内部连接脆弱性正是当前追溯体系建设所面临的核心问题。

在 2025 年，尽管食品供应链追溯体系建设已取得一定进展，但仍存在诸多关键问题制约其有效运作。农产品在生产与流通环节工业化管理规则的完善程度依旧不足。多数农产品生产仍依赖传统分散模式，缺乏像工业生产那样统一、精准的流程标准与质量管控体系。以蔬菜种植为例，不同农户在施肥、用药、灌溉时机及用量上差异显著，难以实现标准化产出，导致农产品质量参差不齐，在进入流通环节后，因缺乏统一标准，给质量追溯与问题排查带来极大困难。在农产品加工过程中，部分小型加工厂设备陈旧、工艺落后，对加工环境、温度、湿度等关键参数把控不稳定，难以保证产品质量的一致性，影响了食品供应链追溯体系中产品质量信息的连贯性与准确性。

鲜活食品产业经营主体组织化程度低的状况依旧突出。大量个体养殖户、小摊贩等参与其中，难以达成统一的行业规范管理。例如，在水产品领域，众多小型养殖户各自为政，在养殖密度、饲料选用、病害防治等方面缺乏统一规划与指导，容易引发产品质量问题，且在产品出现问题时，难以迅速溯源到具体生产环节与责任主体。在水果零售环节，街边小摊贩数量众多，进货渠道繁杂，对水果的来源、储存条件等信息记录缺失，一旦出现食品安全问题，追溯链条极易中断。

农村及初级农产品流通领域信息化建设滞后，严重阻碍了追溯技术的推广应用。农村地区网络覆盖质量欠佳，信号不稳定，部分偏远地区甚至网络不通，导致先进的物联网追溯设备无法稳定传输数据。例如，一些山区的农产品种植户，即便配备了传感器等物联网设备来监测农产品生长环境数据，但因网络问题，数据常常无法实时上传至追溯系统，影响了信息的及时性与完整性。初级农产品流通环节中，许多小型物流企业信息化水平极低，仍采用人工记账、电话沟通的方式记录货物运输信息，难以与现代化的追溯系统对接，使得农产品在运输过程中的位置、温度、湿度等关键信息无法精准追溯。

相关法律法规体系不完善，仍是食品安全追溯体系建设与发展的重要阻碍。现有法规对食品供应链各环节追溯责任的界定不够清晰，当出现问题时，容易导致各主体相互推诿责任。例如，在食品原料供应商与食品加工企业之间，对于原料质量问题的追溯责任划分存在模糊地带，一旦出现食品安全事件，难以快速确定责任归属。部分法规条款缺乏可操作性，对违规行为的处罚力度不足，难以形成有效威慑。比如，对于一些不按规定记录追溯信息的企业，罚款金额较低，远低于企业因不规范操作所节省的成本，导致企业缺乏严格执行追溯制度的动力。

### 1.2.2 国外食品溯源技术应用现状及研究进展

在全球食品供应链管理中，构建高效、精准的追溯体系已成为保障食品安全、提升消费者信任的关键举措。诸多国际组织、国家与地区纷纷推出先进方案与法规，推动食品追溯体系持续完善与创新发展。

国际物品编码协会推出的 GS1 系统（全球统一编码及标识系统）不断升级，在食品追溯领域持续深耕拓展。自其诞生以来，基于商品条码技术发展，秉持“公开、公认、简明”原则，如今已全方位覆盖乳制品、新鲜果蔬、酒类、肉类和水产品等多类食品的追踪与追溯应用场景。在全球二维码迁移计划（GM2D）推动下，GS1 系统加速从一维条形码向二维码转换进程，引领各行业实现商品二维码识读解析功能，促进数据信息互联互通。2022 年，浙江省被 GS1 确定为 GM2D 全球首个示范区，率先开展进口商品 GM2D 应用试点，重构进口商品编码体系、迭代溯源平台，实现一码汇聚信息共享、防伪溯源、交易结算等多元功能。截至 2024 年，宁波市进口商品转码赋码量已超 9100 万枚，涉及进口奶粉、葡萄酒等 441 个品种。通过该系统，编码体系精准赋予食品及其物流单元唯一识别身份，自动识别的数据载体将信息转化为机器可识别格式，电子数据交换标准借助前沿自动识别与传输技术，实现食品追溯全程信息自动采集与高效流通。这极大地降低了人工操作成本，提升了系统整体运行效能，在国际范围内得到了广泛应用，且被高度认可（孔洪亮等，2024）。

欧盟作为食品可追溯制度的先行地区，凭借统一立法体系与完善监管架构，持续优化追溯机制（石念等，2023）。2024 年，欧盟在原有基础上进一步细化法规，强化食品供应链各环节可追溯性要求。依据《欧盟一般食品法》（EC No.178/2002）第 18 条规定，食品、饲料及相关原辅料在供应链全程必须具备可追溯能力，经营者需翔实保留进出货信息，构建完备体系供监管机构随时查验。在技术支撑层面，欧盟的 TRACES 系统持续升级，深度融入 IMSOC 信息系统架构，与 iRASFF、EUROPHYT 等子平台协同联动，实现多语言环境下数字化监管与信息实时共享。该系统全面覆盖产品入境、流通、加工、消费等各个环节，对食品贸易全程实施可视化精细管理，为统一欧盟市场食品安全标准、增强突发事件响应能力筑牢根基。在 2025 年 2 月 24 日发布的第 2025/351 号条例对食品接触材料的立法进行了重要更新，涉及第 10/2011 号、第 2023/2006 号和第 2022/1616 号条例的修订，旨在加强食品接触材料的安全性、可追溯性和可持续性。法国的“Tracenet”作为马铃薯生产安全唯一标准数据库，以及种植者间的“Agri Confiance”溯源系统，不断更新数据与功能，提升农产品追溯精准度。欧盟标准化委员会（CEN/TC）发布的“鱼类产品溯源 - 针对捕获鱼类分销链的信息记录”规范持续优化，“Tracefish”鱼类溯源系统进一步完善，将 ISO 溯源定义更广泛应用于海产鱼类和养殖鱼类供应链，从捕捞源头到餐桌全程追踪。在转基因食品管理上，欧盟严格遵循《（EC）1830/2003号条例》，要求含有或由基因改造生物（GMOs）生产的食品和饲料全供应链具备可追溯性，各环节信息流畅传递。2024年新修订的标识法规，进一步明确标识内容与展示形式，要求企业在产品上市前提交更详细标识申请，与授权管理紧密结合，确保转基因食品全流程监管透明可控。

美国在动物产品追溯体系建设上不断探索调整。国家动物标识系统（NAIS）虽因推行阻力终止，但2011年推出的动物疾病追溯规划（ADT）持续优化升级（陈娉婷等，2020）。2024年，ADT进一步强化与各州及行业合作，拓宽数据采集渠道，提升数据处理效率，对畜禽产品追溯能力显著增强。在食品原产地管理方面，严格依据《2002年农场安全与农业投资条例》，对牛肉、羊肉、猪肉、水产品、易腐食品及花生等强制实施原产地标识制度，保障消费者知情权。同时，美国食品和药物管理局（FDA）在食品安全现代化法案（FSMA）中制定的FSMA 204条款将于2026年1月20日生效，要求生产、处理或销售高风险食品清单中的食品公司，实现供应链数字化数据共享，维护关键跟踪事件（CTE）和关键数据元素（KDE）记录，并在24小时内或约定时间内向FDA提供信息，涵盖收发货、冷却、包装等环节。这将促使食品企业加速数字化转型，提升供应链透明度与食品安全保障能力。

2023年7月13日，澳大利亚农业部长们联合发布《2023—2033年国家农业追溯战略》，投资超100亿澳元用于升级农业追溯系统，强化生物安全、贸易、食品安全等领域追溯能力。国家牲畜标识计划（NLIS）持续完善，对牛、羊标识管理更为精细，活牛耳标与瘤胃标识球、羊耳标均采用更先进材料与技术，提升标识耐久性与数据传输稳定性。所有标识数据实时同步至国家中央数据库，实现动物个体从出生到屠宰全链条精准追踪，为保障畜产品质量安全、提升国际市场竞争力奠定坚实基础（柴豪杰等，2024）。

日本持续拓展食品溯源范围与深度。在原有牛肉溯源机制基础上，2024年进一步完善水产养殖行业溯源体系，消费者通过产品标识可便捷查询从养殖到销售全流程信息，包括养殖环境、饲料使用、捕捞运输等关键环节。日本国家食品研究所开发的SEICA溯源系统不断迭代，基于XML网络服务，为生产者提供更便捷产品目录创建功能，产品目录编号全球唯一，消费者可随时随地通过目录编号精准查询产品标注信息，增强消费者对食品质量安全的信心。

以色列的“AGROSAFE”实时管理网络持续优化，依据欧盟GAP标准，助力农业生产链各环节实现高效监测、信息记录与日常作物管理。该网络支持多方向数据交换，实现种植者、包装商、市场链和消费者间信息实时共享，有效提升农产品质量管控水平，保障农产品从农田到市场全流程质量安全。

在奶制品溯源领域，意大利等国的大型奶制品分销商持续升级产品溯源系统，借助先进物联网、大数据技术，实现对贮奶罐、运奶罐和奶牛个体的精准追踪，详细记录奶源采集、运输、加工等各环节信息，确保奶制品质量安全可溯，提升消费者对奶制品品质信任度。

## 1.3 国内外食品溯源法律体系

### 1.3.1 国内食品溯源法律法规

食品可追溯性作为其核心质量特性，是通过科学构建的溯源系统，对食品或其成分在生产加工及供应链各环节中的信息进行系统追踪的过程。建立完善的食品追溯体系，明确产品批次与原料批次、加工记录及流通信息之间的关联，不仅能提升全过程监管能力与食品安全水平，还能迅速确定污染和劣质成分的源头及终点，有效监测和保障食品质量，最终确保食品的整体品质。

欧盟要求所有出口至欧盟的新鲜农产品必须具备完善的可溯源性。美国也针对大范围的新鲜和加工食品提出了类似要求。因此，建立企业的食品可追溯系统，对我国食品出口企业保持并扩大市场份额具有重要意义。

我国政府持续推动食品溯源制度建设，积极引导企业建立健全的追溯体系。近年来，国家围绕食品追溯体系的研究与实践，陆续发布了相关标准和技术指南。各级主管部门与地方政府也组织开展了追溯制度的试点应用，初步构建了食品追溯的信息化系统与数据交换平台。

2019 年，新修订的《中华人民共和国食品安全法实施条例》明确规定，国务院食品安全监督管理部门会同国务院农业行政等有关部门需明确食品安全全程追溯基本要求，并指导食品生产经营者借助信息化手段构建、完善食品安全追溯体系，同时将婴幼儿配方食品等特定食品以及食品安全风险较高或销售量大的食品的追溯体系建设列为监督检查重点，这为食品追溯体系建设提供了更具实操性的法规依据。

2022 年 9 月，新修订的《中华人民共和国农产品质量安全法》正式出台，明确鼓励有条件的农产品生产经营者运用物品编码技术、物联网信息技术、区块链防伪技术等现代信息技术，采集并留存生产经营信息，对农产品从生产到销售的各个环节实施追溯管理。

2023 年 4 月，《农业农村部办公厅、国家市场监督管理总局办公厅关于加强新修订〈中华人民共和国农产品质量安全法〉有关规定衔接工作的通知》印发，进一步明确了两部门在农产品质量安全承诺达标合格证制度和农产品质量安全追溯管理方面的具体衔接要求，严格落实销售环节入场查验、进货查验等食品安全责任义务，有力推动了食用农产品追溯体系建设的规范化与协同化。

在重点品类追溯体系建设方面，各部门积极行动。2020 年 12 月，市场监管总局建成并上线全国进口冷链食品追溯管理平台，已推动全国三十多个省份全部建成省级追溯平台并实现与总局平台的数据对接，同时通过“国家政务信息资源共享平台”与海关总署对接，积极协调交通运输部推进道路冷链运输监测平台建设，将物流运输信息纳入进口冷链食品追溯体系，强化了进口冷链食品从源头到终端的全链条监管。

针对婴幼儿配方乳粉这一重点品类，市场监管总局印发《婴幼儿配方乳粉生产许可审查细则》《婴幼儿配方乳粉生产企业食品安全追溯信息记录规范》等文件，督促企业对生产关键环节信息建立电子记录系统，构建完善追溯体系，并建立产品信息网站查询系统，方便消费者查询，还常态化开展体系检查，将追溯体系建设情况作为重要检查内容。

我国一些地方政府也颁布并实施了食品溯源地方性法规、规章。例如，2023 年 5 月 30 日，云南省林业和草原局、云南省商务厅关于协同开展林草产品纳入重要产品追溯范围，全面推进林草产品追溯体系覆盖工作。2024 年 5 月 1 日起施行《福建省食品安全信息追溯管理办法》的修订版本，加强食品安全信息追溯管理，落实生产经营者主体责任，保障公众身体健康和消费知情权。2025 年 3 月 1 日，浙江省市场监督管理局印发新修订的《浙江省食品销售进货查验记录和销售记录工作规范》开始施行，推进浙江省食品安全追溯闭环管理系统的普及应用，督促食品销售者落实主体责任，切实保障食品安全。

### 1.3.2 国外食品溯源法律法规

#### 1. 食品法典和国际标准化组织

在国际上，为了规范食品溯源技术的研究与应用，国际标准化组织 ISO 和国际食品法典委员会 CAC 自 2003 年起陆续推动制定食品溯源的基本原则标准。2024 年 11 月，CAC 通过了多项食品安全标准和指南，包括《指定名称的蔬菜油标准（CXS 210—1999）》和《食品添加剂通用标准（增补、修改版）（GFSA）（CXS 192—1995）》。美国食品药品监督管理局（FDA）于 2025 年发布了《食品追溯规则》（Food Traceability Final Rule），要求食品生产商、加工者、包装商或持有者在 2026 年 1 月 20 日前记录关键数据元素，并在 24 小时内提供相关信息，该规则适用于特定食品，如软奶酪、鸡蛋、坚果黄油等。尽管 CAC 和 ISO 两者的食品溯源标准起点和重点有所不同，CAC 侧重将溯源作为食品进出口认证的关键工具，ISO 则注重建立食品链中溯源体系的基本原则和要求，但它们在追溯工具的目标、追溯原则以及系统设计上保持高度一致，如：

（1）食品溯源是保障食品安全管理的重要措施，大幅提升了管理的精准度和执行力，方便问题食品召回，并有效地帮助消费者辨别虚假信息。

（2）食品溯源工具可应用整个食品链，或者食品链的某个（些）阶段。

（3）食品溯源形式可以不完全相同，但溯源体系必须实现“前溯一步，后溯一步”，确保既可追踪到供应商，又能追踪到最终客户以及本企业加工过程。

（4）食品溯源方案的设计应注重实际操作的简便性、技术的实现可能性以及经济上的合理性。

作为食品安全管理的必然趋势和基本要求，食品追溯体系已成为发达国家检验和认证的重要标准。许多发展中国家因成本与技术条件限制，尚未达到进口国的要求。对此，国际食品法典委员会 CAC 制定了适用于进出口食品检验认证中可追溯性和产品追踪的指导原则，如《CAC/GL 60—2006 协调进出口国可追溯性标准设计原则和要求》指出，鉴于国际贸易的复杂性，进口国与出口国在检验认证过程中应协调采用可追溯性工具，促进信息互认与数据共享。

### 2. 欧盟法令

2000 年 1 月，欧盟理事会发布《食品安全白皮书》，明确构建统一、透明食品法规体系的目标，全力强化食品“从田间到餐桌”的全程监管。同年 7 月 17 日，欧盟委员会健康与消费者保护委员会于布鲁塞尔宣布修订沿用 25 年的食品安全与卫生相关法规，首次将全过程管理原则融入欧盟食品卫生政策。此次改革着重明确食品生产者保障食品安全的责任，引入 HACCP 体系，强制要求所有食品及其成分具备可追溯性。历经多年发展，欧盟在食品可追溯体系建设方面成绩斐然。

当前，欧盟已构建起覆盖范围广泛且运行机制成熟的追溯体系。在畜禽动物及其制品领域，从牲畜养殖阶段开始，便为每头牲畜配备唯一标识，详细记录其品种、产地、饲料来源、用药情况等信息。这些信息伴随牲畜的成长、运输、屠宰以及肉制品加工、销售，全程连贯记录，确保消费者购买的每一份畜禽制品都能精准回溯至源头农场。以牛肉为例，消费者通过扫描产品包装上的二维码，就能获取牛只的养殖地、育肥过程中使用的饲料种类、是否使用抗生素及疫苗接种情况，以及屠宰加工厂信息和运输流通路径等详细内容。

对于转基因生物及转基因食品与饲料，欧盟制定了更为严格的追溯标准。任何含有转基因成分的产品，从研发、生产、加工到流通的各个环节，都需完整记录基因改造信息、成分占比、生产工艺及流向信息。相关企业必须建立专门数据库存储这些信息，并向监管部门定期报备，以便随时接受检查。在市场销售环节，转基因食品和饲料必须有明确标识，消费者能够清晰知晓产品是否含有转基因成分，且能借助追溯体系深入了解其转基因技术应用细节。

2025 年以来，欧盟持续完善食品追溯法规与监管机制。2025 年 1 月，欧盟委员会发布授权条例（EU）2025/637，修订某些乳制品、动物提取食品添加剂等产品进入欧盟的要求，进一步规范动物源性食品和复合食品的进口追溯管理。同年 2 月，欧盟发布（EU）2025/351 条例，修订食品接触材料和物品相关法规，对食品接触塑料、再生塑料等材料的生产、使用提出新规范，强化从源头保障食品安全。此外，欧盟还通过实施条例（EU）2024/989，确立 2025—2027 年多年期农药残留协调控制计划，成员国需按要求采集和分析相关农药 / 产品组合样品，严格把控食品中农药残留情况，从农业生产环节保障追溯体系上游信息准确性。

在技术应用层面，欧盟积极推动物联网、大数据、区块链等前沿技术与食品追溯体系融合。借助物联网技术，食品供应链各环节的信息实现实时采集与传输，如运输过程中的温度、湿度传感器能即时反馈食品存储环境数据；大数据技术对海量追溯数据进行深度分析，挖掘潜在风险与优化空间；区块链技术确保追溯信息不可篡改、公开透明，增强消费者对追溯信息的信任。诸多食品企业利用这些技术搭建个性化追溯平台，提升自身追溯管理效率与水平，更好地契合欧盟法规要求与消费者需求。

欧盟畜禽产品追溯体系构建（以牛及其产品为例）。在畜禽产品追溯体系建设方面，欧盟一直走在世界前列，其针对牛及其产品构建的追溯体系严谨且全面。2021 年实施的《欧盟动物健康法》相关细则进一步强化了对牛只的识别、登记及产品追溯管理。自 2021 年起，欧盟要求在牛只出生后 7 日内，相关主管机构必须为其加挂具备全球唯一识别码的电子耳标，该耳标可实时记录牛只的位置信息，并通过物联网技术将数据上传至欧盟统一的中央电子数据库。

自 2023 年 1 月 1 日起，欧盟强制规定所有在市场上销售的牛肉及其制品，必须在产品标签上以二维码形式呈现详细的追溯信息。消费者通过扫码，不仅能获取牛只的出生、饲养地点，还能知晓饲养过程中使用的饲料种类、兽药使用情况，屠宰场的名称、地址及屠宰时间，以及分割加工厂的相关许可编号等信息。若牛只的饲养、屠宰、加工等环节均在同一国家完成，产品标签可标注“来源地：[ 具体国家名称 ]”；若涉及多个国家，特别是来自非欧盟国家的复杂情况，需明确注明“来源地：非欧盟国家”，以此清晰告知消费者产品的来源属性。

对于从第三国进口的牛只，欧盟制定了严格的入境追溯管理流程。入境口岸的检验检疫部门会在牛只入境 24 小时内，为其更换符合欧盟标准的电子耳标，并将牛只的原产国、运输路线、健康检疫报告等信息录入 TRACES 系统（泛欧动物及动物源性产品贸易监控系统）。该系统自 2019 年升级为 TRACES-NT（新技术版）后，实现了全流程电子化操作，涵盖从文件生成到信息传输的各个环节，大大提升了追溯信息的传递效率与准确性。在后续的运输、销售过程中，各环节的经营者需通过 TRACES-NT 系统实时更新牛只及牛肉产品的流向信息，确保产品在欧盟市场内的流通全程可溯。

在转基因生物及含有转基因生物的食品与饲料监管领域，欧盟构建了极为严密且与时俱进的可溯源体系。2024 年，欧盟修订并强化了 2001/18/EC 指令的部分实施细则，进一步明确转基因生物投放市场前，需历经更为严苛、全面的风险评估流程。评估不仅涵盖对人类健康、动植物健康的影响，还深入探究其对生态环境长期、潜在的作用。审批过程要求高度透明，开发者需详尽提交基因改造的目的、技术方法、预期效果，以及长期安全性研究数据等资料，审批周期通常设定为 270 天，特殊复杂情况可延长至 330 天，以此确保只有通过严格评估的转基因生物才具备进入市场的资格。

依据（EC）No 1829/2003 法规建立的授权审批制度，在 2025 年得到进一步完善。企业申请转基因食品和饲料授权时，除了提供详尽的产品成分、生产工艺、检测方法等常规资料外，还需提交针对不同消费场景、不同人群的安全性评估报告。欧盟食品安全局（EFSA）会组织多领域独立专家，对申请材料展开为期 6 个月的评估，若申请内容复杂，评估期可延长至 9 个月。例如，2025 年某跨国企业申请一款新型转基因大豆制品进入欧盟市场，EFSA 组织了来自生物学、毒理学、环境科学等领域的 20 余位专家，对其提交的近千页申请材料进行深入审查，最终依据评估结果决定是否授予授权，严格把控市场准入环节。

欧盟在监督机制建设方面不断升级。各成员国负责对辖区内转基因生物从种植、生产到加工的全流程进行日常监管，监管频率从以往的每年抽检，转变为如今重点区域、重点企业每月必检，且每月需向欧盟委员会提交详细的监管报告。欧盟委员会借助 RASFF（食品和饲料快速预警系统）汇总、分析成员国上报的数据，一旦捕捉到问题信号，能在 48 小时内启动联合调查。2024 年，某成员国在市场抽检中发现一款转基因油菜籽制品的实际基因成分与申报不符，通过 RASFF 系统上报后，欧盟委员会迅速协调周边 8 个成员国同步排查该产品的流通情况，及时召回问题产品，有效遏制其在市场上的扩散。

在标签制度方面，（EC）No 1169/2011 法规于 2025 年新增条款，当食品或饲料中的转基因成分含量超过 0.9% 时，不仅要在产品标签上明确标注“含有转基因成分”，还需清晰列出转基因生物的具体名称、来源、基因改造技术信息，以及可能引发过敏等不良反应的详细信息。例如，某品牌转基因玉米粉在包装标签上，需详细注明所转基因来自何种生物、采用的基因编辑技术，以及过往食用案例中是否出现过过敏等不良反应，让消费者能够全面、准确地了解产品信息，自主做出消费选择。

目前，欧盟已形成包括框架指令、授权审批、监督机制和标签制度在内的管理体系，详见表 1-1。

**表 1-1　欧盟转基因食品溯源管理体系**

| 法规和指令 | 颁布时间 | 基本内容 |
| --- | --- | --- |
| 《关于转基因生物向环境有意释放的 2001/18/EC 指令》 | 2001 年 4 月生效，后续持续修订 | 确立转基因生物投放市场前需进行全面风险评估，审批过程透明。开发者需提交基因改造目的、方法、预期效果及长期安全性研究数据等。审批时间一般 270 天，特殊情况可延长至 330 天。涵盖 7 个附件，对转基因技术、环境风险评估原则和方法步骤等进行详细解释，规范了非市场流通目的的转基因生物环境释放及投放市场的核准程序 |
| 《关于转基因食品和动物饲料的（EC）No1829/2003 法规》 | 2004 年 4 月生效，持续更新 | 构建严格的转基因食品和饲料授权审批制度。企业申请授权时，除常规产品成分、生产工艺、检测方法资料外，还需提交针对不同消费场景、人群的安全性评估报告。欧盟食品安全局组织多领域专家评估，一般 6 个月，复杂情况 9 个月。明确授权范围、要求、申请程序、监督及标签要求等，规定转基因食品管辖范围，对种植、储藏、运输或加工过程中被转基因生物污染的传统食品、饲料，标签要求的转基因物质含量上限为 0.9%，低于此含量且能证明技术上不可避免的，可免除标签义务 |
| 《关于转基因生物的追踪、标签和源自转基因生物的食品和饲料产品的追踪（EC）No1830/2003 法规》 | 2004 年 4 月生效，不断完善 | 建立转基因作物可追溯性和标识制度管理框架。规定含有转基因成分超 0.9% 的产品，从始至终需在标签上标明“基因改良”或“加工自某种转基因作物”字样。对每种批准的转基因产品确定独特编码并标注在含相应转基因成分商品上，保证可追溯性。将含有或由转基因生物构成的产品标签要求分为已包装产品和未包装产品两类规范。产品投放市场时，运营商需书面传达产品相关转基因信息给下家，相关信息保存 5 年 |
| 《关于修订 2001/18/EC 指令中成员国限制或禁止在其境内种植转基因生物可能性的（EU）2015/412 指令》 | 2015 年发布 | 赋予成员国在其境内限制或禁止种植转基因生物的权力，在一定程度上尊重各成员国基于自身环境、农业产业等因素对转基因生物种植的管理自主性 |
| 《（EU）2024/1119 条例》 | 2024 年发布 | 进一步细化转基因生物及产品在生产、加工、销售等环节的追溯信息记录要求，明确各环节责任主体需记录的关键信息类别与保存期限，提升追溯信息的完整性与准确性 |

### 3. 美国和加拿大法律

美国食品可追溯制度深度嵌入核心法规体系。2005 年，美国农业委员会推动动物身份识别立法，促使农业部启动国家动物身份识别系统（NAIS），加强对动物源性食品的追溯管理。2023 年 1 月，美国食品药品监督管理局（FDA）实施新的食品可追溯性规则，旨在强化食品供应链可追溯性，助力高效追踪受污染食品源头，防控食源性疾病。这一规则要求特定高风险食品企业详细记录食品供应链关键信息，包括原材料来源、生产加工过程、销售去向等，以便在食品安全事件发生时能迅速定位问题根源，采取精准召回等措施，保障公众健康。

在食品标签管理领域，美国拥有极为完备的法规与严谨的监管机制。2023 年 3 月 24 日，FDA 更新 21 CFR Part 101 食品标签法规，明确标签内容、格式、字体等具体要求，涵盖营养成分、配料表、过敏原警示等关键信息，确保消费者能清晰获取食品重要资讯，做出明智购买决策。2024 年 4 月 13 日，FDA 发布食品标签法律法规清单，整合联邦食品、药物和化妆品法、营养标签法等，为食品标签监管提供全面法律依据。2025 年 6 月 27 日，FDA 更新食品标签合规计划，取代 2010 年旧版，强化对国产及进口食品标签合规性审查，严格规范标签内容真实性、准确性，严厉打击虚假宣传、误导消费者等违规行为，切实保护消费者权益。同年 7 月 8 日，FDA 发布修订版《通用食品标签要求和标签相关样本分析》，进一步细化标签要求，为企业合规生产与监管部门执法提供更具操作性的指导。

加拿大于 2010 年 9 月 1 日，食品检验局发布通知，规定牛、羊等牲畜进出口需提供 CCIA（加拿大牲畜识别局）或 ATQ（魁北克农业追溯数据库）系统账号，借助数据库强大功能，增强动物产品全链条可追溯性。在面对动物疫病等突发事件时，政府可迅速从数据库获取牲畜养殖、运输、交易等信息，精准定位问题源头，采取针对性防控措施，高效阻断疫病传播，最大程度降低对畜牧业及公众健康的影响，减少社会和经济损失。

2018 年，加拿大发布《加拿大食品安全条例》，作为《加拿大食品安全法》的重要配套法规，于 2019 年正式生效。该条例全面覆盖食品贸易、许可、预防控制、可追溯性、标签和检验等关键环节。在可追溯性方面，明确食品企业需建立完善追溯体系，详细记录食品原材料采购、生产加工、仓储物流、销售等各环节信息，确保产品流向可追踪、问题可溯源。在标签管理上，规定食品标签必须清晰标注食品名称、配料表、生产日期、保质期、储存条件、过敏原等信息，保障消费者知情权，促进食品市场规范有序发展。

加拿大联邦政府在动物疫病追踪治理方面积累了百余年经验。在持续优化溯源体系的进程中，加拿大不断推出新的法规政策。2023 年，加拿大食品检验局计划对《动物卫生条例》第十五部分——牲畜识别和可追溯性进行修订。这一拟议修正案旨在全面扩大动物标识和运输信息的范畴，显著提升信息的可获取性、及时性与准确性。

在物种覆盖上，新规不仅针对目前已受监管的野牛、牛、绵羊和猪等物种，还将山羊和鹿科动物这两类新物种纳入监管范围。例如，养殖鹿科动物和山羊的农场，后续也需按照新规执行牲畜识别和信息上报流程。在运输报告要求方面，新规涵盖了所有受管制物种在国内运输时的报告要求。此前，部分物种运输信息的上报存在缺失或不及时的情况，导致一旦出现疫病，追溯源头和控制传播变得极为困难。如今，运输环节的信息透明化将大幅提升疫病防控效率。

在信息报告时间上，所有物种向中央数据库报告信息的时间从原本的 30 ～ 60 天大幅缩短至 7 天。以牛的运输为例，以往从一个养殖场运输到另一个地点，相关信息可能在 1 ～ 2 个月后才会录入数据库，而现在一周内即可完成，极大提高了信息的时效性。新规还要求通过省级场所识别程序报告更准确的位置数据，每个农业场所都需有对应的场所识别号码，以此确保牲畜所处位置信息的精准性。

自 2023 年修订条例公示以来，加拿大国内给予了高度关注，众多畜牧业从业者、相关行业协会以及政府部门都积极参与讨论与反馈。在经过一系列意见征集与评估后，加拿大计划在最终法规公布后，针对牛、野牛、绵羊、猪、山羊和鹿科动物设置一年的过渡期，为研究目的、娱乐目的或个人陪伴而饲养的动物设置两年的过渡期，以便各方能够更好地适应新法规的要求，进一步完善牲畜追溯体系，为保障加拿大食品供应安全、保护动物资源筑牢坚实基础。

#### 4. 澳新法律

在澳大利亚和新西兰的体系下，肉类、鱼类、蛋类、奶类等相关法规对食品溯源提出了明确且细致的要求。以肉类和肉制品出口管制细则为例，在出口条件和限制部分，明确规定作为食品出口的肉类和肉类制品制作场所必须满足分割、标识、安全和追溯要求；在运输、认证等环节，强调库存控制和溯源体系必须持续有效运行。针对向欧洲出口的肉类产品，对养殖场、育肥场所、屠宰场等各环节溯源标识作出了具体规定，如农场的牛个体需使用管理机构批准的标签进行标识并可追溯来源，育肥场所和屠宰场也需建立相应系统以确保牛只可溯源与标识，从源头到终端构建起严密的肉类产品追溯链条。

澳大利亚和新西兰拥有完善的食品召回体系，由生产者、销售商和消费者三方共同构成主体。一旦确定食品需召回，生产者与销售商须严格依照《澳大利亚新西兰食品标准法典》等相关法律法规，在澳新食品标准局（FSANZ）、新西兰初级产业部等主管机构监督下，迅速启动召回程序。生产者需详细记录产品生产过程、原材料使用及产品流向等信息，销售商要配合停止销售并协助回收问题食品，确保问题食品尽快从市场和消费者手中撤回，最大程度降低食品安全风险，保障公众健康。在召回过程中，需及时向消费者公开召回原因、计划及进展情况，增强召回透明度与公信力。

《澳大利亚新西兰食品标准法典》作为基础框架，全面规定了初级生产、加工、储存、销售等各阶段的食品追溯制度。要求食品企业明确标识供应商、制造商或包装商信息，进口食品需标注进口商信息，以便监管部门及消费者查询。企业应建立详尽的记录程序，涵盖食品从供应商到消费者的全流程信息，包括批次信息、原材料使用、销售客户详情等，且按规定保存记录一定期限，一般需保存至食品安全计划完成外部审计，为食品安全追溯提供坚实的数据支撑。

新西兰于 2014 年通过新的《食品法》，取代了 1981 年的旧法。新法依据行业食品安全风险程度和性质制定差异化法规，实施风险管理方法，关注企业各类经营活动，赋予不同类型企业更多灵活性，降低合规成本，同时强化政府在食品安全监管及食品召回等方面的权限，进一步完善了食品安全治理体系。

# 第二章 食品风险分析与预警

## 2.1 食品风险分析

在食品工业飞速发展的背景下，功能食品和转基因食品不断创新，基因工程、细胞工程等现代科技持续融入食品生产体系，传统加工工艺也在不断优化升级，迫切需要引入新的食品安全管理理念。风险分析方法在食品安全管理中的应用，有助于系统性地识别和评估潜在危害，从而制定科学合理的控制策略，降低食品安全风险的发生频率和危害程度，确保食品安全。本章将在介绍食品风险分析的内容及其重要意义的基础上，对食品风险管理和风险交流进行深入阐述。

### 2.1.1 食品风险分析的意义

食品风险分析的应用展现了一个国家政府在食品安全控制方面的科学理念。它通过追求一系列社会目标，如健康、安全和环保等，汲取各学科中最有价值的科学知识，借助科学群体决策手段，为政府制定食品安全管理的纲领性文件提供科学依据。因此，应用食品风险分析的意义可概括为以下两个方面。

**1. 提升决策的科学性和可靠性**

鉴于中国在食品风险分析方面的报道较少，以新西兰取消“禁止用新鲜绵羊内脏喂狗”的法令时所进行的风险分析为例。新西兰议会曾颁布一项法规，禁止用新鲜绵羊内脏喂食犬只，旨在阻断包虫传播路径并预防相关疾病。然而，该规定引发了牧民的不满。风险分析专家Pharo博士在收集相关数据并进行分析后指出，每年单只犬只感染包虫的概率仅为0.002，风险水平极低，因此质疑该法令的合理性，认为无须通过法律手段强制禁止。最终，新西兰议会废除了该法令。类似的，利用风险分析进行决策的例证还包括进口犬只的狂犬病管理措施、结核病净化措施以及屠宰工人感染疯牛病的预防措施等。

中国在进出口监管和国内预防措施的制定方面，应采用风险分析方法，收集和分析潜在风险信息，系统考量各类危害可能造成的直接后果，如动物感染、疾病发生及其对公共健康与经济的影响。同时，也应重视间接后果，包括监测控制成本、经济补偿、贸易潜在损失以及对生态环境的不利影响。根据危害程度，分类制定不同水平的动物疫病预防控制措施，以确保利用有限资源，最经济、最有效地控制疫病传播，保护动植物和人类健康，提升食品安全水平。

### 2. 提升政策的可信度与可操作性

在食品安全监管体系中，食品召回制、处罚制和赔偿制等措施在众多国家已展现出显著成效。这些国家通过充分运用风险分析方法，有效提升了食品召回、处罚和赔偿的可信度与可操作性。

（1）就召回制而言，对于工业品和加工食品，实施召回制具备较高的可操作性。然而，对于生鲜食品，如蔬菜和肉类，由于其产品特性和保质期的差异，应用召回制的操作难度相对较大。借助风险分析，可以对生鲜食品可能对消费者造成的危害程度进行细致分析和分类，并根据危害的严重性采取相应的召回策略。例如，对于危害严重的食品应立即启动召回程序，而对于无危害缺陷的食品，则可采取价格补偿策略进行销售。

（2）就处罚制和赔偿制而言，在处罚和赔偿过程中，引入风险分析能够充分考虑潜在的危害因素，有助于做出科学合理的处理决定，从而提升处罚和赔偿的可信度。这不仅有效增强了《食品安全法》《食品召回管理办法》等法律法规的可操作性，还能更有效地遏制非法活动，保障消费者的合法权益。

（3）提升食品安全标准水平。依据 WTO/SPS 协定（即世界贸易组织《实施卫生与植物卫生措施协定》），各成员国应基于风险分析结果，科学确定本国的卫生及植物卫生保护标准，并据此制定相应的质量安全标准。

食品安全标准的制定应立足我国实际情况，首先构建完善的危害检测体系，广泛开展食品安全相关检测与调查。通过科学的风险分析，全面评估食物链各环节的食源性危害，充分考虑不同人群的暴露水平与耐受剂量，合理制定最大残留限量。鉴于农药及兽药残留受生物因素影响较大，风险定量分析较为复杂，应结合国内流行病学研究成果，并参考国际标准进行制定。同时，积极引进国际先进信息和技术援助，弥补国内研究不足，提升我国食品安全标准制定的科学性和规范性，以提升中国食品安全管理水平，并推动我国食品安全管理与国际接轨。

新技术的出现对食品科学的发展具有双重影响，犹如一把双刃剑。例如，化学农药的问世在预防和控制病虫害对植物性食品的危害方面发挥了积极作用，甚至一度被视为农业科技的革命性成果。然而，随着科技水平的提升和化学农药使用中暴露的实际问题，如有机氯农药在食物链中残留时间过长，甲胺磷等农药毒性过强，已被众多国家禁止在果蔬产品中使用。人类应总结正反两方面的实践经验，运用风险分析思想，对可能在食物链中应用的新技术、新方法和新成果进行潜在危害分析和评估。对于潜在危害不确定的，通过标签管理，由消费者自主选择；对于潜在危害较大的，则要求其完善并限制其应用，以减少和预防食品安全危害。

SPS 措施是指为保护 WTO 成员免受由动物、植物或其产品携带的疾病引发的风险，或因害虫的引进和传播对成员国造成的损害而采取的一切措施。SPS 措施旨在保护人类、动物和植物免受食源性危害、动物疫病及植物害虫相关的风险。SPS 措施的制定和应用基于风险分析，SPS 协议明确规定，SPS 措施必须以风险分析为基础。作为制定 SPS 措施的基本原则，风险分析是确保食品安全的科学方法论，正被全球越来越多的国家广泛采纳。

（1）SPS 协议明确指出，各成员国需依据风险评估结果，设定符合本国需求的卫生与植物卫生保护水平。风险分析作为核心原则，为制定更高标准的 SPS 措施提供科学支撑。

（2）科学的风险分析全面评估食物链中的食源性危害，兼顾不确定性和各类人群的膳食暴露，持续监督管理成效，促进信息交流，动态调整措施，确保食品安全决策科学、客观，有效维护公众健康并推动食品安全体系建设。

（3）为实现保护消费者健康和促进公平贸易的目标，CAC 构建了系统的食源性危害评估与管理理论，创新性地引入风险分析，为全球统一协调的食品安全标准体系奠定坚实基础。

（4）风险分析有效加强了政府机构、学术界、企业与消费者之间的信息互动，确保风险管理决策科学、客观且协调一致，推动食品安全管理体系的持续完善。

（5）风险分析在防止产生贸易技术壁垒、确认各成员国食品安全措施的等效性、简化进出口检验流程以及促进双边和多边互认等方面发挥重要作用，助力国际食品公平贸易的实现。

## 2.1.2 食品风险分析的内容

风险分析由四个阶段构成：首先，对出口国家或地区的检验体系、区域管理和食品安全监测进行全面评估；其次，评估食品风险的发生概率；接着，分析风险扩散可能引发的危害与后果；最后，总结分析过程并撰写书面报告。如图 2-1 所示，风险分析涵盖风险鉴定、风险评估、风险管理和风险交流四大环节，其中风险交流贯穿于各个过程，以确保风险分析的准确性和科学性。

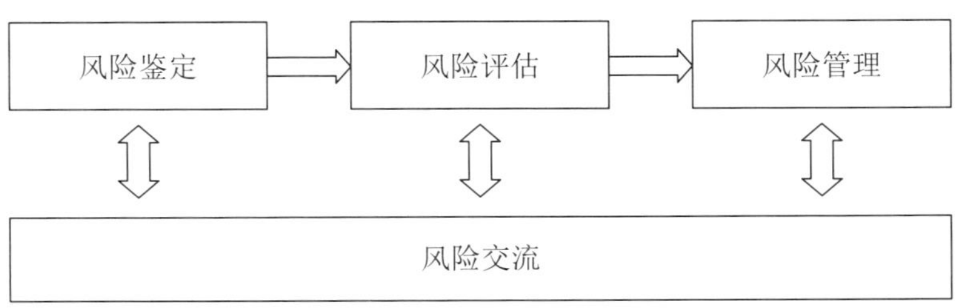


图 2-1 风险分析

风险鉴定（risk identification）是指对食品安全进行鉴定的过程。风险评估（risk assessment）则是评估某种危害传入的风险程度，其可以是定性的，也可以是定量的。风险管理（risk management）是决策和实施卫生措施的过程，旨在控制风险，降低食品危害传入的概率，并减轻其不利影响。风险交流（risk communication）作为风险分析的关键环节，涉及收集有关危害和风险信息的过程。

在进口食品安全管理中，风险分析应全面考虑出口国的检验检疫机构建设、区域管理能力及食品安全监测体系的运行状况。目前，尚无一种统一的进口风险评估方法适用于所有情境，因此需根据具体情况灵活选择评估路径。

风险评估基于科学依据，系统地估算风险要素的发生可能性及其潜在危害；风险管理则是对降低风险的措施进行筛选、修正和最终确定，并将其有效应用于检疫实践；风险交流强调在管理过程中，多方之间对风险信息及评估结果进行充分沟通，以形成共识并推进应对策略的实施。

世界动物卫生组织（OIE）已制定动物及其产品进口风险分析的标准框架，明确各成员国在制定进出口措施时，应遵循危害识别、风险评估、风险管理和风险交流四个基本步骤，确保决策的科学性与可执行性。

### 1. 危害确认

危害确认是风险分析的首要步骤，亦是至关重要的一环。若未能确定特定风险，便无法制定相应的风险降低措施。众多检疫失败案例均可追溯至风险甄别的疏漏，而非风险评估或管理的不力。危害确认旨在系统识别和评估进口动物及其产品中潜在的致病因子，属于定性分析范畴，其核心原则是“适当保护水平”。

通常情况下，确定动物疫病危害因素需遵循以下流程：

①若进口国尚未出现该致病因子，则应继续进行下一阶段的风险评估；

②若该致病因子已存在于进口国，需确认其是否为该国法定报告的株型，若符合，则进入风险评估环节；

③若株型虽非法定报告株型，但进口国已有相应控制计划，亦应展开风险评估。

在识别风险因素时，危害通常可通过相关数据和资料进行确认。危害信息来源包括科学文献、畜牧业资料、政府机构与国际组织数据库，以及专家意见。在确定风险因素的过程中，国际上普遍采用国际动物健康计算机程序数据库 Handi STATUS。1992 年，国际兽疫局（OIE）建议将该数据库作为国家间及国际组织间交换动物健康信息的首选平台。Handi STATUS 数据库涵盖了所有对国际贸易和人类健康具有重要影响的动物疾病信息，能够直观展示各类传染病的全球分布情况。其信息主要源自联合国粮农组织（FAO）出版的《FAO/OIE/WHO 动物健康年鉴》、OIE 的《国际动物卫生法典》以及《世界动物健康状况》等。

我国《进境动物和动物产品风险分析管理规定》明确了危害因素的范围，具体包括：

①《中华人民共和国进境一、二类动物传染病寄生虫名录》所列动物传染病、寄生虫病病原体；

②国外新发现并对农牧渔业生产和人体健康有危害或潜在危害的动物传染病、寄生虫病病原体；

③纳入国家防控或根除计划的动物传染病及寄生虫病相关病原体；

④对农业、畜牧业、水产养殖、人类健康或生态系统可能造成危害或不良影响的有毒有害物质和生物活性物质。

### 2. 风险评估

在完成风险因素的识别后，应对所有相关风险进行全面评估。风险评估是指针对某类致病因子在进口国领土范围内被引入、存活或扩散的可能性，以及由此可能产生的生物学和经济学影响，所进行的科学评价过程，是风险分析的核心内容。动物的风险评估旨在评估在不采取任何措施的情况下，引进某种动物或动物产品，导致进口国动物发生某种疾病的风险程度。这一阶段的关键在于合理收集相关信息和资料，识别现有风险并提出科学有效的控制策略，通过评估进口特定动物或动物产品后在输入国引发疫病的概率，为决策者提供科学依据。

《SPS 协议》为此类风险评估提供了系统、明确的评判标准，旨在保护人类、动物与植物的生命健康，应考虑：有风险管理的科学证据；相关的加工程序和生产方法；相关的检测、抽样和检验方法；特定病虫害流行情况；现有的无病虫害区；有关的生态环境条件；检疫或其他处理方法。

《SPS 协议》列出的因素是风险评估中必须考虑的内容，但并未限定仅限于上述内容。《SPS 协议》规定，各成员在启动病虫害风险评估时，还需考虑相关的经济学因素：

①病虫害一旦传入、扩散或稳定存在后可能导致的生产和销售损失；

②进口方为控制或根除病虫害所需投入的防治成本；

③采用替代风险管理措施所带来的经济支出。

在疫病风险评估中，应综合考虑以下多个方面的内容：

①界定进口成员国所试图防止的具体疫病类型，并分析这些疫病所可能引发的生物学影响与经济后果；

②对该疫病在无控制条件下进入境内的可能性（likelihood）进行科学评估；

③在已实施相关动物卫生管理措施的基础上，再次评估该疫病进入境内的概率水平；

④动物及其产品输出国兽医机构能力评估；

⑤动物及其产品输出国动物疫病疫区区划体系建设的科学合理性评估；

⑥动物及其产品输出国动物卫生监测和监视的能力评估。

### 3. 风险管理

风险管理是一项系统的决策流程，通过对各类风险控制措施的归纳、甄选、评估与优化，最终确立减少风险的行动方案，并进行政策取舍与决策。该过程主要包括四个阶段：依据风险评估结果进行判断、评估风险管理选项、执行管理决策，以及对整个执行过程进行监测与评估。其主要目标在于科学、有效地应对食品安全风险，提升公众健康水平。风险管理首先考虑的第一要素是人类健康，同时综合考虑经济成本、效益回报、技术可行性及社会认知程度等因素，制定切实可行的控制方案。具体措施包括设定最大残留限量标准、建立食品标签制度、推广公众科普教育计划，以及通过改良生产工艺或使用替代物质来减少有害化学物质的投入。

（1）风险评估环节包括明确食品安全问题、描绘风险轮廓、按风险程度进行危害排序、制定风险评估政策、作出是否评估的决策，并对结果进行审阅。

（2）管理选项评估过程涉及识别可能实施的措施、确定最优策略（依据合理的安全容忍度）及形成最终管理决定。

（3）管理措施的执行应以保护消费者健康为核心，同时兼顾经济效益、技术条件及社会接受程度，并辅以成本效益分析支撑决策。

（4）实施后的监控与审查旨在评估措施效果，必要时调整管理策略。管理措施与风险评估结果应配合使用，并评估其对风险暴露的影响，以验证是否达成安全目标。

面临重大潜在风险而尚缺乏确切科学证据的情境下，风险管理者应依法果断采取预防性干预措施，避免事态扩散，无需等到科学结论的最终确认。鉴于进口食品风险的突发性，这一原则在进口食品风险管理中被广泛应用。例如，1999 年在比利时英危机中，欧洲各国在进口食品风险管理方面就是应用了这一原则。虽然实施紧急预防措施会暂时造成商业上的限制或障碍，但它不能称为贸易保护措施，而是 SPS 协定所认可的保护消费者、动物和植物健康的权利之一。

4. 风险交流

在风险分析体系中，风险交流发挥着桥梁与纽带作用，其目的是从潜在受影响群体中广泛收集关于危害与风险的意见建议，同时将风险评估各阶段的结论与拟议的风险管理措施，有效传达至进出口双方的决策者与利益相关方。交流对象应涵盖国际权威组织（如 OIE、FAO、WHO、WTO）、国家与地方政府、产业部门、消费者及相关组织、高校与科研单位以及主流媒体等。整个风险分析周期——从问题识别、风险评估到管理措施制定——均需贯穿有效的风险沟通，确保评估过程的科学性、透明性与公信力。

### 2.1.3 食品风险管理

1. 食品风险管理原则

（1）风险管理应当遵循方法的总体框架。风险管理应当遵循系统化和结构化的流程，包括风险评估、管理选项的分析与甄选、决策执行以及全过程的动态监测与评估。在实际应用中，具体流程可根据职能分工灵活调整。例如，食品标准的制定通常由专业的标准组织主导，而食品安全监管措施的实施则归相关行政管理部门负责。不同职责主体可在风险管理体系中各司其职，协同推进食品安全目标的实现。

（2）风险管理以守护公众健康为本。风险管理的首要目标应是保障公众健康，其可接受风险水平应以健康风险为核心考量，避免在风险判断中出现武断或不一致的差异。在决策具体应对措施时，可综合考虑经济效益、技术实现性和社会文化因素等方面，但所有附加考量都应具备明确依据，确保其科学性与规范性。

（3）保障风险管理决策与执行的公开性和透明性。风险管理应全面覆盖其过程中的所有内容，包括风险决策在内的各个环节，进行系统识别和文档记录，从而确保所有决策及其执行依据对各相关方保持透明。

（4）确立风险评估政策在风险管理中的制度地位。针对特定食品安全问题，为科学界定关键控制点和选择合理政策措施，需先行开展有效的风险评估。此过程需依托“风险评估政策”作为指导，它为后续的价值判断和政策选择提供了技术准则，并多用于风险评估决策的关键节点。在启动风险评估前，应由风险评估人员与管理者协同制定相关政策，可视为风险分析的起始步骤。

（5）明确风险评估与风险管理的职责与分工。为提升风险评估的科学性并降低与风险管理之间的潜在利益冲突，应保持两者在功能上的相对独立。然而，风险分析是一个循环互动的过程，评估人员与管理人员之间的动态协作亦至关重要。因此，应该明确风险评估与风险管理的职责与分工。

（6）风险管理需正视评估结果的不确定性影响。在可能的情况下，风险评估应将不确定性量化，并以清晰易懂的方式提供给管理人员，使其在决策时可充分考虑不确定性的范围。当科学评估存在高度不确定性或潜在危害可能造成无法逆转的后果时，管理人员可依法采取预防性措施，无须等待充分证据。此类情况下，政府有责任优先保护消费者安全，并与公众进行清晰有效的沟通。

（7）风险管理过程中应与有关方面建立良好的沟通机制。在风险管理过程中，风险交流不仅应涵盖信息的传播，还应保障与所有利益相关方的互动沟通，以便在决策中吸纳有价值的信息与意见，增强管理措施的科学性和公众接受度。

（8）强化对风险管理评估数据与资料的系统利用。在风险管理措施实施后，会定期评价措施的效果，以确保其在实现食品安全管理目标方面的有效性。并开展有效的监控和审查活动。在此过程中形成的大量新资料，对于有效地开展食品安全管理至关重要，应当充分重视。

### 2. 食品风险管理框架

食品风险管理是构成食品风险分析体系的三个基本组成部分之一。它是在充分开展食品安全风险评估的基础上，围绕评估结果对政策选择和管理手段进行权衡、决策与实施的关键步骤。风险管理主要包括风险识别、风险评估、风险预测和风险控制四个部分，它们之间是相互影响的，如图 2-2 所示。

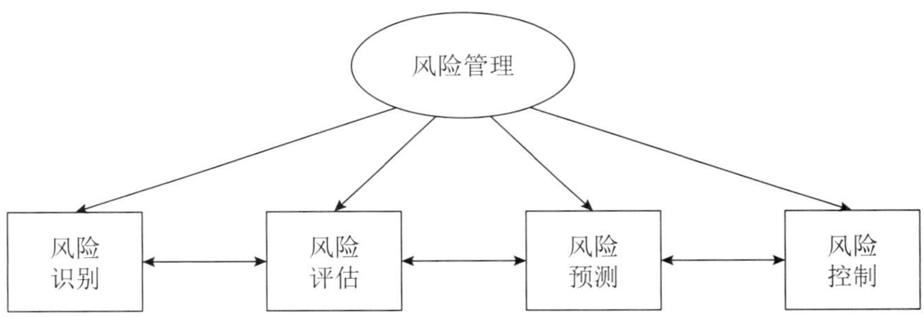


图 2-2 风险管理

（1）风险识别。风险识别是指对产生风险的因素进行分析，从而确定风险发生的可能原因和根源，有助于管理者迅速而精准地获取关键信息，敏锐识别所有可能引发危机的事件及其初期信号，以便在风险管理过程中提出预防和控制措施。

风险识别是风险管理流程中的第一环节，旨在对组织面临的现实风险和潜在威胁进行系统判断、分类与性质界定。通过该过程，决策者能够获得一套结构清晰、简便实用的风险分析与控制工具，从而显著提升决策的准确性与有效性，以避免不必要的经济损失。如果将风险识别、风险评估、风险预测和风险控制结合起来，并利用信息技术加以实现。形成一个完整的系统，那么这个系统无疑将成为风险管理决策的一个支持系统，有助于决策者周密地考虑风险因素。

（2）风险评估。风险评估是指对信息系统可能面临的威胁、系统本身存在的漏洞、潜在影响及三者综合作用所形成的风险发生概率进行系统性分析。作为风险管理的核心基础，风险评估在确保食品安全方面发挥着关键作用，是食品安全管理体系策划阶段不可或缺的组成部分。

风险评估在风险管理中发挥着不可替代的作用，风险评估的基本要素包括：威胁、脆弱性、风险、安全措施、安全需求等。

①威胁是指消费者的健康可能受到的侵害。

②脆弱性是指食品安全性防护措施存在的不足和弱点。

③风险是指危害发生的可能性和危害事件产生后果的组合。

④安全措施是指为对付威胁，减少脆弱性，保护消费者健康，限制危害发生，检测、响应食品安全事件，促进灾难恢复和打击食品安全犯罪而实施的各种实践、规程和机制的总称。

⑤安全需求是指为保证食品安全管理体系能够正常运行，在安全保障措施方面所提出来的要求。

（3）风险预测。风险预测本质上是一种对风险的估算与衡量。管理者通过运用科学方法，基于已有的统计数据、风险信息以及风险特征，开展系统化分析与研究，从而判断风险发生的可能性及其潜在后果，为后续选择合适的风险处置手段提供依据和方向。

（4）风险控制。风险控制则是在完成风险评估的基础上，依据既定的控制目标，采取科学合理的措施处理已识别的各类风险，制定项目的规避策略和具体应对方案。它是食品安全管理体系中的重要操作手段，旨在有效控制甚至根除潜在危险源，是“预防为主”战略在实践中的具体体现。通过实施风险评估、风险控制与风险消除等措施，食品安全管理环境将得到显著改善和提升。

为了能够更加清晰地了解食品风险管理过程，以大型超市销售的奶粉中三聚氰胺超标为例，借助食品风险管理流程图（图 2-3），给出大型超市的食品风险管理过程。

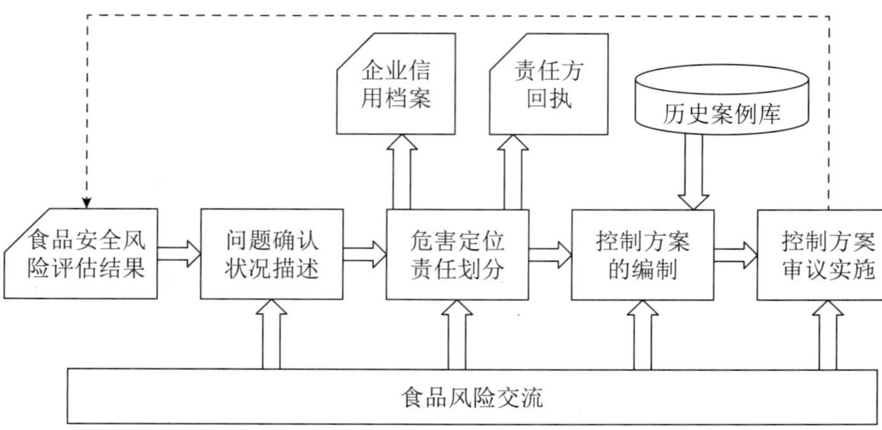


图 2-3　食品风险管理流程图

①食品风险评估结果显示，三聚氰胺过量对食品安全构成的风险已超出可接受范围，超市应立即采取食品风险管理措施。

②需对问题进行全面确认，详细描述问题发生的具体情况，包括问题起因、发生日期、影响范围及程度、风险人群的性质与规模、问题变化趋势及导致的损失等。

③在食品供应链中准确定位危害来源，明确问题责任方，并编写责任方回执，将问题情况记录在相关企业的信用档案中。例如，若超市确认奶粉在加工过程中受到污染，则该供应商即为责任方，超市需将编写的问题状况回执发送至该供应商，并将此食品安全事件记录在其信用档案中。

④参考历史食品安全案例，制定切实可行的控制方案，如立即通知相关门店、发布信息、召回已售商品、处理货架上及库存商品、对暴露人群进行监控等。

⑤审议控制方案的执行效果，并根据反馈结果对方案进行修正，以完善超市在食品供应链管理及食品安全管理中的不足之处。

⑥加强与食品供应链各相关主体，尤其是责任方之间的沟通与协作，确保问题得到有效解决。

风险管理在中国仍属新兴管理方式，其理论在食品安全领域的应用，对于有效预防和控制食品风险以及构建企业的风险管理体系，均具有至关重要的指导意义。高效的食品风险管理，不仅能精准识别和应对潜在的食品安全隐患，还能确保食品风险被控制在社会普遍接受或容忍的限度内。

## 2.1.4 食品风险交流

### 1. 食品风险交流的目的

食品风险交流是指在风险评估人员、风险管理人员、消费者及其他相关方之间，就与风险相关的信息和观点开展双向互动的过程。风险交流贯穿于风险分析的全过程，通过双向互动的信息沟通与交流，增进利益相关方对食品安全风险的认知和理解，形成社会共识，进而为科学决策和有效行动奠定基础（林派佳，2025）。风险交流需要选择恰当的沟通渠道和方式，如专家咨询、公众参与、媒体宣传等。其交流对象覆盖国际组织（如 CAC、FAO、WHO、WTO 等）、政府部门、企业、消费者及其组织、科研机构和大众传媒等。风险交流的核心目标是使用通俗易懂的语言，向特定受众准确传递相关而有意义的信息，尽管这未必能够彻底消除各方分歧，但有助于促进对不同立场的理解，进而增强对风险管理决策的理解与接受。高效的风险交流应以建立互信关系和实现协商一致为导向，推动相关风险管理措施在各方之间达成更大程度的协调，并获得广泛支持。

风险交流的目的可以概括为九个方面（吴培等，2006）：

①在风险分析过程中，提升所有参与方对所研究问题的理解与认知。

②在风险管理决策的形成与执行过程中，增强决策的一致性与透明度。

③为理解正在执行或即将实施的风险管理措施提供坚实的信息基础。

④全面提升风险分析的效率与整体效果。

⑤制定并实施与风险管理相关的有效信息传播和公众教育方案。

⑥培养公众对食品安全性的信任和信心。

⑦加强参与各方之间的工作协作与相互尊重。

⑧推动所有利益相关方在风险交流过程中广泛而恰当的参与。

⑨针对有关团体对食品风险问题的认识、态度、评价、实践和理解进行信息交流。

### 2. 食品风险交流的措施

食品风险交流使风险管理水平得到进一步提高，对人类健康起着至关重要的作用。有效的食品风险交流有助于大众了解危及他们健康与福祉的潜在威胁，使大众能够根据相关的风险信息采取适当的预防措施，能够针对面临的多种不同的风险确定优先反应次序，有效地降低风险损失。

（1）相关部门发挥引导作用。为提升食品安全管理的专业化与应急响应能力，政府设立了食品安全信息办公室，专责处理日常咨询事务，并在发生突发食品安全事件时承担应急管理职责。与此同时，设立食品安全委员会，成员涵盖微生物学、医学、毒理学、公共卫生等专业领域的专家，以及具备食品监管经验的科学家、消费者组织代表和相关企业代表。该委员会负责对食品安全议题进行综合研判，其形成的意见与建议可通过政府公报、行政通告或新闻媒体公开发布，确保公众及时获取权威信息。此外，该委员会还可为出席国际食品法典委员会会议的国家代表团提供专业参考意见与决策支持。

（2）企业发挥积极作用。企业应该在食品安全管理中发挥积极作用。当消费者的食品处理和储藏行为有助于预防食源性疾病的发生时，企业应在科学评估其食品安全认知水平的基础上，运用通俗易懂的语言或图文形式，明确指导其采取适当的食品安全措施，例如安全地清洗、加工和冷藏食品，以有效降低食品安全风险。

（3）专家和管理人员对食品监管部门进行定期访问。在定期的访问中，专家和管理人员要将社会上存在的各种食品风险信息及时传达给食品监管部门，并对该部门所存在的问题进行协商、交流。若为支持风险管理决策，可就动物卫生、植物保护、转基因生物及营养等与食品安全相关的领域提供政策建议；为食品供应链相关政策与法规的制定提供专业的技术支持；系统开展食品安全潜在风险的识别、信息采集与分析工作，监控整个食品供应链的安全状况；确认和预报食品风险；在其权限范围内向公众提供有关信息。

（4）在政策制定和决策过程中充分征求消费者的意见。国际经验与我国以往的教训充分表明，保障公众及时、全面了解食品安全风险信息，是防范食品危害的重要基础。若不能与包括消费者在内的相关利益方开展有效的沟通与交流，即便具备先进的风险评估技术和科学的管理措施，也难以达到预期的风险控制效果。随着食品风险的增加，食品监管部门必须确保能够将食品风险信息准确无误、持续不断地传递给食品供应链成员和消费者，并能认真听取这些成员和消费者的反馈意见。

（5）在管理透明度方面加强建设。信息公开制度保障公众对行政管理活动的知情权，是提升治理透明度的关键路径。通过立法手段，可以有效规范管理过程的公开性与可监督性。例如，美国法律明确规定，在法规制定过程中，公众（包括外国公民）有权对法规的现实依据和时效安排进行评估，确保政策制定具备科学性与合理性。法规必须建立在充分、可验证的事实基础上，政府所依据的信息应全面公开，任何人都可查阅。同时，政府相关科学人员应借助媒体向公众清晰阐释法规背后的科学依据。在发生食品安全突发事件时，国家可通过与各级食品监管机构联网的全国性预警系统发布紧急信息，确保公民第一时间了解潜在风险。此外，还需通过国际信息共享机制，及时向 WHO、FAO、WTO 等组织及各国通报风险动态，实现全球范围内的信息互通与协同应对。

（6）加强国际合作。可以和区域及国际组织建立联系和联盟，如世界卫生组织（WHO）、国际生命科学学会（International Life Science Institute，ILSI）等。中国食品标准管理部门还应该向发达国家寻求有关风险分析的专业建议和指导，这样的联盟强化了食品标准管理部门获取外部资源的能力。

### 3. 食品风险交流的原则

风险交流是食品风险分析体系中不可或缺的三个核心环节之一。高效的风险交流不仅有助于管理者在政策制定和决策过程中进行科学权衡，还能增强整个管理过程的透明度，促进标准实施的一致性，从而提升食品安全治理水平。在合理与可行的框架内，相关利益方应积极参与管理标准和措施的制定过程，提供必要的实施与评估支持性材料。通过这种协作机制，确保在形成最终风险管理决策时，各方都能充分理解其决策依据与决策逻辑。

（1）认识交流对象。在制定风险交流材料时，必须深入了解交流对象的背景、动机及其观点，并将其进行合理分类，有必要时甚至对个体情况加以识别和分析。同时，应与其保持畅通的交流渠道，确保信息双向流通。在风险分析的全过程中，广泛倾听各相关方的意见，是风险分析工作中至关重要的环节。

（2）专家的参与。作为风险评估专家，须具备将复杂评估内容清晰转化为通俗语言的能力，能够向风险管理者和其他利益方解释评估结果、所依赖的科学依据、假设条件和其中的主观判断。同时，应清楚指出哪些结论是确定的、哪些结论仍存在不确定性，并以透明的方式传达这些不确定性对风险判断的影响。反过来，风险管理人员也应明确说明其决策的制定依据和执行逻辑。

（3）建立风险交流的专门技能。由于专业的风险交流涉及公众、媒体、企业等多个对象，风险沟通人员应具备专门技能，以便准确、有效地传达重要信息。这些能力可以通过实践积累和专业培训获得。由于管理人员和专家可能难以应对各类沟通需求，因此，应提前配备专门人员参与风险交流全过程。

（4）确保信息来源可靠。信息的来源是否可靠会影响公众对风险的看法。如果信息来源不可靠，将会在公众中造成不良影响。由于风险的性质和文化、社会和经济状况等因素的不同，信息来源的可靠性也会发生变化。当多个独立来源提供的信息相互印证时，其整体可信度将显著提升。判断信息来源是否可靠，主要取决于其被广泛认可的专业能力、信誉水平，以及其所展现的公正性与客观性，对信息的遗漏、歪曲和出于自身利益的声明都会损害信息的可靠性。因此，高效的信息交流应坦诚面对现实中的问题与挑战，并在沟通内容与形式上保持透明、及时与公开。

（5）分担责任。尽管政府、媒体和企业在风险交流中所扮演的角色各不相同，但三者对风险交流的效果都承担着共同的责任。由于科学依据是风险管理决策的基础，因此，所有参与方都应了解风险评估的基本原则、所依据的证据材料以及风险管理背后的政策考量。

①政府在风险交流中承担着核心责任，公众普遍期望政府在食品风险管理方面发挥主导作用。无论是采取强制性的管控措施，还是选择非强制的自愿性控制手段，政府都应当在交流中明确说明选择该措施的理由及其科学依据。为回应公众关注，政府还需了解民众对风险的认知程度及其对管理措施的态度，从而确保风险管理回应了社会的实际关切。

②媒体是风险交流中不可或缺的一环，尤其在涉及重大公共健康事件时，如食源性疾病等潜在高危情形，媒体需承担起及时传播信息的社会责任。不同于一般的食品安全话题，突发公共卫生事件要求媒体加快响应速度、扩大信息传播力度，避免误导并促进公众有效应对。

③企业在风险交流中同样负有责任，特别是在其产品或生产环节中出现潜在风险时，应当积极主动地与公众沟通，提供透明、准确的信息。企业的负责态度不仅有助于缓解公众疑虑，也有助于维护其品牌信誉。

（6）科学事实与价值判断的区分。在考虑风险管理措施时，有必要将科学事实与价值判断区分开来。在现实中，及时报道所了解的科学事实以及风险管理决策中所包含的不确定性是十分有意义的。因此，在风险交流过程中，交流者有责任说明所了解的科学事实以及对科学事实认识上的局限性。如果风险交流的内容不是来自科学事实，而是价值判断的结果，风险交流者应该能够对公众说明所给出的可接受风险水平的理由，因为价值判断包含在“可接受风险水平”的概念中。许多人将安全食品理解为“零风险”的食品，但事实上，“零风险”是不可能实现的，安全食品通常意味着该食品是足够安全的，在人们可接受或可承受的范围之内。

（7）确保透明度。为了赢得公众对风险分析结果的信任与支持，风险分析过程必须保持高度透明，法律要求保密的除外（如专利或商业机密）。透明度不仅体现于过程的公开，更体现在相关利益方能够充分参与审议。风险管理中，管理者、公众及各方利益相关者之间的有效双向交流，是保障全过程透明公开的关键。

（8）正确认识风险。如果希望能够正确认识风险，一种方法是研究风险的来源和演化过程；另一种方法是将新发现的风险与自己所熟悉的风险进行比较。

#### 4. 食品风险交流的要素

风险交流是指在风险分析过程中，多方之间双向传递和交换风险信息及结果，以促进相互理解和有效管理。它不仅是简单的信息传播，更重要的是将公众的意见和建议纳入决策过程（王玉环等，2004）。在风险管理过程中，高效的风险交流需充分体现风险特征、利益方的关切、评估中的不确定性以及可行的风险管理方案选择（表 2-1）。

表 2-1 风险交流的要素

<table>
<tr><th>要素类型</th><th>具体内容</th><th>要素类型</th><th>具体内容</th></tr>
<tr><td rowspan="9">风险的性质</td><td>（1）危害的特征和重要性</td><td rowspan="9">风险管理的选择</td><td>（1）控制或管理风险的行动</td></tr>
<tr><td>（2）风险的大小和严重程度</td><td>（2）个人可采取的降低其风险的行动</td></tr>
<tr><td>（3）情况的紧迫性</td><td>（3）选择特定的风险管理选项的理由</td></tr>
<tr><td>（4）风险的变化趋势</td><td>（4）特定措施的有效性</td></tr>
<tr><td>（5）危害暴露的可能性</td><td>（5）特定措施的利益</td></tr>
<tr><td>（6）暴露的分布</td><td>（6）风险管理的费用和费用的出处</td></tr>
<tr><td>（7）能够构成显著风险的暴露量</td><td rowspan="3">（7）风险管理措施执行后依然存在的风险</td></tr>
<tr><td>（8）风险人群的特点和规模</td></tr>
<tr><td>（9）最高风险人群</td></tr>
<tr><td rowspan="6">风险评估的不确定性</td><td>（1）评估风险的方法</td><td rowspan="6">利益的性质</td><td>（1）每种风险对应的实际或潜在利益</td></tr>
<tr><td>（2）每种不确定性的重要性</td><td>（2）受益者和收益方式</td></tr>
<tr><td>（3）所得资料的缺点和不准确度</td><td>（3）风险和利益的平衡点</td></tr>
<tr><td>（4）估计所依据的假设</td><td>（4）利益的大小和重要性</td></tr>
<tr><td>（5）估计对假设变化的敏感度</td><td rowspan="2">（5）所受影响人群的全部利益</td></tr>
<tr><td>（6）风险评估结论的变化对风险管理的影响</td></tr>
</table>

风险交流要素贯穿于整个风险交流过程。其目的是将基于科学和技术分析的风险信息，传递给需要采取预防措施的人群，并以通俗易懂的方式进行有效沟通。基于风险交流要素的风险交流程序如图 2-4 所示，旨在面临危险时发布警告信息。

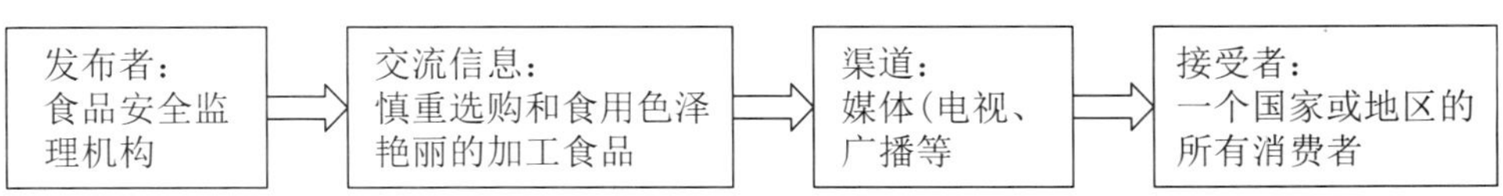


图 2-4 风险交流程序

风险交流信息的发布者通常是政府或企业负责食品安全管理的机构，它们预先任命或培训相关人员，防范潜在危害，保护公众免受食品风险威胁。风险交流信息必须以科学信息为依据，并使用广大公众易于理解的简短、具体文字进行传播。发布渠道可根据具体风险的紧急程度选择，如电话（针对食品零售商或分销商）、印刷宣传页、报纸广告、广播及电视公告等。交流信息必须直接传递给真正或可能处于危险中的人群，即风险交流信息的接收者或受众。必须提前考虑如何向这些人发布信息，而不能等到危机发生后再作打算。

食品风险交流贯穿于风险分析的全过程，与消费者和其他相关团体进行全面、持续的风险交流，是风险管理的重要组成部分。在风险分析各环节中，风险评估者与风险管理者需保持密切交流与协作。尤其在危害识别和风险管理方案选择时，相关利益主体之间需充分沟通，以提升决策透明度及各方对多种可能结果的理解与接受能力。

## 2.2 食品安全预警

在经济全球化的背景下，食品的生产、经营和消费逐渐呈现出全球化趋势，这使得影响食品安全的各类隐患变得更加复杂。食品中的危害因素不断增多，其发生频率和影响范围也逐步扩大，导致危害的发生时间、涉及领域及其后果具有较大的不确定性，这无疑加大了食品安全管理的难度。一旦发生食品安全事故，将对整个社会造成巨大影响。因此，构建科学且有效的食品安全预警系统显得尤为重要，且势在必行。

### 2.2.1 食品安全预警系统的功能

食品安全预警系统依托于健全的指标体系，深入分析食品安全现状、潜在风险及其演变趋势，揭示食品安全事件的内在成因与外在表现，并制定科学的预防和控制策略。通过及时发布预警信息，该系统协助相关主体提前采取有效的防范措施（何坪华等，2007）。因此，该系统具备信息发布、沟通协调、风险预测、控制管理及风险规避等多重功能，成为食品安全管理的关键支撑工具。

1. 信息发布功能

依托权威的信息传播媒介与渠道，该系统能够迅速且精准地向公众发布各类食品安全动态，促进安全信息的高效传播，确保消费者持续、稳定地获取全面且有价值的食品安全信息。预警信息的传播，一方面显著提升了消费者的食品安全认知及自我保护意识；另一方面，提升了食品安全信息的价值，降低了社会获取相关信息的成本。

2. 沟通功能

食品安全管理涉及食品供应链的全流程，涵盖生产基地、加工企业、物流配送及零售商等多方参与者。借助食品安全预警系统和透明化的食品安全信息，食品供应链成员之间能够实现有效沟通，达成食品风险交流的目标；政府职能部门也能据此制定统一的监管政策，实施高效监管；消费者则能及时了解食品安全信息，选择质量可靠的健康食品。

3. 预测功能

食品安全突发事件具有高度不确定性，初期难以迅速明确事件根源，易引发社会恐慌。借助食品安全预警系统对监测数据的综合分析，可有效识别供应链中的风险点，提前预测可能引发的食源性疾病和疫情，及时向公众发布事件进展信息，迅速采取应急措施，稳定局势，最大限度降低社会影响。

4. 控制功能

食品风险控制是由政府职能部门强制执行的一种调节活动，旨在确保食品在供应链全过程中保持安全和健康，从而保护消费者的合法权益。通过借助食品安全预警系统，能够全面掌握整个食品供应链的食品安全信息，有效协调各成员的生产经营活动，构建综合性的预防和控制体系，及时发现问题、解决问题并控制问题，最大限度地减少不必要的损失。

### 5. 避险功能

不安全食品不仅严重损害消费者的身心健康，还会对整个社会的经济生活带来负面冲击。借助食品安全预警系统的信息发布、交流、预测及控制功能，即便食品安全管理者的认知与操作能力存在局限，也能精准掌握食品风险的实时动态，进而科学、高效地识别和规避潜在风险。

食品安全预警的逻辑本质上是“果→因→果”分析的具象化，其目标在于实现“警情→警兆→警情”的关联与集成。因此，在食品安全预警系统的支撑下，预警流程可系统性地划分为以下五个步骤：

①明确预警的目标和意义；

②识别潜在的风险源；

③对初期警示信号进行深入分析；

④评估风险的严重程度；

⑤采取措施排除或控制隐患。

食品安全预警的流程如图 2-5 所示。

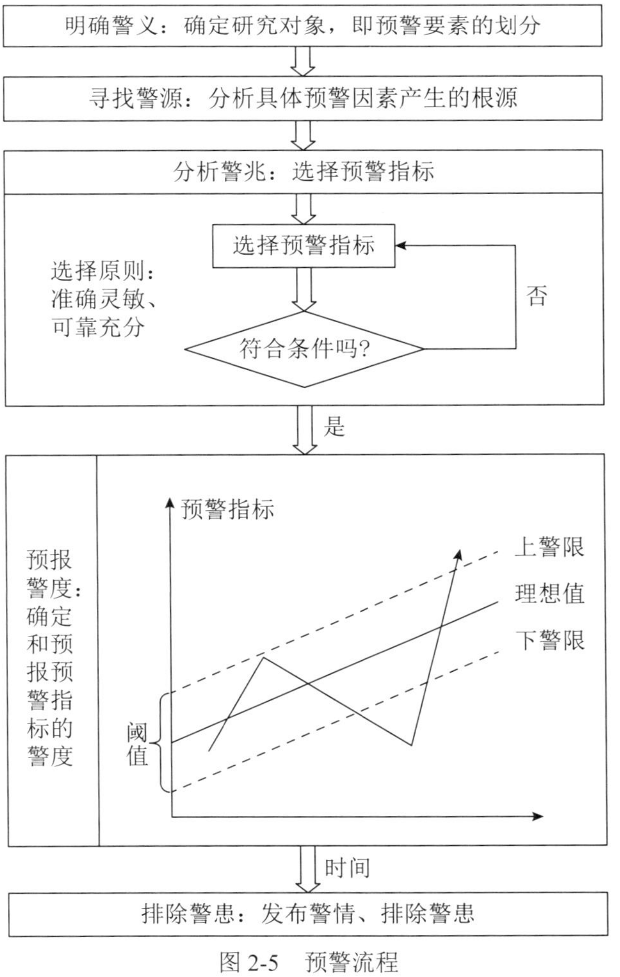


图 2-5 预警流程

### 2.2.2 食品安全预警系统的组成

在食品安全预警机制中，基于危机识别的前提，实现食品安全风险的预测和综合评估功能，进而达成风险控制与风险转移的目标。食品安全预警系统的构成主要包括信息采集平台、风险评价指标体系、预警分析与决策模块、报警机制及防范与处理体系等多个环节，确保预警功能的有效运行。预警机制的结构图详见图 2-6。

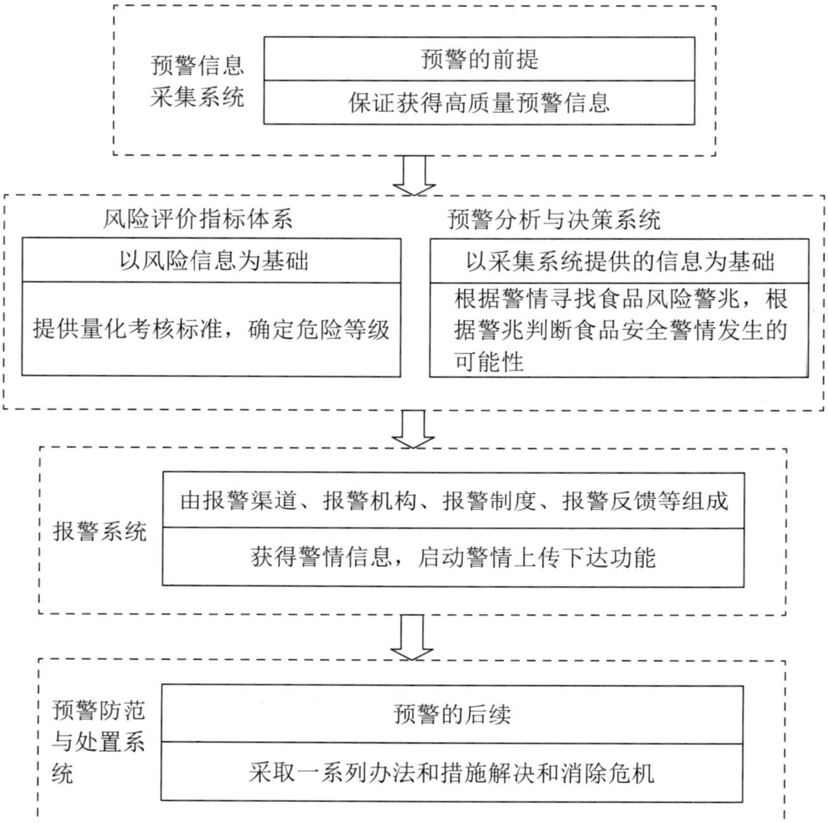


图 2-6 预警机制结构图

#### 1. 预警信息采集系统

预警信息采集系统作为食品安全预警体系的基础环节，承担着在整个食品供应链中全面、精准地收集动态信息的关键任务。这些信息包括食品生产过程中各要素的投入、加工、包装、运输、销售等环节的实时数据，以及消费者食用反馈和相关健康状况。系统还需对采集到的原始数据进行初步整理、加工、存储与传输，确保预警与应急响应机构能够获取高质量的信息资源，这是有效识别和科学分析突发食品安全事件的必要前提。

其核心职责之一是对原始信息的采集与初步分析，尤其要精准识别食品风险因素。食品风险的来源多样，可从不同角度进行分类：按供应链环节划分，风险可能源于生产阶段（如农药残留、种植品种、饲料、水源、土壤等）、加工阶段（如杂质混入、非法添加物等）、销售阶段（如产品过期变质、不合格包装材料等）；按食品种类分类，包括谷物、畜产品（涉及兽药、饲料）、蔬菜、水产品等的食用风险；按控制策略划分，则可区分为产地风险、销售地风险以及全链条系统性风险。只有在科学精准地识别和评价这些食品风险因素的基础上，才能为后续的预警管理与应对提供可靠支撑。

2. 预警信息评价指标体系

食品安全预警系统通常基于科学构建的指标体系，对已采集的风险信息进行系统分析，并据此提供量化的评估标准。为有效反映被监测对象的潜在危机程度，必须借助统计分析、特征提取等技术手段，将原始监测数据转化为能揭示对象核心特征的关键性指标及其对应数值。随后，通过专家评审或权重分配方法，确定各项指标的重要性权重，进一步计算出反映整体风险水平的综合评估值及其预警等级。尽管不同类型的预警信息对应的指标体系和参数有所差异，但在制定评价标准时，需始终遵循敏感性、独立性、可度量性和规范性原则。

通常，预警指标体系由警情指标与警兆指标两大类构成。其中，警兆指标可进一步细分为景气警兆指标与动向警兆指标。这些警兆指标可根据事物间的逻辑联系或因果关系进行挖掘与设置。在具体设计过程中，应根据预警对象的特性进行指标选择与配置，注重其测量能力、代表性与覆盖范围。同时，所选指标还需具备足够的灵敏度与数据可靠性。

3. 预警分析与决策系统

预警分析与决策系统是食品安全预警机制的核心环节之一，其功能在于利用预警信息采集系统所提供的风险数据，并结合预警评价指标体系，计算各项指标值。随后，根据预先设定的预警阈值，对相关风险对象进行趋势预测与判断，识别出高风险的品种、区域及人群。通常，阈值的设定参考历史监测数据、国际通行标准以及专家知识体系。然而，由于该设定具有一定的主观性，因此需依据实际情况进行适时修正与动态调整。

该系统的主要职责包括：在食品安全警情出现后，通过逆向推理技术分析其潜在成因，追溯可能的风险源头；或者依据部分间接性警兆信息，借助科学模型开展正向推理，判断食品风险事件发生的概率和严重程度。简而言之，食品安全预警的核心在于评估食品风险事件的发生可能性，并为监管决策提供科学的预警信息支持。通过这一机制，能够揭示食品供应链是否处于稳定运行状态，以及潜在异常的发生概率与诱发机制。

4. 报警系统

报警系统是基于预警分析与决策系统构建的响应机制，旨在识别和判断食品供应链中的安全隐患及薄弱环节。该系统能够及时侦测可能引发重大风险的关键问题，并迅速将相关警情上报至应急管理机构，以便第一时间启动干预措施。报警系统通常涵盖报警通道、负责组织的机构、相关制度及信息反馈机制。它能够自动接收和传递预警信息，并根据风险等级进行分级显示，常用的表示方式包括颜色警示（红、橙、黄、绿）或文字等级（重大警情、较重警情、中等警情、轻度警情、无警情）等。

5. 预警防范与处置系统

预警防范与处置系统是整个预警体系的最终响应环节，其作用在于依据报警系统输出的信息，结合不同食品种类和供应链环节的具体特点，制定并实施有针对性的应对策略。

该系统通过引导消费者保持适当的警觉状态，同时推动监管部门、企业等及时采取有效干预措施，从而防止风险扩大和危害蔓延，最大限度地降低食品安全事件对公众健康和社会秩序的冲击。

### 2.2.3 食品安全应急响应

在食品安全事故发生后，国家以及地方各级人民政府和相关职能部门应依据事故性质和严重程度，迅速采取相应的应急处置措施，确保公众健康安全，防止事态进一步扩散。

**1. 特别重大食品安全事故的应急响应（Ⅰ级）**

（1）当发生特别重大的食品安全事件后，国家应急指挥部办公室应第一时间向国家应急指挥部报告事故的基本情况、发展态势和救援进展，并同步向指挥部成员单位通报相关信息。

（2）组织指挥部成员单位立即开展事故调查与评估工作；依据评估结果，决定是否启动国家重大食品安全事故应急预案，并组织相关部门展开应急处置。

（3）迅速调度各成员单位进驻岗位，推动应急工作机构全面运转，同时及时组织新闻发布，向社会公开权威信息，指导公众防范应对。

（4）建立与事故所在地省级指挥机构、现场应急指挥部及相关专业救援机构的通信机制，实时掌握事故动态与救援进展。

（5）根据相关专家和部门的意见，通知应急救援队伍随时待命，为地方或专业处置机构提供必要的技术支持与装备保障。

（6）派遣专业人员与技术专家赶赴事故现场，参与并指导应急救援行动；如有需要，协调调动专业救援资源实施支援。

（7）国家应急指挥部应对救援全过程进行统筹协调，必要时召开紧急会议，组织成员单位及专家集体研判和决策，共同推进事故处置进程。

**2. 重大食品安全事故的应急响应（Ⅱ级）**

（1）省级人民政府应急响应。在接到重大食品安全事故信息后，省级人民政府应根据本级食品安全综合监管部门的建议以及事故处置的实际需要，设立省级食品安全事故应急处置指挥部。该机构负责统筹指挥本行政区域内事故的应急处理工作，作出是否启动应急预案的决策，协调各部门快速响应。

（2）省级食品安全综合监管部门的响应措施。一旦接到事故报告，省级食品安全综合监管部门应立即展开核实调查，对事故性质、影响范围等进行综合评估，并据此决定是否建议启动应急指挥机制。具体工作包括：向上级机关报告事故情况和初步评估结果；提出启动应急处置工作的建议和应对措施；向相关职能部门及毗邻省（自治区、直辖市）通报事故信息；启动工作小组，协调落实各项应急措施；指导并部署下级（市、地级）部门开展现场救援和处置工作。

（3）地方政府及其部门的响应。事故发生地的市县级人民政府及有关部门，应在省级政府或其指挥部的统一调度下，按照职责分工严格执行应急任务，全面落实各项处置措施，确保应急工作有序推进。

（4）食品药品监管局应急响应。国家食品药品监管部门将加强对省级监管工作的督促与指导。必要时，会同国务院相关部门派遣工作组赴事故现场，协助并督导地方开展应急处置工作。

### 3. 较大食品安全事故的应急响应（Ⅲ级）

（1）市（地）级人民政府职责。当本行政区域内发生较大食品安全事故时，市（地）级人民政府应全面承担统一领导与指挥的责任。根据食品安全综合监管部门提交的报告与应急处置建议，决定是否启动较大食品安全事故的应急处置程序，统筹协调各方资源，有效应对突发事件。

（2）市（地）级食品安全综合监管部门的应急响应。在接收到较大食品安全事故报告后，市（地）级食品安全综合监管部门应立即展开调查确认，并组织专家对事故进行评估。依据评估结果，按照相关规定上报事故情况，并提出启动应急响应的建议。与此同时，应及时将事故信息通报至相关职能部门以及毗邻或可能受影响的地区；相关工作小组需迅速开展工作，协调落实应急救援措施，并对下级相关部门进行应急救援工作的指导与部署。

（3）省级食品安全综合监管部门的支持职责。省级食品安全综合监管部门应在市（地）级事故应急处理中发挥指导与监督作用，在必要时提供政策、技术或资源支持，协助解决应急处置中面临的实际困难。

### 4. 一般食品安全事故的应急响应（Ⅳ级）

发生一般食品安全事故时，由事故发生地的县级人民政府组织相关部门迅速开展应急处置工作。县级食品安全综合监管部门在接到事故报告后，应立即组织力量进行调查、确认并开展风险评估，采取相应措施以控制事故扩散。同时，应根据事故严重程度向本级政府报告是否需要启动应急预案，并将事故信息及时报送相关职能部门。市（地）级食品安全综合监管部门应当对事故应急处置工作给予指导、监督和有关方面的支持。

依据食品安全突发事件的危害程度、波及范围、社会影响以及应急所需资源，北京市将食品安全事故分为四级（表 2-2）：特别重大（I 级）、重大（II 级）、较大（III 级）和一般（IV 级）。各级别预警分别对应红色、橙色、黄色和蓝色预警信号。预警信息的发布内容包括事故类别、预警级别、生效时间、潜在影响范围、公众警示事项、建议采取的防范措施以及发布机关等。其中，蓝色与黄色预警由市政府食品安全办公室负责发布或解除；橙色与红色预警则在市食品安全办提出建议后，由市应急管理办公室统一发布或取消。

表 2-2　四色预警级别分类

| 事故级别 | 发布条件 | 事故发展情况 |
|---|---|---|
| 红色预警：特别重大突发食品安全事故（I 级） | 对包括北京在内的 2 个以上省、自治区、直辖市造成严重威胁，并有进一步扩散趋势；发生跨境（香港、澳门、台湾）、跨国突发食品安全事故，造成特别严重社会影响；国务院认为需要由国务院或国务院授权有关部门负责处置的 | 事故会随时发生，事态正在不断蔓延 |

续表

| 事故级别 | 发布条件 | 事故发展情况 |
|---|---|---|
| 橙色预警：重大突发食品安全事故（II级） | 病患人数100人以上并出现死亡病例；出现10人以上死亡病例的；涉及2个以上区县，超出区县政府处置能力的 | 事故即将发生，事态正在逐步 |
| 黄色预警：较大突发食品安全事故（III级） | 事故影响范围涉及整个区县，给群众饮食安全带来严重危害；病患人数100人以上，但未出现死亡病例；出现10人以下死亡病例的 | 事故已经临近，事态有扩大的趋势 |
| 蓝色预警：一般突发食品安全事故（IV级） | 事故影响范围涉及一个区县行政区域内2个以上乡镇街道，给人民群众饮食安全带来危害的；病患人数30人以上、100人以下，未出现死亡病例的；区县政府认定的其他一般突发食品安全事故 | 事故即将临近，事态可能会扩大 |

## 2.3 食品安全预警体系建设

食品安全直接关系到民众的身体健康，构筑有效的食品安全预警体系是全球各国政府的重点工作。因此，完善我国的食品安全预警体系迫在眉睫。这需要搭建从中央到地方的多级预警体系，促进跨部门协作，形成信息共享机制；利用大数据分析预测风险趋势，借助物联网实现实时监控；制定统一的信息通报、预报及处理规范，提升预警的准确性与及时性。构建完善的食品安全预警体系，对预防食品安全突发事件、保障民众饮食安全具有关键意义。

### 2.3.1 食品安全预警体系现状

近年来，我国政府持续强化食品安全预警体系的构建，旨在实现对食品安全风险的早期识别、快速响应和科学干预。

2025年6月9日，《人民日报》刊登了由国务院食安办主任、市场监管总局党组书记、局长罗文署名的文章《加强食品安全全链条监管 全力守护“舌尖上的安全”》。该文章对中共中央办公厅、国务院办公厅印发的《关于进一步强化食品安全全链条监管的意见》进行了系统且全面的解读，并提出了具体的部署要求，引发了业界的广泛关注。此次系首次从国家层面系统构建覆盖从农田到餐桌的食品安全全链条监管体系。国家卫生健康委员会（原卫生部）、农业农村部（原农业部）及国家市场监督管理总局（原国家质量监督检验检疫总局）分别建立了各有侧重的食品安全监测与预警系统。

**1. 国家卫生健康委员会监测预警体系**

国家卫生健康委员会作为国家公共卫生体系的核心机构，通过其下属的省级、地市级、县区级卫生健康委员会及疾病预防控制中心，构建了从中央到基层的垂直监测网络。该体系注重各级机构间的信息交流与技术指导，例如国家卫生健康委员会通过与省级卫生健康委员会和疾病预防控制中心的信息共享，而地市级和县区级机构则负责对基层医疗机构进行技术指导与协作。国家卫生健康委员会在食品安全监测预警体系中扮演重要角色，承担监测、评估、预警及信息发布等关键职能，并通过多部门协作和信息共享，建立了覆盖全国的食品安全风险监测网络，旨在保障公众健康安全。

2021 年，国家卫生健康委员会修订了《食品安全风险监测管理规定》，明确食品安全风险监测是系统性地持续收集食源性疾病、食品污染以及食品中有害因素的监测数据及相关信息，并进行综合分析、及时报告和通报。此举旨在为食品安全风险评估、食品安全标准制定与修订、食品安全风险预警与交流、监督管理等提供科学依据。此外，国家卫生健康委员会还与多个部门协同制定并实施国家食品安全风险监测计划，确保食品安全风险监测的科学性和有效性。

2024 年中央 1 号文件提出，树立大农业观、大食物观，多渠道拓展食物来源，探索构建大食物监测统计体系。党的二十大报告也强调，强化食品药品安全监管，健全生物安全监管预警防控体系，对国家食品安全监管工作提出了更高要求和更严标准（毕文泰等，2025）。

2. 农业农村部食品安全监测预警体系

我国农业农村部食品安全监测预警体系是国家食品安全监管体系的关键组成部分，其主要职责是通过监测、预警及应急响应机制，确保农产品质量安全，防范食品安全风险。农业农村部已建立农产品质量安全例行监测制度，该制度覆盖全国各大中城市，针对蔬菜、畜禽产品及水产品，从产地源头到市场流通环节进行定期监督抽检。监测结果不仅为监管决策提供有力依据，还通过定期发布信息，向社会公开农产品质量安全状况。全国绝大多数省（自治区、直辖市）也已同步建立并运行了省级农产品质量安全例行监测体系。

3. 国家市场监督管理总局食品安全监测预警体系

国家质量监督检验检疫总局（现并入国家市场监督管理总局）构建了以风险快速预警与应急响应为核心的食品安全信息监测体系。截至 2018 年，该体系已实现对 31 个省（区、市）监督抽检数据的动态采集。同时，监管部门还强化了食品生产加工环节的风险排查，重点监测非法添加非食品原料及滥用食品添加剂的问题。截至 2023 年末，全国共设置 2838 个食品安全风险监测点，对 27 大类 11.5 万份样品开展了污染物及有害因素的监测。该系统通过数据的动态收集、分析与预判，初步实现了食品安全风险的早识别、早预警、早处置。

### 2.3.2 食品安全预警体系建设的方法和步骤

在食品安全管理体系中，食品安全预警体系发挥了不可替代的作用。但是，我国在食品安全预警体系建设方面仍处于探索阶段，无论是标准、技术、装备，还是管理模式、管理体制和运行机制，仍与发达国家存在明显差距。由此可见，我国有必要立足本国实际，充分借鉴国际先进经验，推动体系的持续优化与发展。

孙瑞琳等人（2021）针对我国食品安全预警体系建设提出了具体建议，他们通过分析美国、欧盟和日本等国家的食品预警机制，结合我国食品安全的实际情况，并对 HACCP 体系的运用进行详细说明，指出了我国食品安全领域存在的若干问题，并提出了相应的对策，包括加大科技和资金投入、强化监管检查力度、完善部队跟踪回访机制以及充分发挥个人参与的优势。食品安全预警体系的建设方法如图 2-7 所示。

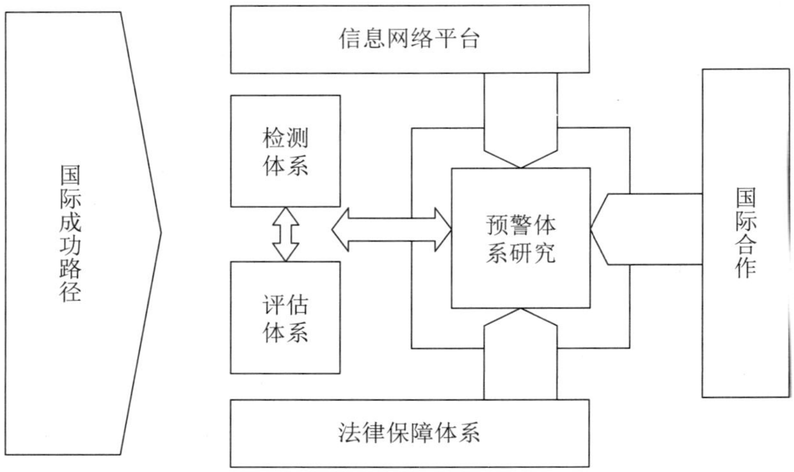


图 2-7　食品安全预警体系建设的方法

（1）食品安全检测体系建设。食品安全检测是预警的前提，它为食品安全监管和食品安全风险评估提供检测信息，为食品安全预警提供不安全的待评估信息。可以认为，食品安全预警的可靠性依赖于食品安全检测的完善程度。中国应积极探索食品安全检测体系的建设策略，在提高食品安全检测技术的同时，重点建设一批规模适中、分工合理、专业突出、能够面向社会提供食品安全检测技术服务的中介机构。

（2）食品安全风险评估体系建设。长期以来，我国食品安全监管主要集中于已确认存在毒害的食品及其原料，对于新出现的食品及原料的安全性，以及新兴生物、物理、化学因素和食品加工技术对食品安全可能带来的影响，缺乏系统而科学的风险评估机制。因此，我国应尽快启动食品安全风险评估体系建设，为食品安全预警提供及时准确的信息，以便及时有效地预报和处置食品安全危机。

（3）食品安全预警体系研究。随着科学技术的发展，食品安全预警体系不断引进新的技术，因此，需要不断地开展食品安全预警体系研究。在食品安全预警体系研究过程中，重点加强对食品风险信息收集和分析的研究，加强对食品风险分析和预警模式的研究，加强对食品风险控制措施的研究以及信息技术的应用研究。在研究过程中，不仅需要学习和借鉴国外先进经验，而且需要结合我国国情，从根本上提高我国食品安全预警体系的管理水平。

（4）加强信息网络平台建设。在食品安全预警体系中，信息的采集、传递和发布都需要建立在良好的信息网络基础上。RASFF（Rapid Alert System for Food and Feed，食品和饲料快速预警系统）系统拥有良好的信息网络平台，所有参与机构都能借助信息网络平台进行沟通。借鉴 RASFF 的成功经验，我国应建立一个贯穿整个食品供应链体系的信息网络平台，实现信息和资源的共享，实现食品供应链成员和监管部门能力的集成，有效提高食品安全预警的时效性。

（5）加强法律保障体系建设。在食品安全预警体系中，法律、法规和标准是重要保障。因此，亟须完善以预警机制为核心的食品安全法律体系、法规和标准体系。建立完善的食品安全法律体系，可增强法律法规的可操作性、系统性和协调性。依据国际通行的食品安全法典，建立并不断完善符合我国国情的食品安全法律、法规和标准体系，有助于推动我国的食品安全法律、法规和标准体系与国际接轨，并保障食品安全。

（6）加强食品安全预警的国际合作。随着经济全球化的不断深入，食品安全管理也逐渐走向国际化。正处于探索阶段的中国食品安全预警体系，唯有持续加强与国际各国的合作与交流，才能不断汲取并借鉴全球先进的食品安全管理模式。通过在食品安全法律体系建设、检测能力提升、预警及快速反应机制等方面取得实质性突破，才能实现跨越式发展，逐步缩小与发达国家之间的差距，全面提升中国食品安全预警的整体水平。

食品安全预警体系建设是一项复杂的系统工程，涉及众多的主管部门和企业团体。因此，可以简要地将食品安全预警体系建设划分为以下三个步骤。

（1）国外相关系统剖析。为了有效借鉴发达国家在食品安全预警体系建设中的成功经验，必须深入了解国际相关系统。RASFF 是欧盟为保障食品安全和保护公众健康而建立的关键工具，它的主要目标包括保护公共健康、确保食品安全和促进沟通，其运作机制包括通知、评估、警报传播和后续行动。作为一个基于信息的预警系统，它涵盖了信息采集、传递、评估、发布到反馈的完整流程，能及早发现潜在食品安全风险，及时采取有效措施，为消费者健康提供坚实保障。

国际食品安全当局网络（INFOSAN）由世界卫生组织和联合国粮农组织联合设立，旨在促进食品安全信息的交流以及国家和国际食品安全机构之间的协作。该系统依赖多部门和成员国的协调配合，包含主网和应急网两部分。主网负责发布关键食品安全信息，应急网专注于公共卫生风险防控，防止疾病跨国传播，并支持应急公共卫生响应。

我们可以借鉴 RASFF 系统和 INFOSAN 系统运行的成功经验，结合我国国情，建立一个统一领导下的由多部门共同组成的食品安全信息采集、跟踪、分析和发布网络，一方面及时收集我国在进口贸易中食品安全方面的相关信息；另一方面应当持续关注世界卫生组织、联合国粮农组织及欧盟委员会等权威机构发布的食品安全动态，提升对信息的快速响应和反馈能力。同时，建立一个统一的国家标准，对输入的信息进行筛选和分类，对食品安全预警信息进行全面、科学的分析与评估，及时发布通告，为食品安全决策和应对贸易壁垒提供信息支持。

（2）中国食品安全预警体系规划。面对复杂的食品安全预警体系，在学习和借鉴发达国家先进经验的基础上，应采取科学的规划方法，合理地规划我国食品安全预警体系的结构和功能。根据晏绍庆等（2007）的研究，中国食品安全预警体系应该建立在信息网络平台的基础上，主要由食品安全信息收集渠道、食品安全预警评估系统和食品安全预警信息发布系统等构成，一个完善的构想架构如图 2-8 所示。这是一个与国际接轨的食品安全预警体系，来自国外食品安全预警和监测系统的信息可以直接进入中国食品安全预警体系。

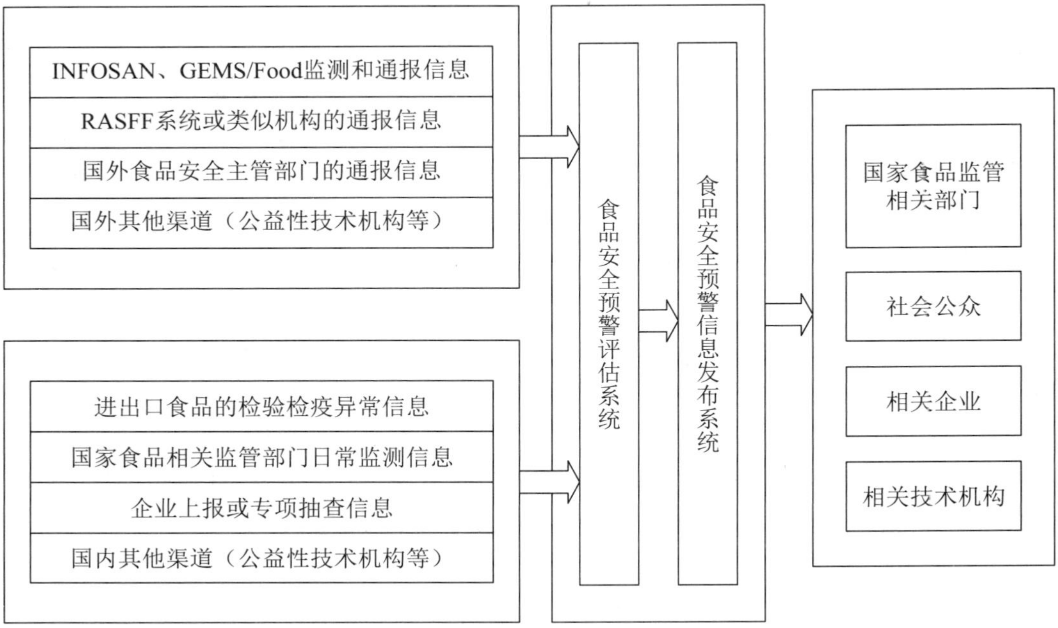


图 2-8 中国食品安全预警体系构想

食品安全信息收集渠道主要来自国外食品安全预警和监测系统以及国内食品安全预警和监测系统。国外食品安全预警和监测系统的信息源主要包括三部分：一是 INFOSAN、GEMS/Food 监测和通报信息，二是 RASFF 系统或类似机构的通报信息，三是国外食品安全主管部门的通报信息。

我国食品安全预警与监测体系的基础信息来源主要包括三类：一是原国家质量监督检验检疫总局在进出口食品检验中发现的异常情况；二是农业、卫生、市场监管等相关职能部门在日常监管中形成的监测数据；三是来自企业的主动报告和各类专项抽检形成的信息。这些信息共同构成了我国食品安全风险监测的核心数据支撑。

科学的食品安全检测、食品安全评估模型以及风险分析模型，是保持食品安全预警权威性和一致性的基本保证，专家评估则是食品安全预警评估的辅助支持功能。

在食品安全预警信息发布系统中，需要一套完善的预警信息发布制度。因此，应通过立法进一步规范我国食品安全管理体制和食品安全信息发布制度，并制定食品安全应急预案，从而增强政府主管部门对食品安全突发事件的响应能力。

（3）整合资源，实现协同预警。在构建食品安全管理体系的过程中，打造一个在统一领导下、由多部门协同参与的食品安全预警体系至关重要。这一体系的构建，不仅要求设立一个具备高度统筹能力的领导组织，更需对多部门的食品安全管理资源进行高效整合，以形成强大的预警合力。

对于统一的领导组织，建议适时建立统一的食品安全高层协调机构，通过制度性安排强化跨部门协作机制。该权威机构可统筹协调农业、卫生健康、市场监管、质量监督、药品监管等相关部门的职能资源，从顶层设计层面优化资源配置，切实增强我国食品安全治理体系的组织效能和协同保障能力。

根据《中华人民共和国食品安全法》(以下简称《食品安全法》)，国务院设立食品安全委员会。依托国务院食品安全委员会的总体协调机制，可有效整合原由卫生、农业和质检等多个部门分管的食品安全监测与预警体系，实现资源高效整合与跨部门信息的实时共享，由农业农村部、国家卫生健康委、国家药品监督管理局、国家市场监督管理总局等联合建立类似 RASFF 系统的预警及快速反应系统，整合食品安全领域各部门分散的监测网络，及时了解和掌握进口动植物和食品的安全情况和信息。建立一个覆盖全国的食品安全信息收集渠道，及时收集各类食品安全信息；建立食品安全预警评估系统，及时准确地评估有关食品安全信息；建立食品安全预警信息发布系统，及时向主管部门和社会通报食品风险信息。

食品安全预警体系的建设，需要政府部门、食品供应链成员和消费者的共同努力和协同合作，需要建立以法律体系为保障，以科研技术体系、物质保障体系和信息网络平台为支撑的预警及快速反应系统。因此，在食品安全预警体系建设过程中，需要实现标准、技术、装备、管理模式、管理体制和运行机制的集成创新。

# 第三章　供应链中的可追溯体系

## 3.1　食品指纹方法

### 3.1.1　食品指纹方法与食品质量指纹技术

在当前这个复杂且竞争激烈的食品市场环境中，食品指纹方法作为一种创新的、系统化分析与设计可追溯体系的手段，正日益受到食品企业的广泛关注。食品指纹并非传统意义上的人类指纹，而是通过先进分析技术，如光谱（紫外可见光谱、红外光谱、拉曼光谱等）、色谱（气相色谱、液相色谱等）以及稳定同位素分析和代谢组学分析等手段，获取食品在成分、结构、性质等多方面的独特且具有代表性的特征信息集合。这些信息如同人类指纹般具有唯一性和辨识度，因此得名。

食品质量指纹技术是指通过对样品进行标准化处理后，获取其在色谱、光谱或其他图谱上的特征表现，从而全面反映其固有质量属性的技术方法。该技术依托于高精度检测仪器，如气相色谱-质谱联用（GC-MS）、高效液相色谱-质谱（HPLC-MS）、毛细管电泳-质谱（CE-MS）、核磁共振（NMR）、液相色谱-核磁共振（LC-NMR）以及X射线衍射（XRD）等。同时，质量指纹图谱的构建还需配合数学统计分析和计算机模拟方法，才能形成系统且稳定的特征数据库。这些图谱为食品的真实性识别和溯源提供了可靠依据。

在食品供应链中，可追溯体系被广泛认定为保障食品品质、降低突发风险并落实责任管理的有效手段。然而，由于它常被视为一项强制性投入，缺乏直接的盈利能力和市场驱动效应，导致企业积极性不高，这也成为制约其在食品产业中快速发展的主要障碍。

对于食品企业而言，食品指纹方法为实现商业目标提供了全新的切入点。当企业着手对可追溯体系进行战略性分析时，首要任务便是对研究对象进行细致剖析。这一研究对象的范围广泛，大到整个食品行业的宏观态势，小到企业内部特定的生产线，甚至聚焦于某一家公司的运营模式。以一家从事乳制品生产的企业为例，其不仅要审视自身在奶源采购、生产加工、产品配送及销售等全流程的运作情况，还需洞察整个乳制品行业在奶源供应地分布、消费者需求偏好动态变化、竞争对手产品特点与追溯体系构建现状等方面的趋势，从而明确自身在行业中的定位与竞争优势。

在剖析研究对象的基础上，企业需将其与可追溯体系的潜在利益紧密结合。可追溯体系的潜在利益涵盖多个维度。从质量管控层面看，精准追溯能助力企业迅速定位产品质量问题的根源，如发现某批次牛奶出现异味是因特定奶源地奶牛食用了受污染饲料，企业便能及时采取措施，更换奶源供应商或加强对奶源地的监测与管理，减少次品率，降低因产品召回带来的经济损失，提升品牌信誉；从市场拓展角度而言，随着消费者对食品安全与品质关注度的不断攀升，具备完善可追溯体系的企业产品更易获得消费者青睐，从而有助于企业开拓新市场、提高市场占有率。例如，某高端乳制品企业通过详尽且透明的可追溯信息，清晰地向消费者展示了产品从牧场到餐桌的完整流程，成功吸引了注重品质的中高端消费群体，从而实现了销售额的显著提升。

完成上述步骤后，企业需将现有的可追溯信息体系转化为模型。这一过程需综合运用信息技术和数据建模技术，整合企业在各个业务环节收集的追溯信息，并进行可视化呈现。例如，利用大数据平台构建数据库，存储原料采购来源、生产加工过程中的工艺参数、仓储物流的环境条件及运输轨迹、销售终端的产品流向等信息。通过数据挖掘算法和可视化工具，以图表、流程图等直观形式展示产品在供应链中的流转路径及相关信息。在模型构建过程中，需进一步深入分析与企业商业目的相关的瓶颈问题。常见的瓶颈包括信息采集不全面，如部分小型原料供应商无法提供详细的原料种植或养殖信息；信息传递延迟，由于供应链环节众多，信息在不同主体间传递时存在滞后，导致企业无法及时掌握产品动态；追溯技术应用成本高昂，一些先进的追溯设备与软件投入超出部分中小企业的承受能力，从而阻碍了追溯体系的完善。

通过对这些瓶颈的精准识别与深入分析，企业能够有针对性地制定改进策略，为完善可追溯体系奠定坚实基础。例如，针对信息采集不全面的问题，企业可以与供应商加强合作，为其提供技术支持与培训，协助其完善信息记录与反馈机制；针对信息传递延迟问题，引入区块链技术，利用其去中心化、信息不可篡改且实时共享的特性，确保信息在供应链各环节快速、准确地传递；面对追溯技术应用成本高的困境，企业可以联合行业内其他企业，共同研发或采购成本效益更高的追溯解决方案，通过规模效应有效降低成本。

在实际应用中，众多企业已通过食品指纹技术取得了显著成效。某知名葡萄酒企业采用稳定同位素分析与指纹图谱技术，精准追溯每瓶葡萄酒的葡萄原料产地、采摘时间及酿造工艺等信息，成功在市场上树立了高端、品质可靠的品牌形象，产品价格与市场份额均实现稳步增长。此外，一家大型肉类加工企业通过构建基于代谢组学的食品指纹库，并结合先进的可追溯体系，能够迅速辨别肉类产品的品种、产地及是否存在掺假等问题，有效提升了产品质量管控水平，增强了消费者对其产品的信任度。

### 3.1.2 商业背景下的可追溯体系

可追溯性是指企业、产业链乃至整个行业通过生产和销售链条，能够实现对从原材料采购到最终消费或应用全过程的跟踪与识别。在这种体系下，每件产品不再仅仅是笼统的类别概念，而是具备独立身份标识的单元。例如，眼前这盒牛奶并非仅是普通意义上的牛奶，而是一个拥有唯一可追踪标识的独立包装体。

一个产品在经历生产和销售阶段时，哪个阶段更受关注，取决于建立可追溯体系的具体目的。建立可追溯体系的目的多种多样，当产品实体作为一个可识别单元生产出来时，其追溯过程便已开始。以牛奶为例，从储藏罐倒入纸盒的那一刻起，它便形成了一个可追溯的包装实体。

对于产品而言，当它被消费或用于其他产品时，其实体形态便停止存在，产品也达到了其生命周期的终点。以一盒牛奶为例，一旦被饮用或加入烘烤糕点的面团中，牛奶的实体形态便不复存在。

过去，人们常认为可追溯体系仅用于实现商业目的，但这只是表面现象。新的服务领域仍有待开发。基于产品历史信息的记录，我们可以更高效地运转整个流程，从而提升产品质量或改善加工环境。因此，企业在引入可追溯体系时，不仅将其视为合规工具，更借此拓宽发展思路，探索更多商业价值的实现路径，这正是可追溯体系的核心价值所在。

### 3.1.3 供应链中的可追溯问题

可追溯体系的引入，使得在食品供应链中出现问题时，能够从产品供应、生产、运输等环节追溯原因，并采取相应措施进行纠正。当食品供应链中的所有信息汇总后，这些信息不仅用于探究因果关系（如召回事件），还发挥了积极的管理作用。具体而言，记录的信息类型不断扩展（这一趋势已在现实中显现），使得标签功能从过去被动地携带身份信息，升级为主动记录加工特征信息，如温度、相对湿度，乃至未来可能涵盖的气体浓度、机械振动和微生物污染等信息。

食品领域已取得显著进步。首先，在过去几十年中，全球食品供应链变得日益复杂且脆弱。饲养和生产所需的原料在全球范围内广泛种植，并运输至加工厂。一个产品往往需经过多个加工环节，初次加工后的产品又常作为其他食品或饲料生产的原材料。在发生事故时，食品供应链的复杂化所带来的负面影响尤为显著。例如，最近在荷兰发生的牛奶中含有二噁英事件，其原因是用于法式煎炸的马铃薯在分选过程中混入了泥灰土，随后削下的皮被用作饲料，导致二噁英在多种产品中被检出，尽管这些剂量对人体无害。

尽管质量安全标准、安全措施及可追溯要求正在逐步完善，但类似事件仍时有发生。因此，全面掌握一个食品供应链显然颇具挑战，因为未知因素众多，难以将各类风险全部纳入考量。唯有不断提升检测手段并降低有害物残留水平，才能显著提高安全事故的检出率。

此外，各类产品也在不断创新。如前所述，方便食品（即速食食品）易受微生物污染，若能对物品储藏条件进行监测和评估，将有助于确保产品质量，但前提是此类监测必须涵盖所有详尽的相关细节。

# 3.2 可追溯体系中的食品指纹模型

## 3.2.1 可追溯体系的宏观组成

可追溯体系分为四部分：组织系统、加工系统、信息系统和技术系统，各部分的主要问题如图 3-1 所示。

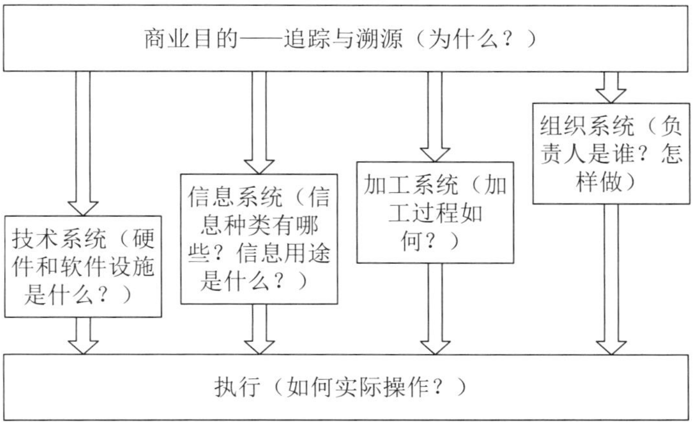


图 3-1 可追溯体系各部分的主要问题

### 1. 组织系统

当前，组织系统已然成为食品可追溯体系中极为关键且不可或缺的基本构成部分。随着食品行业的迅猛发展，食品供应链和食品网的复杂程度与日俱增。当可追溯体系不再局限于单个企业的独立应用，而是需要在整个行业生态中协同运作时，组织系统的重要性愈发凸显。

从法规层面来看，尽管现行法律在可追溯体系建设上对企业的要求多停留在公司层面，如《食品安全法》规定食品生产经营者应依法建立食品安全追溯体系，部分实施细则也仅围绕企业自身的信息记录和保存等方面提出要求。然而，在现实的市场环境中，食品供应链早已突破单一企业的边界，呈现出全球化、网络化的复杂态势。大型零售集团、跨国食品生产商以及国际一体化食品供应链（综合商业和合作企业中的生产分销链）早已实施超越公司界限的可追溯体系。

在组织系统中进行合理的布局是实施可追溯体系的关键。规定产品和信息处理责任、寻求进程同步性、定义系统信息和信息交换标准、制定决策、确定最终目的等，都是在组织系统中完成的。可追溯的目标既可以着眼于单个企业，也可以面向整个食品供应链和食品网。

在组织系统中需要特别指明的研究对象包括：

（1）范围确定：可追溯体系覆盖食品从原料到终端使用的整个供应链。

（2）责任分配：明确谁负责产品，如何将责任传递到下一环节，以及责任如何在供应链中传递。

（3）成本和利益分配：在供应链各环节中，成本与收益往往不均衡，且早期研究发现只有末端较为均衡。为实现可追溯体系的有效运作，供应链必须合理协调成本与利益的公平分配，这可以通过分享成本和信息或共同的利益来实现。

2. 加工系统

在加工系统中，生产流程的各个环节应进行全面记录，包括产品流动、预处理过程、信息需求、信息传递及控制措施。尽管可追溯体系主要关注信息传递，但加工过程中的细节问题往往会对整个流程产生显著影响。然而，由于加工过程通常侧重于提升效率和控制成本，可追溯性方面的考量常常被忽视，导致许多加工环节成为可追溯性的顽疾。例如，原料大批量混合储存、大型物流中缺乏控制的混合、集中和分散产品时缺少相应的登记程序等。在很多情况下，若严格按照严谨的可追溯体系要求，整个加工方案都需要进行相应的改进。

3. 信息系统

产品流的追溯完全依赖于加工信息。基于加工过程模型，可以构建符合体系的特定信息模型，该模型立足于一般或特殊的参考模型，并详细规定了需采集的信息种类。针对公司最初设定的可追溯目标，信息模型与加工模型共同界定所需的信息实体，从而实现这一目标，二者共同构成了完整的可追溯模型。

4. 技术系统

可追溯性引发了一系列工艺技术问题。在有关可追溯性的讨论中，工艺技术是核心议题。从食品指纹技术的角度来看，工艺技术的选择是可追溯体系设计和实施过程中的关键步骤。

### 3.2.2 建立可追溯体系的步骤

1. 可追溯体系的战略分析

2015 年，国务院办公厅发布了《关于加快推进重要产品追溯体系建设的意见》，标志着中国在可追溯体系建设方面迈入新阶段。此外，我国在农产品、食品、药品等领域逐步构建了追溯体系，如农产品质量安全追溯系统、食品追溯系统等。然而，引入可追溯体系通常被视为回报有限且需额外投入的行为，其成本结构涵盖设备类的固定投入，以及标签、运营和执行等方面的可变费用。由于价格上涨可能影响市场接受度，企业普遍缺乏积极引入该体系的动力。

在此背景下，可追溯体系的战略分析应运而生，旨在为可追溯性的实施提供明确、系统且具有前瞻性的动机支撑。由图 3-2 所示的可追溯体系的战略分析框架可以看出，公司对可追溯计划的运行要求源自其已制定的愿景或商业定位。起初，公司的愿景与可追溯性的运行要求之间的直接联系并不明显。为了推动这一有意义的项目落地，最好在计划初期就集中讨论具体且真实的原因。在欧洲，该措施的落实在很大程度上得益于《通用食品法》

的强制性法律约束。明确了这些目标，可能引导出第一层含义，即企业制定的愿景或商业定位。通常情况下，追溯的目标都十分务实。

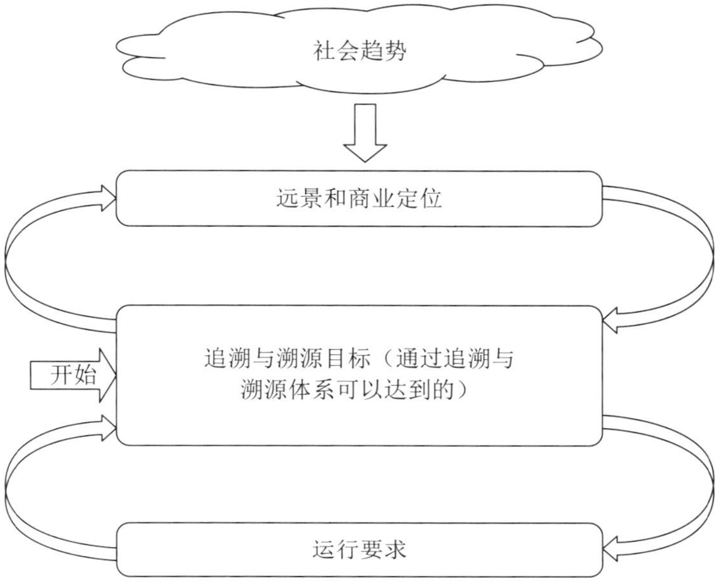


图 3-2 可追溯体系的战略分析框架

就远景来说，可把企业定位成以下四种类型：

（1）消费者：企业的动力基本来自消费者的期望。通常，这些企业都与 A 级品牌挂钩。

（2）产业链 / 消费者：产业链的参与者（常常是零售商）及直接消费者的期望一般是企业的动力。

（3）内部：优化内部运作是这些企业采用可追溯体系的主要动力。

（4）供应链：主要关注上游加工过程的管理。

这些定位与美国物流管理协会（CLM）的供应链 2000（SC2000）框架有相似之处。我们对部分分类定义和内容进行了微调，以便更好地适应不同企业对可追溯性的需求。与 SC2000 框架相似，这样的定位并不冲突：一个企业可以具备多种不同类别的特征。各类主体对企业推进可追溯体系的主观意愿产生直接影响。面向消费者、以市场需求为导向的 A 级品牌厂商，更倾向于通过提升产品附加值来增强品牌价值；而服务于产业链其他环节、以协作配合为导向的供应商，则更注重通过降低运营成本来实现效率最大化。

在实际产业链或企业运营中，如何探寻推进可追溯性的内在动力？鉴于目标机构的复杂特性，这一过程需辅以相应的细致分析。以复杂产业链为例，针对特定国家的园艺部门，探究实施可追溯性的动机应作为一个独立项目进行深度剖析与研究。历经多年探索与发展，已逐步形成两种独特的可追溯体系战略分析手段：食品指纹的快速扫描技术（FQS）及面向中小企业（SME）的食品指纹扫描技术（FPD）。

FQS 特别适用于单个企业或相对简单的食品供应链。简而言之，FQS 描绘了加工概况、现状、瓶颈及可追溯性的目标。在此过程中，旨在就可追溯性的目的达成共识，这不仅涉及个别股东，还包括链中的多数或全部参与者。通常，这一过程需 2 ～ 6 周，其间举行的两次研讨会至关重要，参与者涵盖链内所有相关方。第一次研讨会主要讨论现状及已知的可追溯性瓶颈，第二次研讨会则确定单个及共同的可追溯性目标。

通常，FQS 的目标是整合企业公司与特定的食品供应链。然而，对于许多中小企业（SMEs）而言，这一过程不仅规模庞大，而且成本高昂。为了帮助 SMEs 符合欧洲法律法规，尤其是《通用食品法》的要求，FPD 提供了一种快速且简洁的分析方法，主要关注以下三个方面：

- 企业现状是否满足 GFL 的要求？
- 若不满足，需要改进哪些方面？
- 为确保引进的可追溯体系能够获利，必须确定哪些主动性的动机？

这一最多耗时 30 分钟的在线分析结果，既可作为内部或外部项目的启动基础，也能充当首份项目简报，并助力构建初始项目的商业案例。可追溯性战略分析的终极产出，是一份详尽阐述构建可追溯体系所需条件的清单。

### 2. 体系分析

在体系分析过程中，应将现有的生产操作及追溯数据构建成详尽的结构模型，以便精准识别潜在的制约因素。

### 3. 瓶颈分析

为了实现可追溯体系战略分析（STA）所设定的目标，对现有体系进行系统化的建模与评估至关重要。首先，应对整个系统进行详尽的描述；其次，识别并确定阻碍可追溯目标实现的关键瓶颈。通过对上游信息流的全面剖析，可以判断系统是否具备获取所有必要信息的能力，任何信息缺失的节点均可视为瓶颈。一旦精准定位瓶颈，需制定针对性的对策加以解决，并通过持续优化，不断提升体系的可追溯性水平。

### 4. 体系设计

瓶颈分析在推动可追溯体系持续演进中发挥着关键作用，使体系设计能够不断优化与拓展，从而有效消除阻碍可追溯目标实现的关键因素。为契合体系分析的结果，必须提供相应的改良方案以优化体系设计。体系设计的关键作用主要体现在数据模型的设计上，而数据模型正是可追溯体系的基础所在。在可追溯体系中，数据模型的构建具有根本性意义，体系设计的核心价值也正体现在这一层面。尤其在将可追溯性视为实现多重功能的手段时，一个全面且严谨的数据模型设计显得尤为重要。

### 5. 体系构造

体系设计伴随着系统的动态调整，针对不同因素采取的步骤也各有差异，需要判断：现有可追溯功能是否应进行调整，或是重新设计新功能；实现现有功能是否应以标准方法为基础，还是特别定制一种方法；对于瓶颈问题的解决，是进行彻底改进，还是仅需微调。

### 6. 实际应用

瓶颈分析旨在梳理阻碍目标实现的潜在瓶颈，并在功能设计阶段制定相应的对策。随后，功能设计将转化为详尽的工艺设计，明确体系的构建和运作细节。最终，工艺设计方案交由建设团队实施，以实现系统的实际落地应用。在体系的设计、构建及应用环节中，食品指纹法与其他体系方法大体保持一致，但在设计和分析阶段存在一定差异。

7. 备用方法

食品指纹法已从最初的技术水平发展成为完全以可追溯性为导向的方法。在许多情况下，可追溯性被视为其他信息体系的特殊功能。通常，可追溯性在工业控制系统、MES 层面或 ERP（企业资源规划）体系中均可应用。在这些体系中，可追溯性要求通过特定视角（如过程控制、物流学等）得以实现。从食品指纹法的视角来看，这些体系中的可追溯性模型是诸多解决方案中的优选。食品指纹法构建了可追溯性的整体框架，紧密围绕企业商业目标展开，并强调其在企业战略部署中的核心地位。

## 3.3 利用可追溯体系优化供应链

自 2002 年欧盟颁布《通用食品法》*Regulation*（*EC*）*No 178/2002*，并于 2005 年全面生效以来，食品可追溯体系作为一项强制性要求在食品行业中落地生根。该法规明确规定，食品供应链上的所有经营者，包括原材料供应商、生产商、分销商及零售商，都必须建立并维护可追溯系统，详细记录食品、食品原料及相关生产动物的来源与去向信息，并在监管部门要求时及时提供这些记录。这一法规旨在全方位保障食品安全，提升消费者对食品供应的信心，并强化整个欧盟市场的食品安全监管力度。

然而，在实际执行过程中，不少企业将法规遵循仅视为获取生产许可的必要条件，而非提升企业竞争力与运营效益的契机。尽管企业在整个供应链中投入资源建立了追溯系统以满足合规要求，但从运营成本与收益的角度来看，这种遵循并未直接转化为实际的经济效益或成本优势。许多企业只是机械性地记录产品位置和识别相关信息，主要用于应对可能的产品召回管理，未能充分挖掘可追溯体系在优化供应链管理、提升产品质量等方面的潜力，导致法律本身难以有效激励企业在追踪和溯源（T&T）体系上进行深度投入与创新升级。

在当前市场环境中，食品公司亟须一种以商业利益为导向的战略方法，以充分发挥追溯和溯源体系的价值。例如，通过精准的质量追溯，企业能够减少因质量问题导致的产品召回损失，同时优化生产流程，降低次品率，提升整体生产效率。当企业切实感受到在追溯和溯源体系方面的投入能够带来降低成本、增加市场份额、提升品牌形象等实际利益时，才会主动加大在此方面的投资力度。

确定明确的目标是构建以质量为导向的追踪和溯源（QTT，quality tracing & tracking）体系的首要任务。传统的可追溯体系主要聚焦于产品位置和识别信息的收集，功能较为单一。而 QTT 体系在此基础上更进一步，着重获取产品质量相关参数的数据。以冷链食品为例，贯穿整条供应链的温度和相对湿度数据对于保障食品质量与安全至关重要。通过实时监测这些数据，企业可以及时发现冷链断裂等问题，提前采取措施避免食品变质，减少损耗。同时，将可追溯体系与质量数据深度融合，能够更精准地控制和管理食品供应链中产品的流通。企业可以依据质量数据调整物流配送方案，优化仓储条件，确保产品在最佳状态下到达消费者手中，从而在市场竞争中脱颖而出，获取更多商业利益。

在最新法规动态方面，各国和地区也在不断完善相关规定以适应行业发展需求。例如，2024 年，我国市场监管总局发布《关于推进重点工业产品质量安全追溯的实施意见》，虽主要针对工业产品，但其中关于建立信息化追溯机制、落实企业追溯责任等理念对食品行业也有借鉴意义。其分阶段将不同类型产品纳入追溯范围，逐步强化产品质量安全风险管控，这种思路有助于推动食品行业进一步完善追溯体系建设。例如，浙江省自 2024 年 9 月 1 日起正式实施的《浙江省中药全链条追溯体系管理办法（试行）》，对中药从种子种苗到临床使用的各个环节的质量追溯进行了详尽规定，涉及信息采集、部门职责等多个方面，为食品行业在细分领域的追溯体系构建提供了宝贵的实践范例。

### 3.3.1 供应链质量可追溯体系的优势

QTT 体系带来了诸多益处，尤其是对于新鲜且易腐烂的产品，如蔬菜、水果、肉类、鱼类、乳制品和鲜花等。

首先，QTT 体系为食品安全提供了坚实的保障。通过全面了解整条供应链中的食品质量，能够在产品销售给消费者之前，识别并剔除不合格的产品。另一种方法是依据严格的质量标准，调整食品的存储环境条件，从而避免不安全产品的产生。因此，这一策略被称作“遵循导向策略”。

其次，QTT 体系能够提升客户服务水平。它能更有效地满足客户的特定质量需求，例如特定的颜色、成熟度、质地、味道、等级或货架期。以芒果为例，当它们被摆上零售货架时，往往处于未成熟的生硬状态，然而大多数消费者却希望购买“即食”的芒果。这种策略被称为“市场导向策略”。

接着，通过应用 QTT 技术，能够有效降低产品损失，进而减少成本。当产品过期时，过剩产品所带来的费用极高，而新鲜产品的损失则是零售业最为关键的成本医素。为避免产品损失，新鲜产品的供需链管理相较于干制食品显得尤为重要。对于新鲜产品而言，关键在于平衡双重目标：一方面要避免产品脱销（即无货可售），另一方面则需根据有限的货架期来尽量减少产品损失（从而降低成本）。这种策略即为“过程改进导向策略”。

最后，通过应用完整且精确的 QTT 体系，能够更有效地发挥传统 T&T 在目标识别和位置跟踪方面的物流优势。例如：

①通过降低脱销水平，改进服务。

②通过改进供应链管理，降低（安全）库存水平。

③减少重新递送（纠正）的次数。

④增加卡车的装载水平。

⑤自动确认和登记（Auto-ID）以节约时间和人力，减少错误和即时洞察存货水平等的

真实情形。

⑥充分利用资源（比如分配中心和卡车的空间）。

⑦更高效地返回物流单位，如货盘，移动推车和板条箱等。

在投资 T&T 体系之前，务必确认所有需求，以便通过 QTT 获取更多利益。因此，这种积极主动的方法与仅仅以法律和食品安全为目的的被动 T&T 执行有着本质区别。当投资追溯和溯源体系时，采用积极的 QTT 方法将显著提升回报。传统上，食品工业遵循 T&T 体系的要求面临诸多障碍，这不仅从根本上增加了成本，还未能带来足够的利益回报。然而，QTT 确实能提供诸多益处，因此对于食品供应链的执行者而言，投资这样一个系统无疑是一个强有力的激励因素。

### 3.3.2 产品质量的供需链管理

供需链管理（DSCM）将消费者和供应商视为“单一整体”，并通过三个或更多理论上独立的网络连接起来，使各对象能够自行整合和调节，最终实现价值创造和损耗减少的网络化管理。

从上述定义中可以看出，DSCM 与 QIT 均以所有链参与者的利益为共同目标。该定义不仅明确了多重目标，包括价值创造（市场策略）和损耗降低（加工改进策略），还将食品安全（服从策略）纳入其中，作为食品供应链的重要目标之一。

在多数供应链中，食品供应链尤为典型，体现了“需求与供给”的管理模式。通常，市场需求和消费者的购买行为是产品销售的起点，随后由供应链执行者提供。尽管 DSCM 并非专为食品供应链设计，但新鲜易腐食品的供需管理相较于干制品更为严格。由于食品的货架期有限，需求与供应必须紧密衔接。传统观念认为，供不应求会导致产品脱销，而供过于求则会导致产品损失。因此，寻求一个平衡点，同时有效管理低脱销率和低产品损失率，显得尤为重要。

### 3.3.3 产品损失和脱销的原因

以供需链管理理论为基础，导致产品损失和脱销的原因可归结为两大类：需求和供给。

1. 需求导致

（1）销售量：产品的销售量具有可变性，受多种因素影响，例如，

①人口特征：收入水平、社会文化偏好、地理位置（城市与农村）的差异，均会导致不同的购买行为。

②气候环境：像冰激凌和烤肉这类食品，其销售量在夏季会显著增加。

尽管存在多种销售方式，这些方式确实可能导致供大于求（产品损失）或供不应求（脱销），但销售量仍可预先设定在某一确定水平。获取精确的销售数据以及对供应链（短暂开发周期）的快速响应至关重要。从不同销售方式下产品所占比例来看，高营业额产品

的比例通常低于低营业额产品，因此高营业额产品更易于管理，产品损失相对较少。然而，从产品价值占比的角度来看，尽管低营业额产品的损失和脱销情况较少，但其造成的经济损失却可能与高营业额产品相当甚至更大。这主要是因为高营业额产品的销售量基数较大，从而放大了其潜在的经济影响。

因此，探寻最佳策略以降低产品损失和脱销水平，从而最大限度地减少经济损失，显得尤为重要。在零售店推行订单管理是实现这一目标的关键步骤。

（2）订单管理：实行订单管理能够有效避免产品因脱销而丧失销路，同时确保产品得到充分且及时的配送。在适宜的时间和地点，供应适量的产品，是对由消费者需求驱动的供应链的积极响应。鉴于销售额和消费者行为存在不确定性，实施订单管理显得尤为重要，必须精准定制适当数量的产品。然而，不恰当的订单管理本身也可能导致高水平的库存损失和产品脱销。

（3）零售方案：已选方案一方面可形成分类少、价格低、服务差的方案（价格战）；另一方面则能形成分类广泛、价格高、服务优质的方案（服务型零售）。然而，在这两种极端方案之间，还存在一系列中间可能性。所提供的储货单元（Stock Keeping Units，SKUs）数量及所要求的服务水平，对产品的脱销和产品损失水平有着直接影响。因此，将产品脱销和产品损失维持在一定的可接受水平，与所选择的方案密切相关。

（4）消费者行为：消费者对降价、市场产品数量、货架位置等因素的反应如何？这通常难以确定，因为消费者的行为并非固定不变。最佳的方法是根据消费者特定的购买行为进行分析。此外，当一种产品的有效期存在差异时，消费者的购买行为有何特点？通常情况下，消费者会在限定的货架期内寻找最新鲜的产品。对于新鲜产品而言，并不存在典型的“先入先出”购买模式，因为绝大多数消费者追求最长的货架期，因而采取“后入先出”的购买策略。这种购买行为会导致额外的产品损失，因为货架期较短的产品被留在了货架上，而货架期较长的产品则被消费者优先购买。通过降价销售接近保存期限的产品，可以在一定程度上弥补因“后入先出”购买行为导致的产品损失。由于产品以较低价格出售，这种损失被称为与价格相关的产品损失。

2. 供给导致

（1）供需链管理：在供应链中，各参与方会依据不同零售店提交的订单做出相应反应。每个参与方必须合理平衡生产能力和安全库存，以避免供不应求（产品脱销）和库存积压（产品损失）。鉴于食品具有有限的货架期，需求和供应必须紧密协调。因此，供应链上的参与方需在产品脱销与产品损失之间找到恰当的平衡点。供应链中的各个环节（如生产商、拍卖商等）的仓储设施，其运作方式与零售店类似。

（2）货架期：产品的货架期越长，其销售时间也随之延长。因此，对于易腐食品而言，有效控制货架期至关重要。影响货架期的主要因素包括：

①食品在收获期的初始质量：不同食品的货架期差异显著，例如，草莓的货架期仅为2~3天，而苹果则可维持数周。即使是同一类食品，其货架期也可能因品种和生长环境的差异而有所不同。除了气候、土壤类型等环境因素外，化学药品和肥料的使用同样不容忽

视。生物变化引发的不同反应会导致食品初始质量各异。为有效应对这些影响，将食品分批处理至关重要，唯有如此，食品链中的后续参与方才能针对不同批次采取相应措施。

②加工过程：某些加工工艺可有效延长货架期，如巴氏杀菌法、近红外处理和高压处理。

③链环境，如温度和相对湿度：大多数食品对链环境有特定的适宜范围。超出这些范围将导致质量下降，如出现碰伤、软化或干燥等现象。

④产品分配时间，由运输距离和运输方式（轮船、卡车、火车、飞机）决定：时间和温度的结合，即“温度和”，是预测货架期的一个重要因素。

⑤食品的包装：气调包装（Modified Atmosphere Packaging，MAP）通过在食品周围添加特定气体以延长货架期。这种气体通常由二氧化碳（抑制细菌生长）、氧气（保持食品鲜艳颜色）和氮气（模拟周围空气）组成。采用气调包装后，货架期通常可延长至少 50%，例如，原本 4 天的货架期可增至 6 天。

### 3.3.4 供需链管理的优化

图 3-3 展示了供需链管理循环的直观概览。在本案例中，我们选取了零售商的 DSCM 作为研究对象，且该循环同样适用于其他食品链相关参与者。

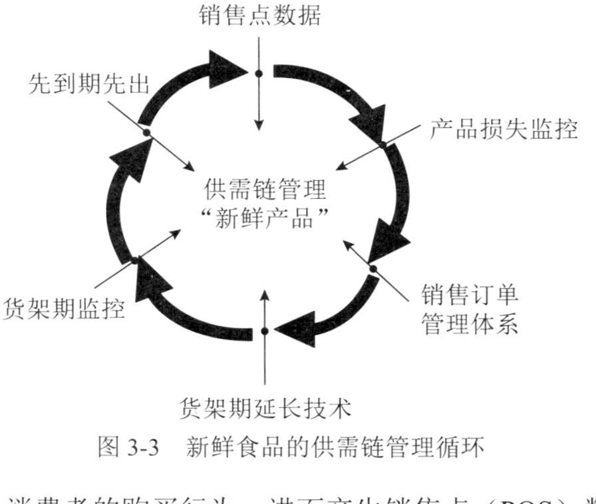


图 3-3 新鲜食品的供需链管理循环

（1）货架管理始于消费者的购买行为，进而产生销售点（POS）数据。

（2）产品损失监控系统能够将原始的销售点数据转化为产品损失和产品脱销的相关信息，并生成关于产品损失和库存水平的详细报告。采购经理和订单经理依据这些报告进行工作调整。

（3）销售订单管理系统将原始的销售点数据转化为每种产品的详细特定订单。该系统旨在平衡低脱销水平和低产品损失水平，可视作一个决策支持系统，为订单管理经理提供建议。若订单经理有充分的理由，例如获得改进的信息或深入了解当地购买行为，也可以否决系统提供的建议。此外，销售订单管理系统还能生成所有零售店所有产品的订单，从而自动为供应链上游的供应组织补给订单。

（4）供应者将在合适的时间给合适的消费者补充适当数量和质量的产品，可以利用不同的技术来延长货架期。

（5）货架期监控可以评估货架期和货架期延长技术的效果。

（6）由于众多因素对货架期产生影响，导致货架期存在差异。通过采用先到期先出的控制策略，物流管理能够巧妙地应对这些货架期的差异，从而最大限度地降低产品损失和减少产品脱销的风险。

当第一天的销售告一段落，第二天的循环随即再次启动，自我重复这一过程。前一日生成的实际销售报告（涵盖每家商店、各款产品及每日数据）可供查阅。产品损失监控系统据此计算出关键操作指示，而货架期管理系统则基于过往经验与未来预测，生成相应的订单，如此循环往复。

# 第四章 可追溯体系建模和瓶颈问题

随着食品法规的不断演进，食品供应链中的各家公司必然需要建立溯源和可追溯体系（T&T 体系）。在面临严重食品危机时，食品源和追溯体系能够帮助人们识别潜在威胁，从而有效保障食品安全。实施食品可追溯体系的过程，实际上也是完成一系列战略、战术及实施目标的过程。

在食品可追溯体系的基础上，进一步发展出了食品指纹技术。这是一种以目标为导向建立可追溯体系的方法学，其构建依赖于产业网络的运作和策略目标。该方法包括以下步骤：

（1）可追溯性策略分析：详细列出各操作目标对应的战略目标；进行可追溯性系统分析；绘制可追溯体系图示。

（2）可追溯性瓶颈分析：检查实际操作数据是否与各操作目标相符。若出现偏差，必须对可追溯体系进行调整。

（3）可追溯体系设计：提出针对新 T&T 体系的建议性设计方案。完成此阶段后，T&T 体系即可开始实施。

本章将介绍一种系统化的建模方法，用于分析食品供应链和可追溯体系的特征。

## 4.1 可追溯体系建模

基于系统化的建模方法，衍生出两种模型：过程模型和追溯与溯源模型。过程模型通过食品指纹法分析，构建可追溯体系，从而精确再现食品供应链。在随后的瓶颈分析阶段，过程模型可转化为追溯模型。该追溯模型涵盖了瓶颈分析的所有概念和关系，输入模型以创建可追溯体系，并对食品供应链进行必要调整（图 4-1）。这些概念共同构成了 Agrotechnology & Food Innovations 和 Chainfood 的链模型。

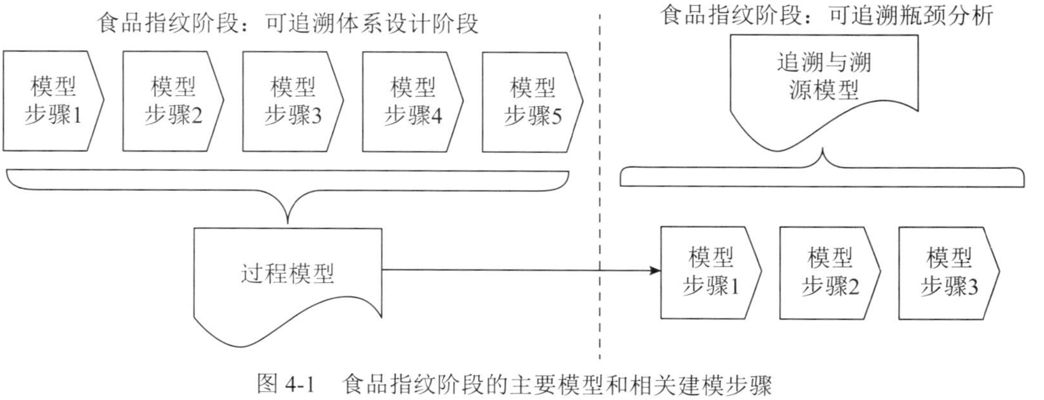


图 4-1 食品指纹阶段的主要模型和相关建模步骤

### 4.1.1 过程模型

在设计一个合适的可追溯体系（T&T）时，我们必须查阅现有建模技术的文献资料，以便图示食品供应链的过程。为此，我们专门构建了适用于各类（食品）链的可追溯体系过程模型。

该过程模型涵盖了食品供应链中的产品登记、产品测量、过程评估等关键环节，这些环节对追溯过程的数据再现至关重要。在建立过程模型的过程中，需大致遵循五个步骤，每个步骤都会引入一些过程模型中的核心概念。

**1. 定义模型的范围**

定义模型的范围必须遵循 FoodPrint Strategic Traceability Analysis 的规定。在食品指纹技术的方法中，“链”的概念指的是那些共同享有某类产品或产品组生产和物流利益的公司或组织的集合，并假设该供应链中的所有成员能够共享追溯和溯源信息。例如，十位愿意共享追溯和溯源体系信息的番茄种植者、一个番茄去皮加工厂以及五个零售商，共同构成一个食品供应链。而对于那些不愿意或无法共享信息的种植者，他们被视为整条链的供应商；同样，不愿或不能共享信息的零售商则被视作整条链的卖主，具体见图 4-2。

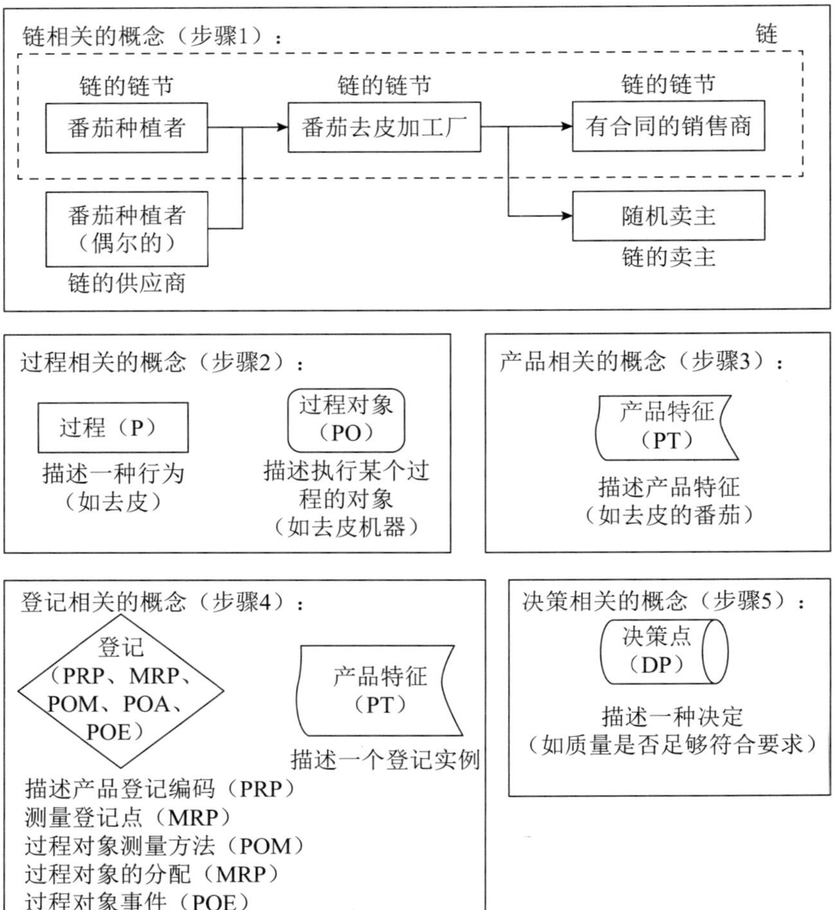


图 4-2 过程模型建立的五个步骤中的常用概念

一个供应链由多个链节构成，即参与其中的公司。这些公司是整条链中创造价值的活动主体，同时也是提供产品或服务的法律实体。回顾前述例子，韦尼基番茄去皮加工厂（Wageningen Peeled Tomatoes Inc）便是这样一个典型的链节。在这个供应链中，我们假定所有公司实体之间互相信赖，并愿意共享可追溯体系的信息。尽管相互信赖问题至关重要，但在此不做深入讨论。为便于深入分析，本例未对整条供应链进行建模，过程模型的范围仅限于番茄去皮工厂。该过程模型的详细说明见图 4-3。

### 2. 定义范围内的过程识别

在一个链节中，总会产生增值行动。例如，番茄加工厂的番茄去皮过程，所有这些行为都具有层次性。在这个例子中，菱形位置表示登记点，层次最高的行为是去皮番茄加工厂生产去皮番茄。更准确地说，这一行为或过程包括“番茄的接收”和“番茄的分级”。若将“番茄的分级”进一步细分，可以将其分解为“按形状分级”“按颜色分级”等多个子过程。以此类推，这一描述水平可以继续分解为更多子过程，直至达到基础的描述水平。

在去皮番茄工厂中，识别出以下四个主要过程：P1“番茄的接收”、P2“番茄的剔除”、P3“番茄的去皮”、P4“番茄的灌装”。模型建立者认为这一水平已足够详细，无须进一步分解。

过程需要一个或多个对象来执行或支持。操作员负责控制整个实际运作过程。在本例中，这些操作员和混合程序被称为过程对象，简称为 PO。同理，仓库是“储藏”过程的过程对象。复杂过程可以由多个过程对象协作完成。例如，职员 Peter 监督“混合”过程和实际生产的“分类”。过程对象可分为几类，因此 Peter 和 John 等可归入“在线操作员”类别。在过程模型中，使用“在线操作员”代替具体的“Peter”的好处是无须记录每个操作员的名字。

这些过程对象可归入以下几个类别：PO1 是资源，PO2 是信息系统，PO3 是生产详细目录，PO4 是管理系统，PO5 是测量装置。PO1 进一步细分为质量控制器 PO1.1、可追溯体系操作员 PO1.2、在线操作员 PO1.3，见图 4-4。

### 3. 产品的获得

在可追溯体系中，产品无疑是核心关注点。实施有效追踪的关键在于准确确定产品在食品供应链中的具体位置，因此，产品登记显得尤为重要。以番茄罐头为例，该类产品可能配备两到三种编码，包括条形码、印制批号和电子 RFID 编码。这些编码在可追溯体系中均需登记，无论是以纸质形式记录，还是存储于信息库中。为了区分这些技术手段，我们将登记信息录入信息库（如通过扫描器获取编码数据）。在可追溯体系中，电子编码被称为“识别”，它代表物理对象在信息库中的唯一标识。例如，“罐 134”这一识别码即指代信息库中某个特定装满去皮番茄的罐头。

### 4. 取得登记

产品的登记可以分为两类。一类主要记录产品的位置，这称为产品注册。这类注册在产品登记点（PRP）进行。当登记一种产品时，会同步进行程序检测，因此登记点也可称为测量登记点（MRP）。测量登记点（MRPs）可进行离线分析，例如对番茄样品进行实验室测定，大约需要一个星期得出分析结果。番茄接收的品质控制点则称为“质量控制点”，简称“MRP1”。

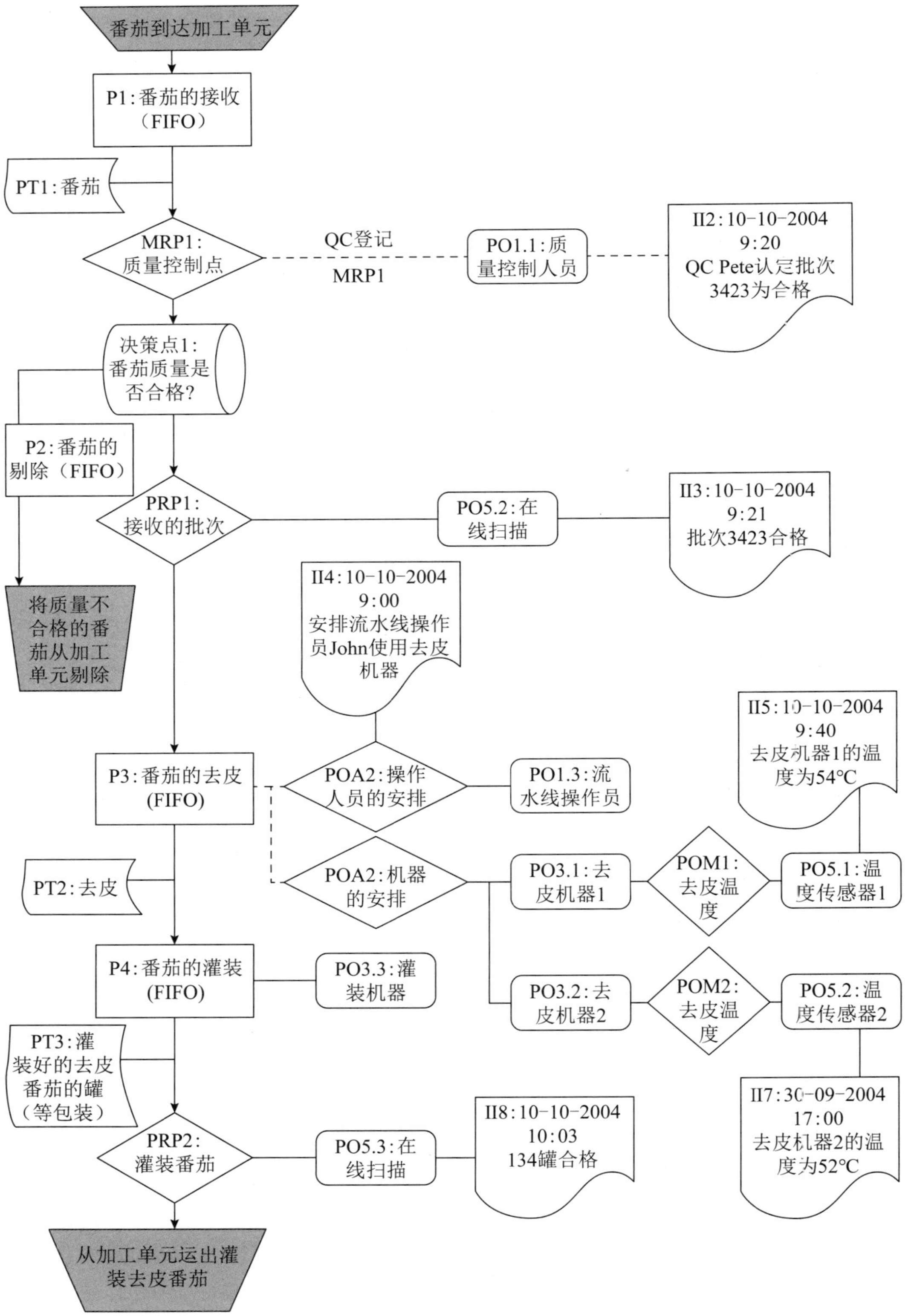


图 4-3　加工单元生产去皮番茄的过程模型

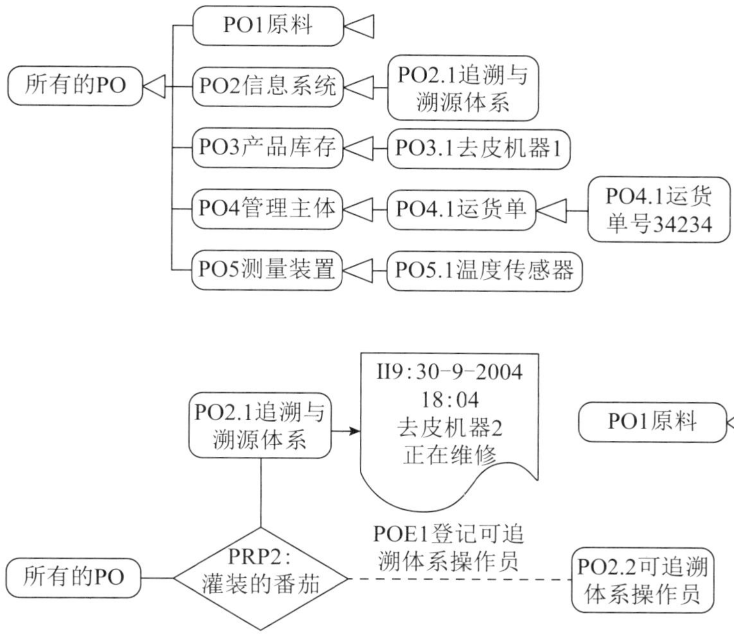


图 4-4 对象过程之间的相互关系

过程对象的状态可能随时间变化，这对链的可追溯性目标至关重要。例如，白天监控仓库温度可能尤为重要，此类测量被称为过程对象测量（POM）。值得注意的是，此时是另一个过程对象在执行实际的测量。过程对象 PO5.1，即温度传感器 1，进行了实际的 POM1 去皮温度测量。

过程对象与过程之间的相互关系会随着时间的推移而发生变化。如图 4-3 所示，1 号去皮机器和 2 号去皮机器是过程 3 的实际执行者。然而，在某一时间段内，1 号去皮机器可能运转正常，而 2 号机器却处于维护状态。若随后 1 号机器出现污染问题，而 2 号机器未受影响，此时过程对象与过程之间的关系就显得尤为重要。描述这种关系变化机制的方法称为过程对象分配（POA）。因此，当 POA3 随机指定去皮机器 1 或 2 时，过程 3 均会执行“番茄去皮”指令。

有时，可追溯体系中的一些非常规但相关的事件，与过程对象测量存在差异，例如电力不足，可能影响一个或多个过程对象，导致测量记录不准确，进而引发质量风险。针对这种情况，我们可以引入过程对象事件（POE）的概念来登记此类事件。由于这些非常规事件具有可变性，登记的变量也相应不确定（这与 POM 不同，POM 是使用特定单位来测量预先定义的变量值，例如温度为 10 度）。当一个过程对象事件（POE1）被指定归入名为 ALL 的过程对象类别时，意味着可追溯体系中通过 P0E1 记录了非常规事件与过程对象的关系（图 4-3）。当去皮机器处于检修状态时，P0E1 即代表该过程对象（图 4-4）。

为了了解在某一登记点（在 PRP、MRP、POM、POA 或 POE）中哪些信息是真实可利用的，我们引入了信息实例（II）的概念，II 代表了某项登记的实例。信息实例 113 表示在 2004 年 10 月 10 日 9：21（24 小时制）观测了批号为 3423 的番茄。

5. 作出决定

决定点同样是一个过程对象，例如通过机器或操作员读取产品信息，并能在可追溯体系中获取某个特定产品的所有相关信息。由于仅数据是从可追溯体系中直接读取的，因此决定点通常不被视为一种登记形式。决定点负责确定产品的出入流。

图 4-3 显示，通过掌握合格番茄的信息，我们可以获得以下信息：决定点 1 是对番茄质量作出的判断。若判断为否定，番茄将被从整条链中剔除；若判断为肯定，PRP2“接受该批次”则确保合格的番茄批次在可追溯体系中得到登记。

## 4.1.2 可追溯模型

可追溯模型反映了可追溯体系的全部登记信息，涵盖针对过程和产品的可追溯性及其登记信息之间的关联。这些关联的存在，使得沿产品链向上或向下追踪成为可能。然而，仍存在疑问：如何确认罐头中的番茄来自哪一个批次的番茄原料？可追溯模型侧重于产品可获取的信息，而非实际的生产过程。为了区分各个过程步骤间的不同信息，我们在可追溯体系中引入了关系类型的概念。

1. 抽提出与产品相关的登记点

在可追溯体系模型中，登记点的角色十分重要，过程模型中的所有登记点（PRPs 和 MRPs）都会再三出现。为了关注产品和登记点之间的关系，可追溯模型应尽可能简化。因此，我们将过程对象从可追溯体系中拿出来，因为过程对象并不直接反映登记点和产品之间的关系。虽然我们可以忽略过程对象，但必须保证登记点和相关的信息描述之间的关系是完整的（图 4-5）。过程对象 PO3.1“去皮机器 1”并没有包含在模型中，但与 POM1“去皮温度”的关系已经建立在 POA3“机器的安排”与 POM1 的关系中了。在过程模型中与 PO5.1“温度传感器 1”相连接的信息实例 II 5，也可直接与 POM1“去皮温度”相连。

与图 4-4 番茄皮的机器处理相对照，灰色不等边四边形代表范围边界，菱形代表登记点。范围边界里的例外事件可连接到任何的程序。这是单独建模的原因。

2. 定义关系类型

在信息库中，只有登记点是可知的。可追溯体系中的产品追踪其实就是对所记录信息的追踪。当产品组装后，组装前后的记录会有所不同，因为之后的标识会包括一个或几个组装前的标识。为了关注各个登记点之间的关系，我们在前后相连的两个登记点之间引入了关系类型。当然关系类型与过程相关，但并不一样。如图 4-6 所示，两个登记点之间的三个物理过程就等同于信息库中的一个关系类型，在信息库中的一个关系种类可以等同于三个物理操作，因为只有两个登记点。

在可追溯体系中，各实体间的关系可归纳为如图 4-7 所示的四种基本类型，即组合、转换、结合与形态变化。这些关系是构建追溯信息链的基础。

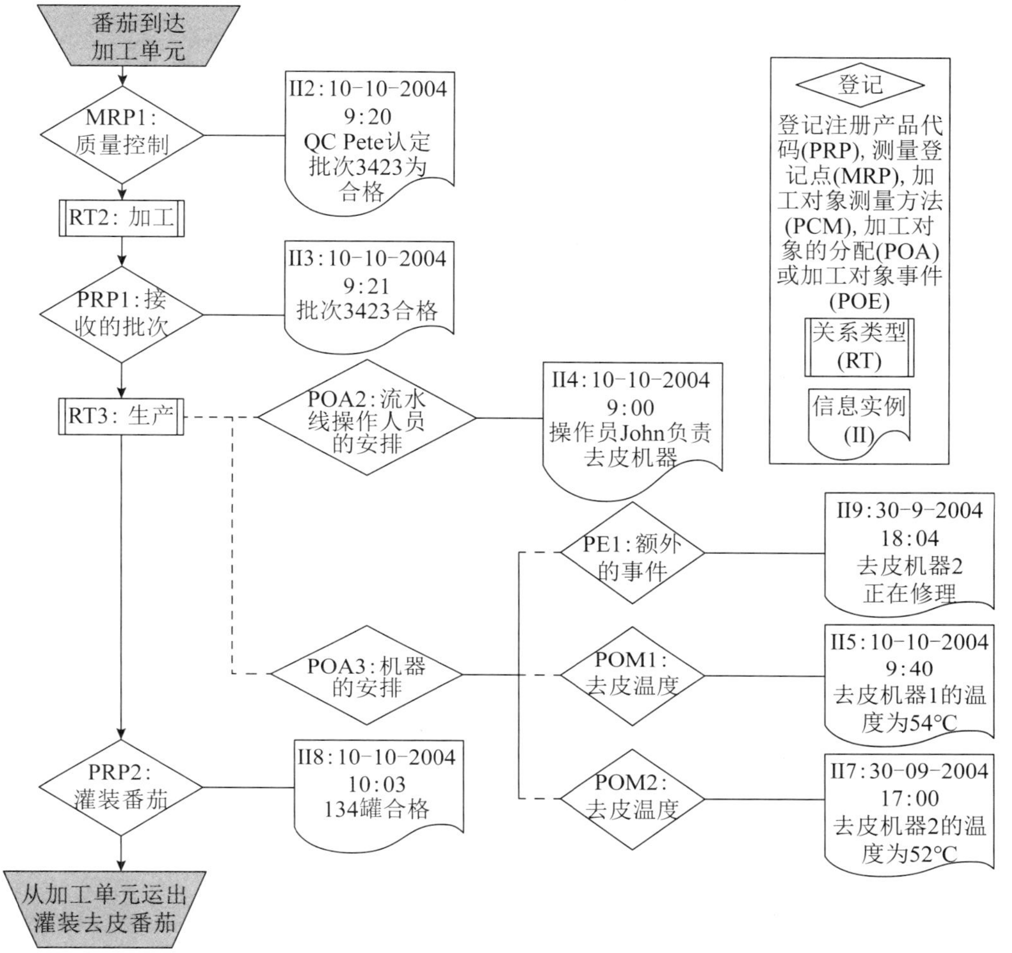


图 4-5 生产程序的追踪模型

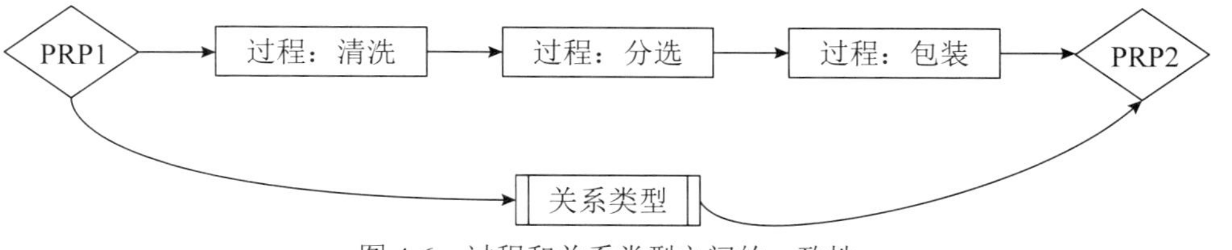


图 4-6 过程和关系类型之间的一致性

（1）组合。组合关系是一种可逆转换，指产品既可集合为一个整体进行标识，也可作为独立个体分别标识。操作时需确保组内每个产品的标识都得到妥善管理。

示例：假设有四罐去皮番茄罐头（A、B、C、D）和一个包装箱（G）。当罐头被装入箱子时，执行创建组合程序，记录 A、B、C、D 已装入 G。此后，对箱子 G 的操作（如位置移动）同样适用于箱内所有罐头。若从中取出罐头 C 和 D，则启动脱离组合程序进行记录，此后对 G 的操作不再作用于 C 和 D。 若将 C 和 D 重新装入箱子 G，则记录为插入组合。当整个箱子 G 被移除时，则记录移出。

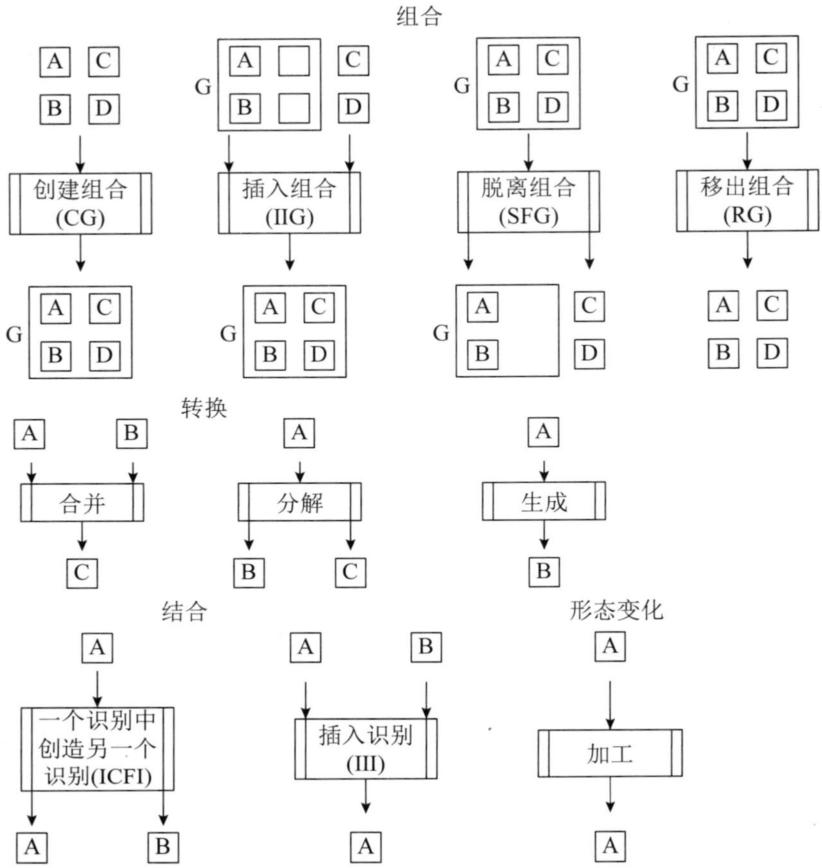


图 4-7 可追溯体系中的关系类型

（2）转换。转换关系是不可逆的。当从一种或多种产品中衍生出新产品时，必须通过转换操作来生成新的标识。

示例 1（合并）：农民 Johnson 提供的番茄（批次 A）与农民 Peterson 提供的番茄（批次 B）被投入同一搅拌器，产出的番茄汁（批次 C）将获得新的标识。

示例 2（分解）：一批新鲜番茄（A）经过去皮处理后，产出去皮番茄（B）和皮渣（C）。这是一种典型的分离转换。

示例 3（生成）：假设 A 是比萨，将咸盐（B）撒到比萨上，咸盐浸入比萨，生成了咸味比萨，这也是一种对识别进行的非可逆添加的关系类型。

（3）结合。结合关系指的是将不同的标识相互关联，或将一个标识添加到另一个标识中，是一种非可逆的添加过程。

示例 1（识别创造）：类似于母牛（A）生下小牛（B）。在此过程中，母牛 A 的原有标识保持不变，但同时创建了一个与之关联的新标识 B。

示例 2（插入识别）：向某批次的番茄（A）中加水（B）。尽管引入了新的物质成分，但该批次番茄的原始标识并未改变，此情形可用插入识别来表示。

（4）形态变化。形态变化指的是产品的标识发生变更，但此过程不涉及任何物质的添加或提取，仅表示产品状态或形态的改变。

示例：在烤箱中加热比萨（A）。此加工过程并未引入新原料或移除产物，但比萨的状态发生了变化，因此其标识需更新以反映此“加工”关系。

如图 4-5 所示，图 4-3 中的决策点 1（位于登记点 MRP1 和 PRP1 之间）可映射为关系类型中的“加工”。而登记点 PRP1 和 PRP2 之间的“番茄的去皮”与“番茄的罐装”过程，则转化为“生产”关系类型，因为此时产品的外部标识（如罐体编号 134）与内部批次标识（如批次 3423）已产生差异。

3. 登记与关系类型的关联

登记信息源于过程模型，并与过程对象紧密相关。在可追溯体系中，登记直接对应于上述关系类型。从图 4-2 和图 4-3 所示的过程操作模型可知，在处理过程 P3“番茄的去皮”和 P4“番茄的灌装”时，均会生成过程对象属性与过程对象测量等登记信息。这些登记均与关系类型 RT2 直接关联。需注意，操作模型中登记的先后顺序保持不变，即 POA3 位于 POM1 和 POM2 之前。对于 POE3，相同的标识仅需记录一次。

## 4.2 可追溯模型中的过程和产品问题

这一部分将重点介绍可追溯模型，该模型是模拟食品供应链中可追溯性功能而构建的基本框架。接下来，我们将探讨两个关于可追溯体系的关键问题，并阐述如何将这些问题整合到我们的模型中。

第一个问题是关于识别的描述。当信息登记后，需将相关追踪识别信息导入可追溯体系。这是关系类型的扩展，我们需要确定一种关系类型是否足以了解内部识别与外部识别之间的关联，或者是否需要更多信息来完善这一过程。

第二个问题涉及产品识别的唯一性。识别方案是确保产品可被召回的可追溯单元的最小指标。这两个问题的解决将使模型更具特征性和实用性。

### 4.2.1 可追溯模型中的识别描述

加工一种产品需耗费大量时间，这一特性使得可追溯性变得更加复杂。以灌装机器为例，产品在灌装机器前后的登记点之间必须经历十分钟的处理时间。这种情况使得区分内部识别与外部识别变得尤为困难。为了实现有效的追踪，必须明确某些关键关系，例如罐中番茄所属批次的外部与内部识别之间的关联。产品的特性在很大程度上决定了内部识别和外部识别之间的关系。我们已定义了一个适用于所有产品的可追溯模型范围，其中包含一部分离散产品，它们依次排列，正如番茄罐头一般。

通过以下例子，解释产品的两种类型。

在仓库中，储存着预先包装的货盘，每个货盘上装有六个箱子，箱内装有听装去皮番茄。这些货盘需要拆开包装，分成小单元后配送至超市。登记点 PRPin 在 9：00、9：10、9：20 和 9：30 记录整货盘的登记情况（图 4-8）。由于必须去除货盘的包装，从货盘中取出第一个箱子需要一定时间。未拆封的箱子则由登记点 PRPout 进行登记。

为了明确进库货盘与出库箱子之间的对应关系，我们需要掌握 PRPin 登记的货盘与 PRPout 登记的第一个箱子之间的时间差，即积压时间。为此，需使用校正指数来确定各箱子所属的货盘。在 PRPout 的登记时间上进行校正，所用公式为：校正的 PRPout（$t$）= PRPout（$t$ 一积压时间）。积压时间可能是一个固定值（如 9 分钟），或是多个相关因素的函数。图 4-8 中的箭头标示了各箱子来源的货盘。

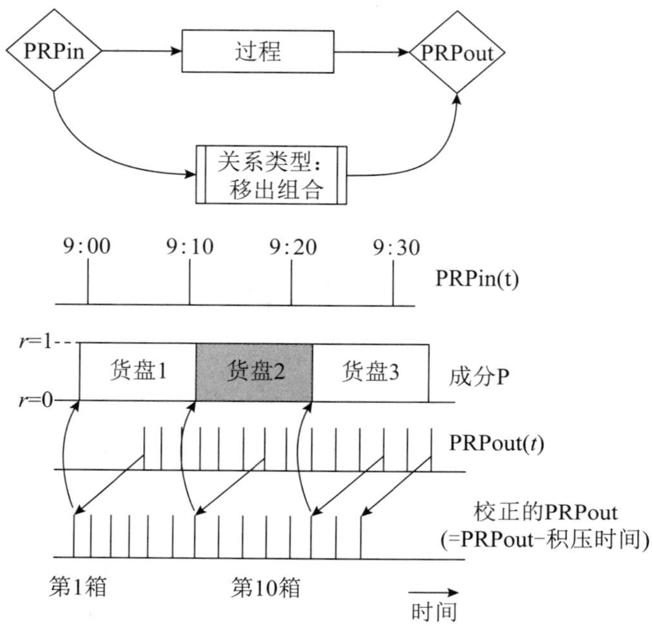


图 4-8 离散产品的相关概念

另一部分是离散型连续产品，这些产品通过食品供应链最终混合，类似于两种不同来源的牛奶被注入同一个桶中。我们以图 4-9 中的例子来描述这种产品类型。在某牛奶工厂，来自不同农户的牛奶汇集到同一个桶内，并通过 PRPin 进行登记。牛奶在 PRPout 登记点的监控下进行连续灌装。图 4-9 展示了离散型连续产品的可追溯性。由于积压时间是已知的，因此可以明确地知道包装 1 的牛奶来源于农民 1。然而，一旦这些离散型连续产品混合在一起，整个内容物会立即融合，这意味着当农民 2 的牛奶进入桶中后，便难以分析其具体来源，农民 3 的牛奶加入后亦是如此。

因此，我们引入了“全体成员”这一概念，它是用来衡量所有有可能进入识别的成员的可能性大小的，其取值范围介于 0 至 1 之间。因此只要牛奶罐不是空的而且没有被污染，农民 1 的全体成员因数就是 1。从牛奶在 PRPin 点登记到罐头排空的这段时间内，农民 2 的全体成员因数是 1，以此类推。考虑到积压时间，就能很清楚地知道包装 3 来源于农民 1 或农民 2。从包装 5 起，牛奶可能来源于农民 1、农民 2 或农民 3。

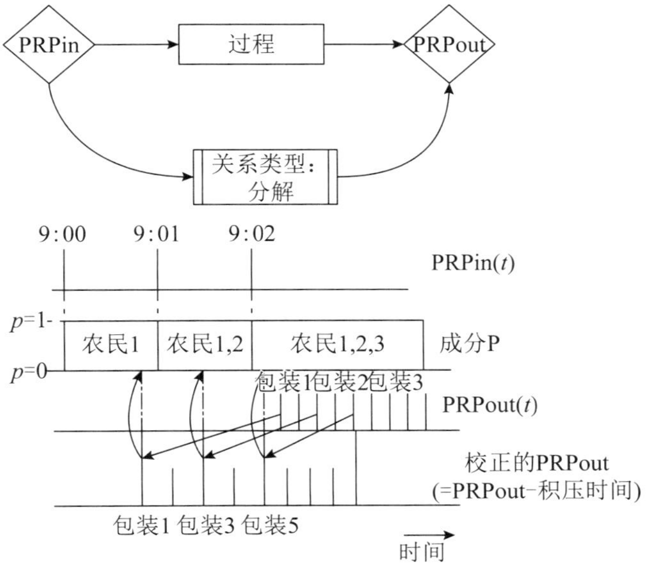


图 4-9 离散型连续产品

以上两个极端情形之间的任何一种产品都称为非离散型连续产品，同样是一连串通过食品供应链但并不在最后混合的产品，像花生经过高压管一样。我们用图 4-10 的产品为例。不同来源的非离散型的连续产品——花生在不同时间进入大的储藏室，通过 PRPin 登记。从储藏室取出不同批次的花生，由 PRPout 登记。由于储藏室中两批不同来源的花生不能严格区分清楚，这样就有了所谓的“灰色区域”。在这种情况下，第 2 部分（在积压时间的校正之后）就可能有 60% 是来自第 1 批次，40% 来自第 2 批次。假如需要召回第 2 批次，就需要明确可能性的限值究竟是多少，才能决定是否召回第 2 部分。举例来说，如果可能性限值小于或等于 40%，第 2 部分需要被召回，当限值超过 40% 时，第 2 部分就不需要被召回了。

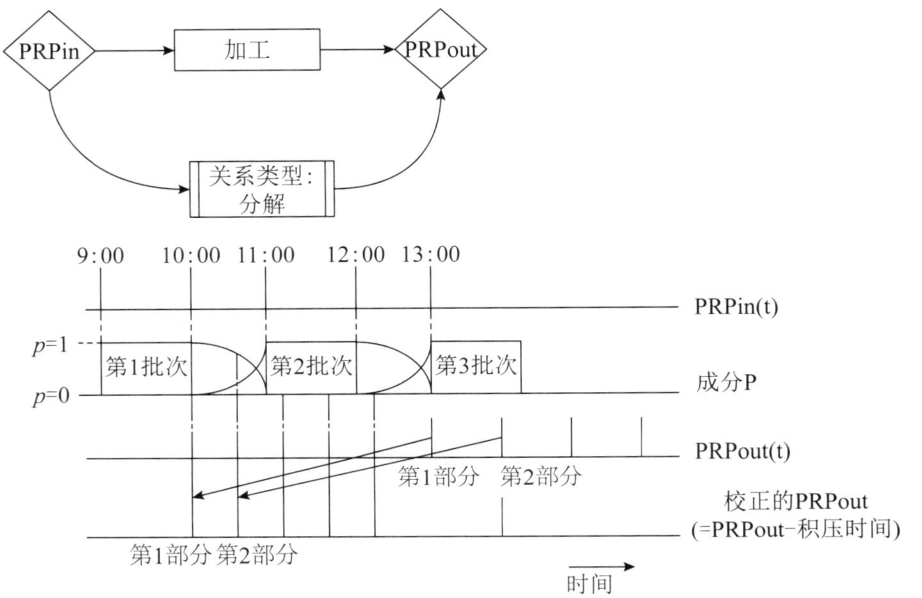


图 4-10 非离散型连续产品

### 4.2.2 识别方案

每种产品可能包含一个独特的识别符、一个批次编码，或者没有任何编码。带有相同编码的物理产品数量级被称为识别方案。在文献中，也常用 STUNT（最小可追踪单位）这一术语。识别方案的重要性在于它能够确定尽可能少的产品数量，并通过识别方案，了解每批次中的每个产品或所有产品，从而在质量监督中发挥关键作用。

识别方案分为三种不同类型（图 4-11）。最详细的识别方式是每一种产品在经过登记点时都拥有自己的识别信息；其次详细的识别方式则以产品批次为最小单位，而非单个产品。在这种方式下，所有单个产品都带有物理批次编码，例如批次 3423 的所有罐头在其顶部都印有该批次编码，这种识别方案等同于批次大小。识别的登记和测量登记（PRPs 和 MRPs）的储存单位是批次，从可追溯性角度来看，该批次内所有对象之间无差别，因此对产品批次的关键检测可能导致整批次产品被召回，而非召回整个工厂的产品。当产品未携带任何物理识别时，必须依靠操作员人工登记并根据内容进行描述。例如，忙于“包装”过程的操作工 Peter 会人工登记含有草莓的包装。这种识别方案涉及的处理量极大（即全球所有现有产品的大小）。

可以通过重新调整批次大小（每个批次具有独特的编号）来减少识别方案的数量。例如，原先将每 50 公斤新鲜番茄装入一个板条箱（包含特定识别标识），现在则改为每 25 公斤番茄装入一个板条箱。这样一来，特定识别方案数量便减少了 50%。

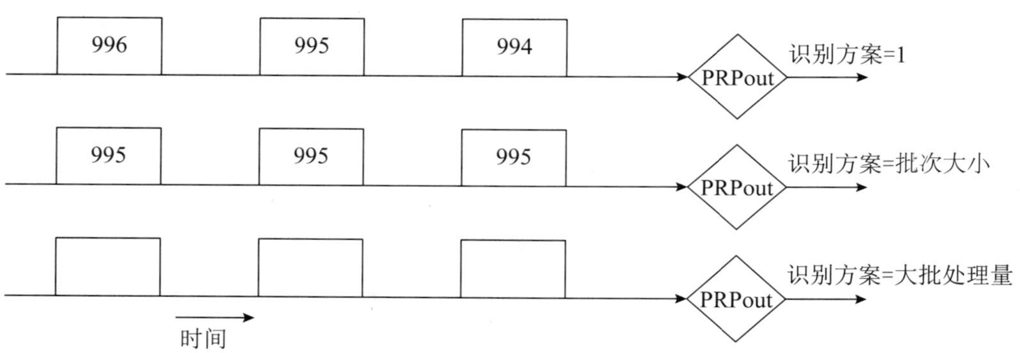


图 4-11 三种不同的识别方案

### 4.2.3 全体成员积压和识别方案之间的关系

如果产品生产厂家希望减少其产品召回的数量（如仅召回 100 个牛奶包装而非 10000 个），那么重点不应仅仅放在产品识别方面，比如通过调整批次大小来简化识别方案。为验证这一论点，假设农民运送到加工厂的牛奶并非通过农民身份识别，也不是通过农民和牛奶的双重识别。这意味着牛奶的识别方案较为简单。同样，假设来自不同牧场主的牛奶被倒入同一个未经清空和消毒的罐中，尽管牛奶识别方案简单，但所有牛奶仍需进行识别。

全体成员因数正反映了这一情况。如果厂商能降低这一因数的影响，就能减少内部和外部识别的数量，从而在产品召回中降低相关识别关系的复杂性。

减少全体成员因数的一个实例是改变整个生产流程，通过增设独立罐，只允许单一识别的牛奶倒入罐中。当一个罐被清空后，在其清洗和净化的同时，生产流程转向另一个罐继续进行。

当全体成员不处于边缘状态时，例如非离散型产品，正如花生储藏室的例子，其缺点是在召回过程中，多个内部识别中存在一定比例的可疑识别。而当处于边缘状态时，与内部识别相关的可疑识别时间缩短，从而减少召回产品的数量。通过减弱全体成员因数，可以改变产品加工过程。例如，将独立的牛奶罐添加到仅允许单一识别的环节，当罐子空了之后，加工过程转向另一个罐，该罐则进行清洗和净化。

在图 4-12 中，我们通过描述对象来阐释为何需要“缩短”或“削减”产品全体成员因数，并解释“变短”和“变陡”的概念。图示清晰地指出了我们应特别关注的关键环节，例如在识别阶段（通过减少每批次的产品数量来优化识别方案），以及在操作阶段（涉及多余罐子的功能、产品设备的清洗和润滑机制）。值得注意的是，在减少非离散型连续产品因数之后，成员因数的数量将与离散产品的数量相吻合。因此，若希望进一步减少全体成员因数，就必须如同处理离散产品那样，进行新一轮的优化改进。

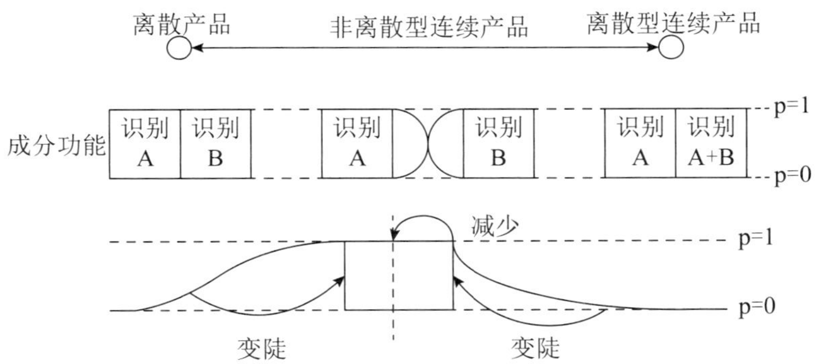


| 产品类型 | 变短 | 变陡 |
| --- | --- | --- |
| 离散 | 减少编码 | 不相关 |
| 非离散型连续 | 减少编码 | 减少“灰色区域” |
| 离散型连续 | 尽量不让编码离散 | 不相关 |

图 4-12　不同产品的范围

由于积压时间是对产品操作过程中耽搁时间的估算，因此汇总所有相关关系类型的积压时间，即可估算出（一部分）食品供应链所需的时间。这将直接影响召回程序：当供应链较短时，召回变得毫无意义，因为所有产品可能已被食用完毕；而当供应链较长时，被发现的潜在威胁能够在对消费者造成重大危害之前得到及时纠正。

既然我们已经掌握了识别、全体成员以及积压时间所涵盖的内部识别与外部识别之间关系的相关信息，我们便可以将这些概念纳入可追溯模型中（图 4-13）。

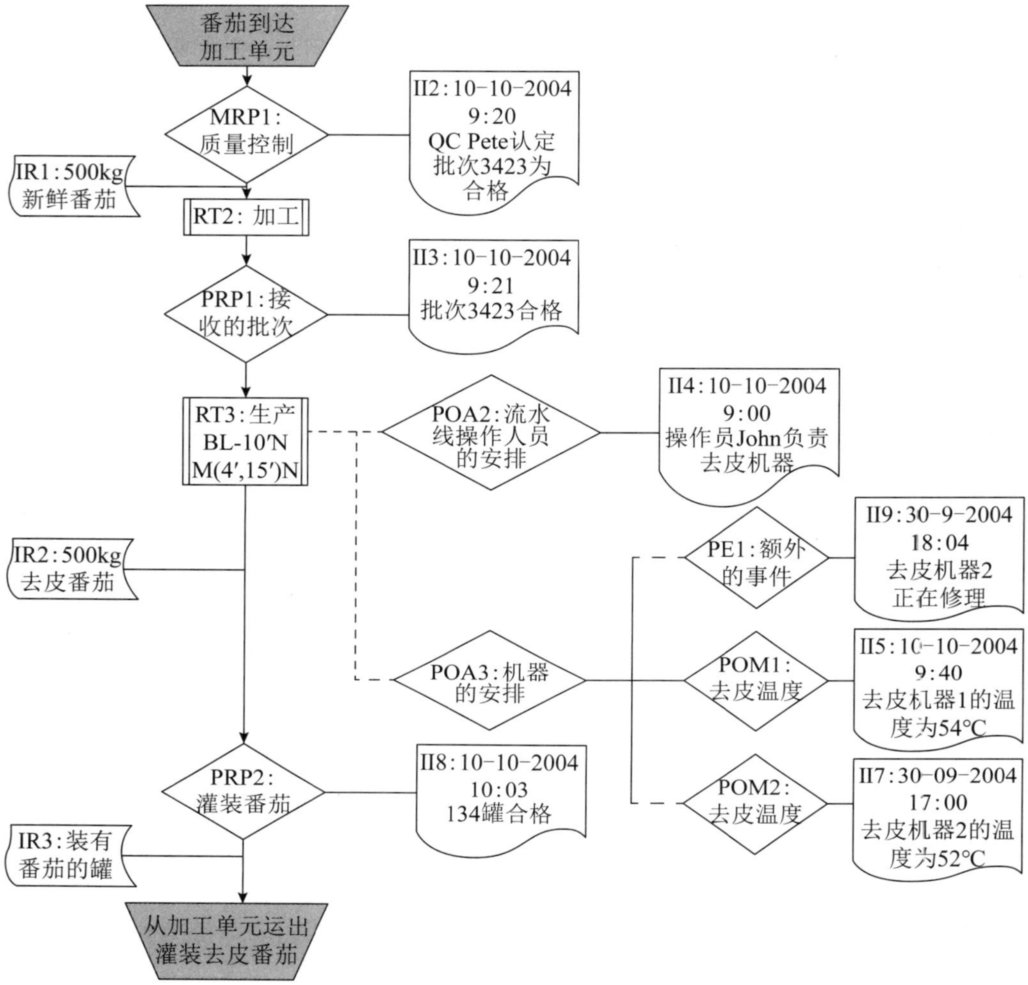


图 4-13 可追溯模型的优化

此图基于图 4-3 的可追溯模型进行优化，由全体成员、积压工作（或任务积压）和识别方案这几个核心概念衍生而成。图中关系类型 3“生产”环节中的积压时间设定为 BL = 10 分钟（N 代表正常情况下的积压），即积压处理时间通常为 10 分钟。成员功能（M）的时间分配为：侧面上升阶段为 4 分钟，可能的持续处理时间为 15 分钟，随后是 4 分钟的侧面下降时间。总时间分配遵循正常工作流程。识别方案通过 IR3 由符合 IR1 标准的流程来表示。

## 4.3 可追溯体系瓶颈问题分析

食品生产或配送公司通常被立法机构要求建立配套的追踪与溯源（T&T）体系。T&T

体系的立法目的在于监督食品安全，完善相关体制，预防食品风险。然而，在某些食品供应链中，T&T 体系的功能不仅限于防范食品风险。在这些供应链中，根据实际需求执行 T&T 体系，还能实现食品供应链中的特定战略和战术目标。我们期望在设计这些食品供应链的 T&T 体系时，将其视为体系的重要目标之一，同时兼顾其他目标。

基于 T&T 体系可用于除防御目的之外的其他目的这一认识，我们创立了食品指纹技术。食品指纹技术是一种以目的为导向的 T&T 体系的系统方法，该方法包含五个阶段：

第一阶段：详细罗列食品供应链的操作目的，形成目录。

第二阶段：构建目标食品供应链模型及其对应的 T&T 体系模型。这些模型和操作目的是食品指纹技术瓶颈分析的起始点，其作用是查看与操作目的相关的产品和加工过程的注册信息，并检查信息系统是否适用于这些目的。若信息系统不适用，分析方法必须根据加工过程、注册信息、组织结构以及技术应用等方面进行必要的调整。

第三阶段：进行瓶颈分析。下面将通过案例详细介绍这部分内容。

第四阶段：将瓶颈分析结果转化为完整的体系设计。此阶段在前述根据实际情况对分析方法进行调整的基础上进行。

第五阶段：执行 T&T 体系。

### 4.3.1 瓶颈分析案例：森林水果夸克

为了阐述食品指纹瓶颈分析，本文将以森林水果夸克这一简单的食品生产链为例进行说明。森林水果夸克是一种多组分食品，主要由森林果实和夸克两大组分构成。在此案例的研究中，我们将生产链定义为水果加工厂和夸克工厂。食品供应链的供应商包括山莓农场主、草莓农场主、黑莓农场主、蓝莓农场主，奶农，发酵剂、凝乳酶生产商，包装材料提供者。食品供应链中的销售方则是零售商。生产链的具体流程如图 4-14 所示。

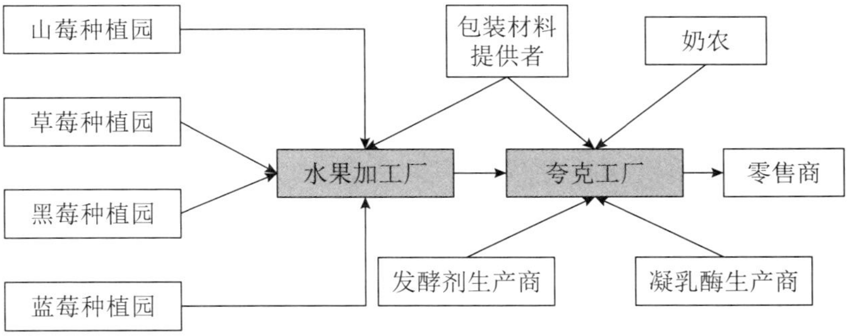


图 4-14 森林水果夸克生产链

从食品指纹技术的视角来看，供应商并不在生产链的检查范围内。由于这些供应商不参与信息交换，因此也不在 T&T 分析的覆盖范围之内。这意味着供应商的生产过程同样不在 T&T 的重点检查范畴。由此可见，供应商提供的产品信息在当前分析中并无实际价值。同理，销售商也不包含在生产链中。

1. 水果加工厂

水果加工厂的生产流程如图 4-15 所示。森林水果的四种组分——草莓、黑莓、山莓和蓝莓，由相应的供应商运送到森林水果加工厂。每箱水果重 150 公斤，整箱到达。每个箱

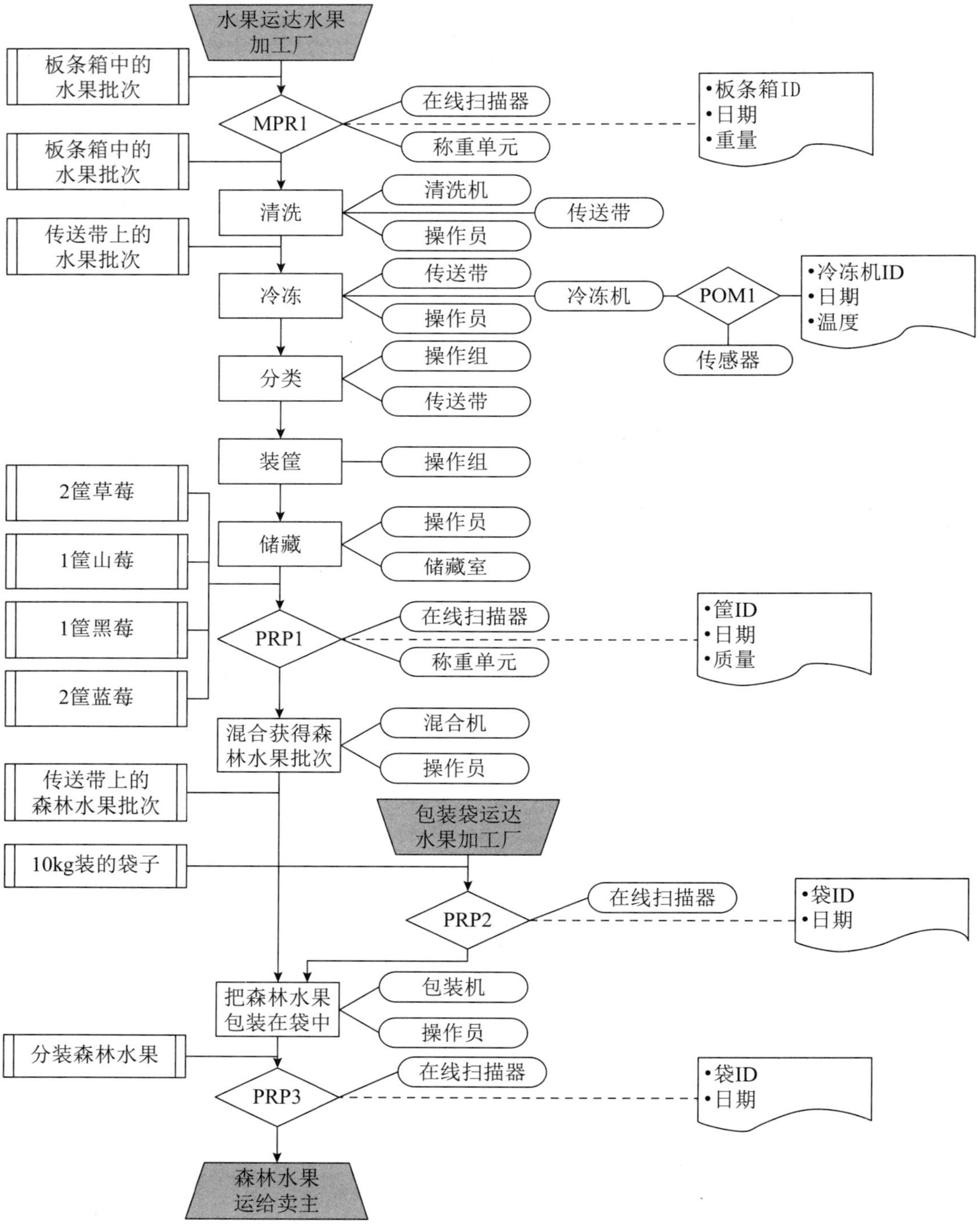

图 4-15　森林水果加工厂的生产过程模型

子配备相应的条形码以便识别。通过扫描此条形码，即可在水果加工厂的信息系统中登记其身份特征、运达时间及每箱的质量。

每箱中的水果被放置在传送带上，依次进行洗涤、冷冻和分选，然后分装至 6 个可识别的筐中（每筐 25 公斤），并在储藏室中恒温保存。为使同批森林水果充分混合，从储藏室中重新取出 2 筐草莓、1 筐黑莓、1 筐山莓和 2 筐蓝莓。取出时间、筐代码及质量均需在水果加工厂的信息系统中进行登记。随后，将已登记的水果进行混合。

包装袋由包装材料生产商提供，每袋装 20 公斤混合森林水果。每批包装袋均配有特定的编码，且在使用前才在信息系统中登记其编码。混合好的森林水果被装入已登记的包装袋中，装满后进行登记，随后运往夸克工厂。这一过程将在下文详细阐述。

2. 夸克工厂

夸克工厂的生产过程如图 4-16 所示。奶农将牛奶装在储奶罐中送到夸克工厂，抵达时间和储奶罐代码要在夸克工厂的信息系统中登记。牛奶发酵剂供应商将他们的产品分装，每一件都有相应的识别条形码。到达后，每件产品的代码、质量和到达时间都要在信息体系中登记并保存。夸克工厂首先对牛奶进行巴氏杀菌。当牛奶巴氏灭菌后，加入牛奶发酵剂。牛奶发酵剂可使牛奶的 pH 降低。当 pH 足够低时，加入凝乳酶以防止产品凝结。对混合物进行常规检测，确定夸克是否完全形成。每次检测，操作员都要在信息系统中保存混合物的各项指标，储奶罐编码和测量时间。当操作员观察到产品已形成时，将乳清除去。在夸克被运输到森林水果夸克生产线之前必须在信息系统中保存含有夸克的储奶罐编码夸克的质量和登记时间。

最后一步生产过程是森林水果夸克的准备，其过程如图 4-17 所示。夸克储存罐和含有森林水果的包装袋要运达森林水果夸克的生产线。各自的产品编码和到达时间要在夸克工厂的信息系统中登记并保存。杯子和箱子的供应商将其产品分批运送。每批杯子从贮藏室被取出时，要在信息系统中登记。随后，森林水果和夸克以恰当的比例混合好后，分装在杯子中，在信息系统中登记杯子代码和填装时间，将杯子装入箱中，每箱装 90 个，这些箱子就可以运输给零售商了。箱子包装完成时，在信息体系中登记箱子代码和送出时间。

范围界限由深灰色的梯形表示，登记和测量登记点（PRP、MRP、POM）由菱形表示。

3. 操作目标

构成森林水果生产链的森林水果生产设备和夸克工厂，特别重视对购买的不同质量级别食品原料的追溯。具体而言，草莓原料的批次代码应当能够从装满夸克杯的箱子中获取。食品供应链中的参与者为可追溯体系设定了第二操作目标，即寻找发生微生物污染的污染源。例如，若在夸克杯中检出单核细胞增生李斯特菌，就必须确定污染发生的时间和具体被污染的原料或过程对象。

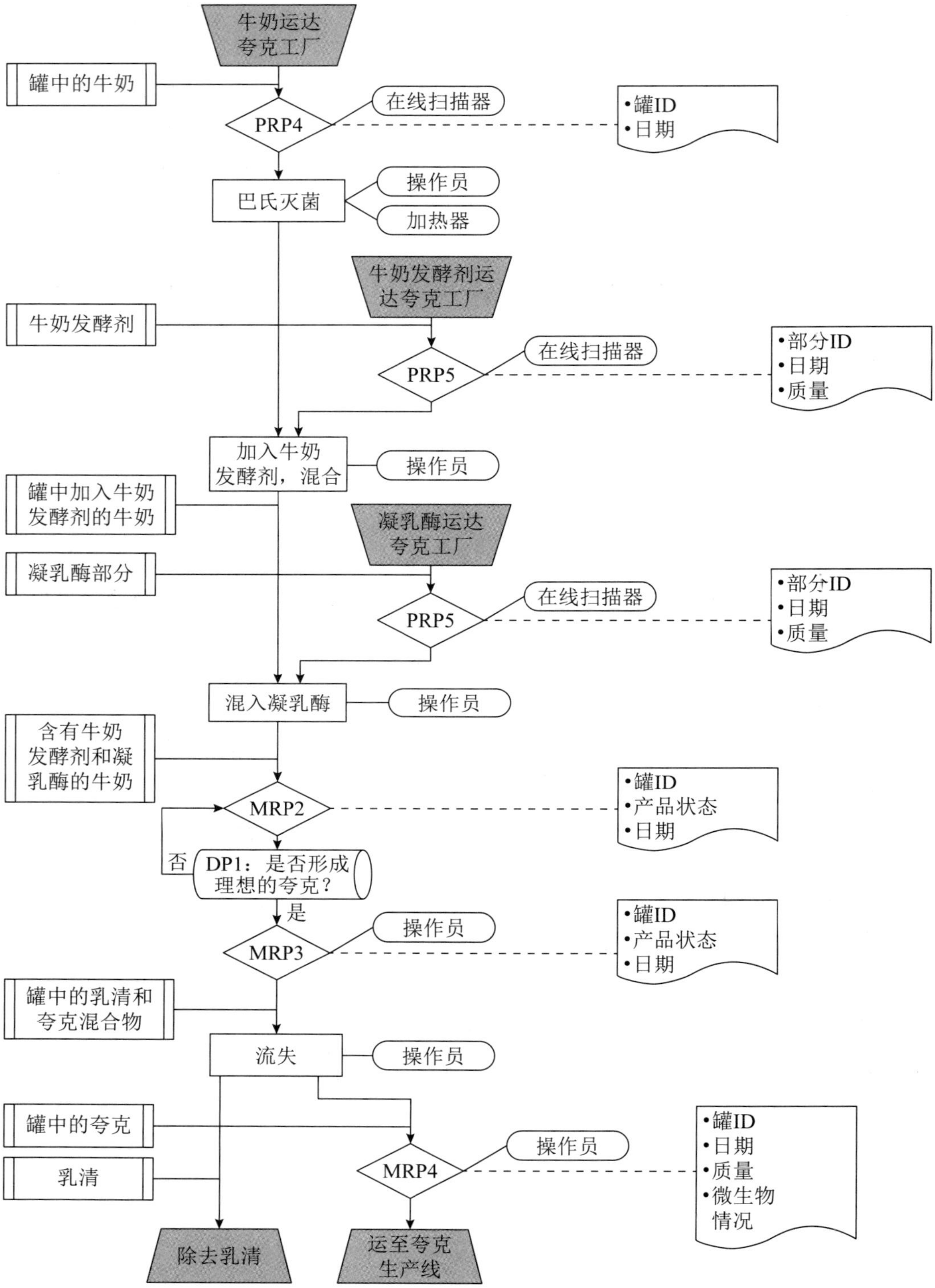


图 4-16　夸克工厂生产过程模型

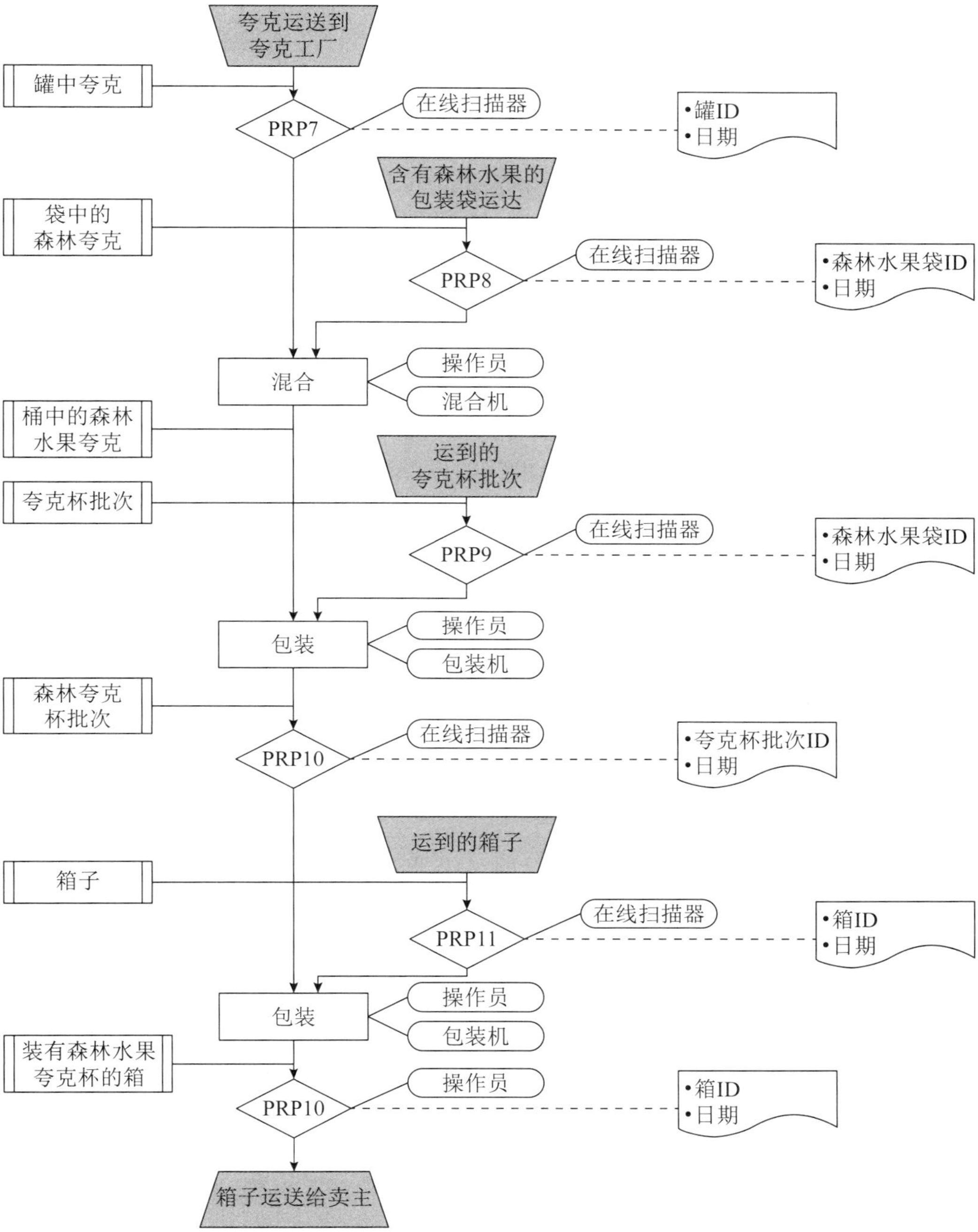


图 4-17 森林水果夸克生产过程模型

## 4.3.2 瓶颈问题的四种类型

追溯和溯源以信息系统中储存的信息为基础单独进行。可追溯问题的发生在于信息系统中的数据不足以真实表示产品生产过程中的各种细节，难以达到操作目的。操作目标没有满足时，就有瓶颈问题需要解决。在这种情况下，就需要对组织、技术、信息登记或过程之一进行调整，以确保调整后存储的信息可以完全反映真实情况。我们把瓶颈问题分为以下四种类型。

### 1. 产品登记不足引起的瓶颈问题

在产品的登记点和测量登记点，应记录产品的位置和登记时间。因此，存储在信息系统中的信息应与产品在整个生产链中的真实过程相对应。若产品在整个生命周期内未被充分记录，信息世界便无法详尽反映产品在现实世界经历的各种事件，也无法重现操作目标所要求的产品足迹。

以森林水果夸克为例，部分瓶颈问题正是由产品登记不足所致。例如，表 4-1 列出了对应于单个森林水果原料的清洗、冷冻、分类和储藏过程的部分信息数据库。根据第一个操作目标，我们必须核对每筐对应的输入板条箱是否可追溯。在测量登记点 PRP1 存储的信息，涉及编码为 Bin_id_1 至 Bin_id_12 的筐的位置和登记时间。而在 MRP1，存储的是编码为 Crate_id_1 至 Crate_id_10 的板条箱的位置和登记时间信息。这些构成了信息世界中关于产品在清洗、冷冻、分类和储存过程的所有信息。因此，无法确定 Bin_id_1 是来自 Crate_id_1 还是 Crate_id_7。由此，我们识别出一个瓶颈：信息世界中的数据无法全面呈现现实世界中整个产品链的细节；产品登记未能达到 T&T 的期望水平。在此部分，我们仅限于列举瓶颈问题的示例。

表 4-1　在 MRP1 和 PRP1 储存的一些数据

| MRP1 | | | | PRP1 | | | |
|---|---|---|---|---|---|---|---|
| Crate_ID | 时间 | 质量 | 种类 | Bin_ID | 时间 | 质量 | 种类 |
| Crate_id_1 | 9：00 | 149kg | 草莓 | Bin_id_1 | 10：05 | 24kg | 草莓 |
| Crate_id_2 | 9：05 | 150kg | 蓝莓 | Bin_id_2 | 10：05 | 25kg | 草莓 |
| Crate_id_3 | 9：10 | 152kg | 山莓 | Bin_id_3 | 10：05 | 27kg | 蓝莓 |
| Crate_id_4 | 9：15 | 148kg | 黑莓 | Bin_id_4 | 10：05 | 26kg | 山莓 |
| Crate_id_5 | 9：20 | 151kg | 蓝莓 | Bin_id_5 | 10：05 | 25kg | 黑莓 |
| Crate_id_6 | 9：25 | 150kg | 黑莓 | Bin_id_6 | 10：05 | 26kg | 黑莓 |
| Crate_id_7 | 9：30 | 150kg | 草莓 | Bin_id_7 | 10：15 | 24kg | 草莓 |
| Crate_id_8 | 9：35 | 147kg | 山莓 | Bin_id_8 | 10：15 | 23kg | 草莓 |
| Crate_id_9 | 9：40 | 149kg | 草莓 | Bin_id_9 | 10：15 | 25kg | 蓝莓 |
| Crate_id_10 | 9：45 | 151kg | 黑莓 | Bin_id_10 | 10：15 | 24kg | 山莓 |
| | | | | Bin_id_11 | 10：15 | 26kg | 黑莓 |
| | | | | Bin_id_12 | 10：15 | 27kg | 黑莓 |

### 2. 缺少过程信息所引起的瓶颈问题

当这类信息缺失时，产品虽能被正确追踪，但会缺乏关键的过程参数，而这些参数在食品质量和安全方面至关重要。例如，易腐烂食品若缺少温度参数，便属于此类瓶颈问题。

我们无法确定产品是否经过冷藏，同时也需了解具体的冷藏温度。

在森林水果夸克案例中，当在信息系统中查找微生物污染的数据源时，便会遭遇第二种类型的瓶颈。向上游追溯，污染可能发生的首个生产环节是森林水果与夸克混合的点，以及最终将森林水果夸克分装入杯的步骤。信息数据库中与之对应的相关部分如表 4-2 所示，这部分工艺代表了森林水果（FFB_id_#）和夸克（MT_i<L#）的混合过程，以及最终森林水果夸克倒入杯子的过程（QC_id_#）。在这一生产步骤中，涉及众多操作工，以及用于混合和包装的机器、在线扫描器。若其中某台机器受到污染，便可能无法检测到森林水果夸克的污染源。

表 4-2 在 PRP7、PRP8、PRP9 和 PRP10 点中储存的一些数据

| PRP10 | | PRP9 | | PRP8 | | PRP7 | |
|---|---|---|---|---|---|---|---|
| ID | 时间 | ID | 时间 | ID | 时间 | ID | 时间 |
| QC_id_1 | 16：48，00" | QC_id_1 | 16：46，00" | FFB_id_1 16：30 | 16：30 | MT_id_1 16：29 | 16：29 |
| QC_id_2 | 16：48，20" | QC_id_2 | 16：46，20" | | | | |
| QC_id_3 | 16：48，40" | QC_id_3 | 16：46，40" | | | | |
| QC_id_4 | 16：49，00" | QC_id_4 | 16：47，00" | | | | |
| ... | ... | ... | ... | | | | |
| QC_id_90 | 16：57，00" | QC_id_90 | 16：55，00" | | | | |

### 3. 产品测量不充分引起的瓶颈问题

当这类瓶颈问题出现时，尽管能够正确追踪产品和登记产品信息，但产品状况的关键信息却缺失了。这种情况通常发生在产品的微生物指标或初级产品质量未被测量时。在此情形下，即便过程信息得到妥善存储，也可能无法满足生产链对食品安全和质量标准的要求。

在森林水果夸克案例中，这一问题凸显于生产阶段。在此阶段，若森林水果或夸克遭受微生物污染且未进行产品状态检查，信息系统将缺乏足够信息来追溯微生物污染的源头，也无法确定污染物是否已进入此工序或原料中是否含有污染物。

### 4. 由于过程事件登记不详细引起的瓶颈问题

在这些情况下，信息世界或许能精确记录产品流程，但实际上却遗漏了关于产品加工过程事件的关键信息。这种瓶颈问题在森林水果夸克案例的最后一步生产过程中尤为明显。森林水果夸克生产链的终端产品是装满杯子的箱子。在信息系统中，每个这样的箱子通过识别码 Box_id_1 至 Box_id_6 来标识。对于每个箱子，其在产品登记点 PRP12 的记录及其登记时间均被存储在信息系统中，部分信息数据库如表 4-3 所示。这部分是每个箱子中装入 90 个杯子的包装处理过程。从表 4-3 可以看出，夸克杯输入识别码 QuarkCup_id_1 至 QuarkCup_id_90 与箱子输入识别码 Box_id_1 相对应；同样，输入识别码 QuarkCup_id_91 至 QuarkCup_id_180 与箱子输入识别码 Box_id_2 相对应。因此，在这个登记点似乎不存在瓶颈。

然而，这一结论仅在假设无意外事件发生的情况下才成立，例如所有箱子都被正确填装且机器未出现故障。由于现有信息系统中缺乏记录灾难事件及其类型的机制，当这些事件发生时，也无法对相关问题进行登记。因此，在不可预见的突发事件发生时，真实世界的加工过程将无法在信息世界中得到准确记录，从而引发第四类瓶颈问题。

表 4-3 在 PRP10、PRP11 和 PRP12 点中储存的部分数据

| PRP12 | | PRP11 | | PRP10 | |
|---|---|---|---|---|---|
| ID | 时间 | ID | 时间 | ID | 时间 |
| Box_id_1 | 17：00 | Box_id_1 | 16：55 | QuarkCup_id_1 | 16：48，01" |
| Box_id_2 | 17：15 | Box_id_2 | 17：10 | … | … |
| Box_id_3 | 17：30 | Box_id_3 | 17：25 | QuarkCup_id_90 | 16：57，00" |
| Box_id_4 | 17：45 | Box_id_4 | 17：40 | QuarkCup_id_91 | 17：03，01" |
| Box_id_5 | 18：00 | Box_id_5 | 17：55 | … | … |
| Box_id_6 | 18：15 | Box_id_6 | 18：10 | QuarkCup_id_180 | 17：12，00" |

### 4.3.3 分析和解决瓶颈问题的方法

在食品指纹技术中，瓶颈分析扮演着至关重要的角色。只有通过瓶颈分析，才能有效测试信息系统的作用并解决相关问题。瓶颈分析是一个循环往复的过程，包含以下五个步骤。

#### 1. 指定操作目标

为了更高效地进行瓶颈分析，必须明确指定可追溯体系的目标。因此，瓶颈分析的第一步是确定与链参与者相关的操作目标。通过指定操作目标，我们能够确保识别并解决最重要目标的瓶颈问题。在森林水果案例中，这意味着需要评估可追溯体系所确定的两个操作目标，链参与者强调了以下两点。

（1）森林水果夸克在输入批次上必须具备可追溯性。

（2）微生物污染在筐（森林水果加工厂）、罐（夸克生产线）和杯（森林水果夸克生产线）上需实现可追溯。

#### 2. 发现第一个瓶颈

在操作目标确定后，应立即寻找最重要目标的第一个瓶颈。瓶颈的追溯可以向上游和下游延伸。通常，操作目标的类型决定了合理的追溯方向。

在我们的案例中，首个操作目标明确指出，应从食物链的终端产品——森林水果夸克入手，确保输入批次的可追溯性。在追溯这一目标的瓶颈时，从最终产品出发并逐级向上追溯产品流程是合理的做法。该方法同样适用于第二个操作目标。然而，若第三个目标是降低产品召回率，则可能需要采取反向追溯，即从终端产品向下追溯生产过程。

### 3. 寻找解决瓶颈问题的方法

瓶颈分析的第三步是探讨解决瓶颈问题的可行方法。针对第一种类型的瓶颈问题，即产品登记不足，可以通过在生产过程中增设登记点来应对，以满足操作目标。另一种有效途径是优化生产工序，使现有登记点能够捕捉更多信息，进而消除瓶颈。此外，考虑更换所使用的识别技术或重新组织生产工序，也是解决该类瓶颈问题的常见策略。

在森林水果夸克案例中，我们遇到了因产品登记不足而导致的第一种类型瓶颈。在信息系统中，对于识别 Bin_id_1 的草莓是否来自 Crate_id_1、Crate_id_7 或 Crate_id_9 所表示的板条箱，存在不明确的情况。输出识别与输入识别密切相关。因此，这一瓶颈由两个主要问题引发：一是森林水果分组运出贮藏室的顺序较为随意；二是每批输入的 150kg 板条箱与 25kg 输出筐的批次大小不一致，且中间间隔时间过长。

解决这类瓶颈问题有多种方法。第一种方法是调整工艺，在产品存入储藏室前增加其他登记点 MRPla。在此案例中，清洗、冰冻、分选和装筐过程的“先入先出”特征及所有联合过程的积压时间，是关联产品输出识别与输入识别的良好指示器。该过程中，积压时间为 25 分钟，森林水果成分属于非离散型连续产品。为确保某个输出筐来自特定输入箱的可靠指示，必须确定关系类型，从而使输入和输出识别之间的关联最为可靠。

增加的登记点 MRPla 不仅能确定输入和输出识别之间的关联，还能确保输入筐在进入储藏室前被扫描和识别。尽管筐从储藏室取出的顺序是随意的，但输入筐与输出筐之间的关联是确定的。这样，已经在 MRP2 登记的筐可以追溯到在 MRP1 登记的初始板条箱。需要注意的是，我们仅展示了部分信息，表中未列出板条箱和产品筐的质量。在筐存放进储藏室之前增加其他登记点时，相关信息系统的相关部分如表 4-4 所示。

**表 4-4 信息系统的布局**

| MRP1 | | | MRPla | | | PRP1 | |
|---|---|---|---|---|---|---|---|
| CrateID | 时间 | 种类 | BinID | 时间 | 种类 | BinID | 时间 |
| Crate_id_1 | 9：00 | 草莓 | Bin_id_1 | 9：25 | 草莓 | Bin_id_4 | 10：05 |
| Crate_id_2 | 9：05 | 蓝莓 | ... | ... | ... | Bin_id_2 | 10：05 |
| Crate_id_3 | 9：10 | 山莓 | Bin_id_6 | 9：29 | 草莓 | Bin_id_9 | 10：05 |
| Crate_id_4 | 9：15 | 黑莓 | Bin_id_7 | 9：30 | 蓝莓 | Bin_id_16 | 10：05 |
| Crate_id_5 | 9：20 | 草莓 | ... | ... | ... | Bin_id_21 | 10：05 |
| Crate_id_6 | 9：25 | 蓝莓 | Bin_id_12 | 9：34 | 蓝莓 | Bin_id_11 | 10：15 |
| Crate_id_7 | 9：30 | 山莓 | Bin_id_13 | 9：35 | 山莓 | Bin_id_1 | 10：15 |
| Crate_id_8 | 9：35 | 黑莓 | ... | ... | ... | Bin_id_5 | 10：15 |
| | | | Bin_id_18 | 9：39 | 山莓 | Bin_id_10 | 10：15 |
| | | | Bin_id_19 | 9：40 | 黑莓 | Bin_id_7 | 10：15 |
| | | | ... | ... | ... | Bin_id_17 | 10：15 |
| | | | Bin_id_24 | 9：44 | 黑莓 | Bin_id_24 | 10：15 |

第二种方法是调整工艺流程。首先，对筐进行登记，然后，在水果进入清洗、冰冻、分选、装筐和存放等一系列环节之前，将水果运至筐内或重新在筐内包装。这种情况与表 4-4 几乎一致，唯一的区别在于 MRPla 的环节位于产品进入清洗、冰冻和分选工艺之前。如果水果采用装箱运输，信息系统中则无需考虑与 MRP1 对应的表格。

第三种方法是改变处理的批量规模。例如，我们可以整板条箱地加工，而非逐筐处理。这样做不仅提升了细节管理水平，还能有效解决因随意指定产品进出贮藏室而引发的问题，因为在这种情况下，板条箱是可识别的。

第四种方法是在产品筐被放入贮藏室之前的加工过程中，使可识别的板条箱与产品一同在传送带上输送，并自动将板条箱的编号添加到筐代码中，以便准确识别每个板条箱所装载的产品进入了哪些产品筐。

当瓶颈分析的第二步识别出第二类瓶颈，例如因过程信息登记不足而导致的瓶颈时，需对所记录的信息进行调整。在信息系统中，通过改变生产过程的组织方式或技术手段，可以获取需要额外存储的信息。

在森林水果夸克案例中，我们遇到了因过程信息登记不足引发的第二类瓶颈。该案例中，由于未能妥善记录搅拌器的微生物状态，信息系统无法识别潜在的微生物污染风险。为解决这一瓶颈，第一种解决方法是采取以下方式调整加工过程的组织方式：由决定搅拌器是否需要清洗的操作人员负责将搅拌器的微生物状态输入信息系统。信息系统的相应数据与表 4-5 类似，操作人员根据搅拌器的清洁度记录，检查搅拌器的微生物状态。

**表 4-5 微生物状态**

| P0M2 | | |
|---|---|---|
| **时间** | **操作员** | **微生物状态** |
| 9：00 | Peter | 微生物值低于限值 |
| 11：00 | Peter | 微生物值低于限值 |
| 13：00 | John | 微生物值低于限值 |
| 15：00 | John | 需要额外清洗 |
| 15：15 | John | 微生物值低于限值 |

第二种解决方法是增设能够连续监测搅拌器潜在污染的测量设备。当该设备检测到微生物超标时，搅拌器将自动停止并启动清洗程序。

第三类瓶颈是缺乏产品测量。最佳的解决方法是增设测量登记点。在第 3 部分中，我们在第二个操作目标（即找到微生物污染源）中提到了这种瓶颈。我们注意到，当输入的森林水果或产品夸克已被污染，且未进行测量或登记时，微生物污染源无法追踪。为解决这一瓶颈，我们可以在森林水果和夸克混合前，分别增设两个测量登记点，以确定两者的微生物状况。

第四类瓶颈，例如因过程时间登记不足引起的瓶颈，我们需要在信息系统中存储额外信息。为明确需增加的信息，我们可以列出可能发生的过程事件目录。根据这些信息，我们可以识别哪些过程对象可能对过程事件敏感。基于这些信息，可以解决第四类瓶颈问题。通常需要对组织方面进行调整，确保操作人员对系统中数据的输入及指出的瓶颈问题持负责任的态度。

为解决无法存储灾难事件信息的问题，我们可将过程事件信息录入系统，指定一名操作人员负责记录过程事件。一旦灾难事件发生，该操作人员必须通过用户界面在信息系统中输入相应的过程事件信息，包括事件的起止时间、受影响的过程对象及事件性质。例如，当包装机器出现故障时，操作人员需输入如“包装机器故障，导致箱子底部裂开或夸克杯子掉落”的详细描述。

4. 选择最佳解决方案

在大多数情况下，针对发现的瓶颈问题，存在多种解决方法。为确定最佳解决方案，我们必须与链上的参与者共同进行成本效益分析。基于这一分析结果，选择最优解决方案，并对生产过程及信息分析进行相应调整。对于每一个解决方案，我们需确保所选方案不会对已设定的操作目标引入新的瓶颈。

5. 深入发掘瓶颈问题

发现瓶颈问题、阐述解决方法及确定解决方案的步骤将反复进行，直至所有操作目标的瓶颈问题均得到妥善解决。当这一过程圆满完成后，我们将提出一系列改进措施，以使现有食品供应链转型升级，满足新的要求。

# 第五章　可追溯体系中的过程信息

## 5.1　应用过程信息提高产品质量

在传统的质量管控中，通常通过逐一分析参数来界定影响产品及其加工的关键因素，并设定保障质量安全的阈值范围。然而，这种方法大多依赖于经验来界定限值，并未充分考虑到因素间的交互作用。前沿共识指出，应整合影响产品及其加工的多元要素，实现对质量的系统性把控。这一理念的提出，推动了“栅栏技术”的发展。栅栏技术的目标在于确定各个因素的合理组合以保护产品，这些因素可能包括温度、pH 值、水分活度、氧化还原势能、气调以及防腐剂（Jakes A F et al.，2018）。然而，我们难以确定这些因素组合中哪些是安全的，以及食品加工的各个环节如何影响栅栏技术中的各个因素。很多时候，因素间的相互作用是不可完全预知的，因此有必要在产品投放市场前进行大量实验。在此过程中，将过程信息纳入可追溯体系显得尤为重要。

产品的可追溯性及相应过程数据的获取，使得在实际工业生产中可以综合利用各种过程参数来制造产品，并且能够了解每个产品所经历的具体处理过程。数据单元可作为统计学方法中的输入口，记录参数指标，并对未来的食品质量进行预测。这意味着我们很可能在产品加工过程中就能预知其是否合格。随后，在大规模生产中获得的其他数据还可用于校对和改进数据分析模型。

这些优点表明，将过程信息纳入可追溯体系不仅使召回更具针对性，还能提高食品的安全性，灵活地描述过程参数传递信息，并在生产中方便地预知食品质量。

接下来，我们将讨论对纳入过程数据的可追溯体系实施有重要作用的技术和方法，包括数据收集传感器技术、产品识别技术以及用于数据分析的数据处理和统计学方法。

### 5.1.1　将过程信息纳入可追溯体系

食品工业中，食品质量与安全问题至关重要。在质量方面，食品的感官特性（如口感、风味、外观）及其营养特性对销售具有决定性影响，并最终决定产品的经济效益。食品安全问题更为突出，各类安全隐患不仅威胁消费者健康，还可能因厂商形象受损而导致整个公司崩溃。然而，新型疾病如 TSE（传染性海绵状脑病）的暴发和一些食品丑闻（例如，受除草剂污染的鸡肉）的出现表明，尽管企业加大了质量和安全管理的力度，食品安全问题仍难以完全杜绝。为应对突发事件，尽可能召回所有问题产品，欧盟实施了法规 178/2002/EC，要求食品生产商和销售商提供详尽的食品信息。例如，生产商需记录深加工原料的采购时间和来源，经销商则需记录产品的销售时间和对象（Ilbery B et al.，2005）。一些大型实业公司，如联合利华，在这方面已走在前列，他们将完整的溯源理念贯穿于整个供应链（Bosona T et al.，2013），从而能迅速锁定生产和销售问题产品的部门。

然而，可追溯体系仅能揭示产品的生产和销售地，协助召回，却无法提供产品出现问题的具体原因，导致召回缺乏针对性和经济性。若能获取更多关于问题产品的信息，如加工处理数据，便能最大限度降低经济损失，迅速查明问题根源，并将召回产品数量降至最低。

当前，召回措施常使企业生产和销售停滞数日，直至食品权威部门检测确认后，企业才能恢复运营，这影响了整个供应链乃至相关供应链的运作。然而，若将加工信息纳入可追溯体系，与不当加工相关的问题便能迅速查明，从而将召回范围限定在问题批次上。此外，更快、更有针对性的召回不仅降低了问题产品到达消费者手中的风险，还减轻了对消费者健康的威胁及对公司形象的负面影响。

因此，将产品及其加工信息纳入可追溯体系对我们大有裨益。可追溯体系的一般模型如图 5-1 所示。

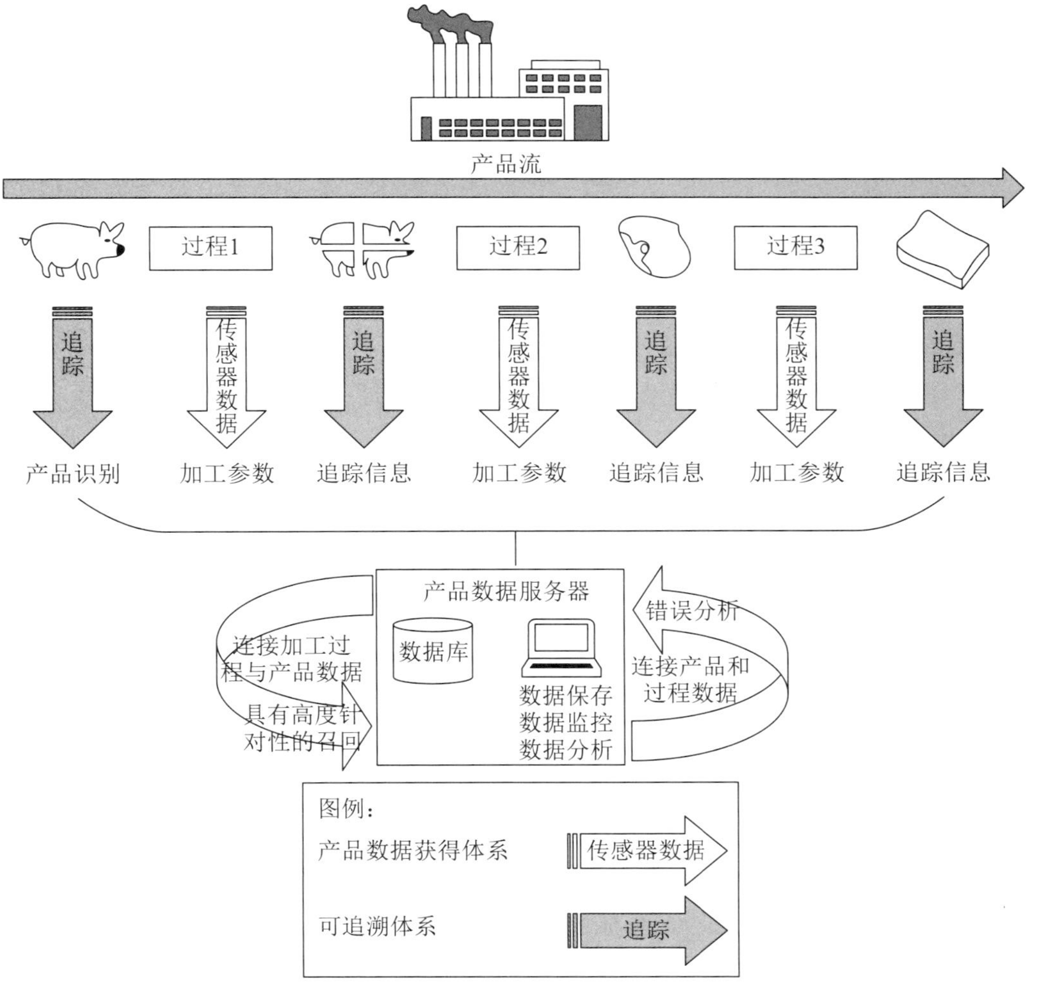

图 5-1 包含过程信息在内的食品可追溯体系

### 5.1.2 栅栏技术

栅栏技术的核心目标在于确定各因素的合理组合，以有效保证产品质量。这些栅栏因素可能包括温度、pH 值、水分活度、氧化还原势能、气调环境以及防腐剂（Leistner L et al.，2002）。然而，我们难以准确评估这些因素相互结合的安全性，以及食品加工各环节对栅栏技术中各因素的影响程度。事实上，多种因素间的相互作用往往难以完全预测，这就要求在产品投放市场前进行大量实验验证。在此背景下，将过程信息纳入可追溯体系显得尤为重要。

## 5.2 危害分析与关键控制点

### 5.2.1 将产品与过程信息联系起来的一般模型

将过程信息纳入可追溯体系，在决定实施之前，为确定该系统对特定应用的适用性，需进行全面评估，此评估可依据图 5-2 所示方法进行。

首先，运用“危害分析与关键控制点”方法进行危害分析，以识别关键控制点。同时，还需考虑那些对质量无直接危害的方面，即确定一般控制点。一般控制点是指在其失控时，虽会导致经济损失或与质量相关的其他损失，但对消费者并无直接危害的控制点。该评估过程旨在明确生产过程中需监测的与食品质量安全相关的关键参数。企业需选定这些关键参数，并对其中 10% 进行监测。若在线控制为更优方案，则需选择合适的传感器进行识别，并将传感器与制造执行系统和文件系统相结合。

基于分析结果和过程监控技术，最终要决定是否将过程信息纳入可追溯体系。影响这一决定的因素如下：

（1）将过程信息纳入可追溯体系是否出于要符合法律规定，如产品责任相关法规，以及欧盟（1985）和欧盟（1999）相关法规、特殊产品的可追溯法规等。

（2）企业是否打算采用栅栏技术，是否需要一个阶段的实验来确定合适的参数组合？

（3）人们对生产过程以及生产加工参数对食品质量的影响是否了解充分？

（4）企业将过程信息纳入可追溯体系是否能从中获得竞争优势？

最后，若决定执行纳入过程信息的可追溯体系，生产线上实施的方式有两种：关注批量产品数据或个体产品数据。

当前的质量保证体系通常采用批量相关法，仅存储从批量产品中抽取并已在实验室分析的样品信息。然而，这种方法无法充分发挥纳入过程数据的可追溯体系的潜力，因为分析这些样品并不能识别出基本或临时性问题。监控总体批量产品的过程数据也无法确保每个产品都得到妥善处理，例如产品可能暂时卡在机器中。

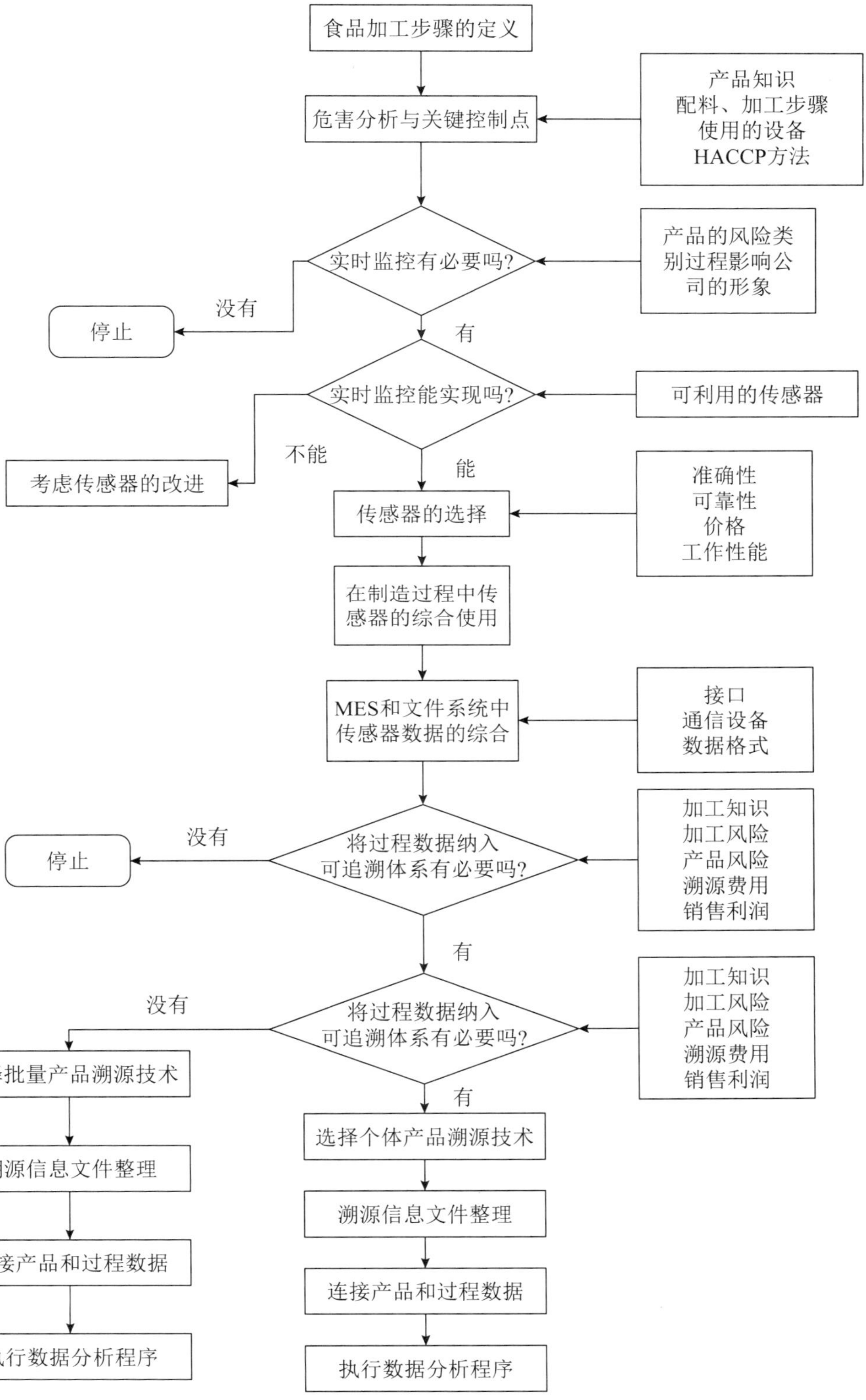


图 5-2 如何判定获得的单个产品数据的有效性和可行性

如果所有产品及其相应的过程数据都能实现单独追溯，这些问题将不复存在。此外，个体产品的可追溯性在食品的中试阶段展现出显著优势，尤其在确定过程和产品参数时，能够更轻松地分析加工参数变化对产品质量的影响。另一方面，若产品流由孤立的产品构成，个体产品的追溯才具备可行性，但这需要更高的技术水平，从而带来较高的成本。

综合考虑上述各方面因素后，食品生产者可以判断哪种概念（或哪两种概念的结合）更契合所涉及的具体生产线，进而选择恰当的记录追溯信息的方法和工具，明确产品及其相应过程数据之间的关联。完成这一体系的最后一步是为小试和中试阶段的数据分析以及大规模生产过程中的质量预测引入相应的程序。

## 5.2.2 HACCP 体系的定义与发展

### 1. HACCP 的定义

HACCP 是“hazard analysis and critical control points”的缩写，即危害分析和关键控制点。国家标准 GB/T 15091—1994《食品工业基本术语》将其定义为：保障食品生产（加工）安全的控制手段，通过分析原料、关键工序及人为因素对安全的影响，锁定加工关键环节，建立标准化监控程序、评价标准及纠正措施（同义词为 HACCP）。国际标准则将其界定为：对食品安全关键危害进行识别、评估与管控的体系，作为预防性安全控制手段，区别于传统质量控制方法，其核心是通过分析影响产品安全的多元因素，确定关键环节并实施精准监控，将危害预防、消除或降至消费者可接受水平，最终提升食品安全性。

HACCP 的本质在于通过科学、系统的方法确保食品在生产、加工、制造、准备及食用全流程的安全，核心是识别风险环节并实施针对性控制以降低危害概率，但并不代表完全消除健康威胁。这一本质特征既决定了其基本内涵的核心逻辑，也进一步衍生出体系设计与运行的关键特点。

（1）HACCP 的基本内涵：为预防食物中毒及食源性疾病，需对从原料种植（养殖）到消费的全链条污染风险进行系统分析；基于此确定可有效管控危害的“关键控制点”，在这些节点对污染因素实施针对性控制，同步监测效果并动态优化控制方法。其显著特征是对食品生产全流程风险的全流程、系统性干预。

（2）HACCP 体系的特点：以企业良好食品卫生管理为基础；属于预防性食品安全管控体系；需结合具体食品加工流程定制化设计；强调对关键控制点的精准管控；基于科学分析构建，具备严谨性；不追求零风险，需配套检验及卫生管理手段；与实际操作深度绑定，具备动态迭代特性；通过“实践—认知—再实践—再认知”的循环持续验证有效性，在应用中不断完善。

### 2. HACCP 体系的发展历程

美国是最早应用 HACCP 体系的国家。20 世纪 60 年代，美国 Pillsbury 公司与 Natick 实验室合作，致力于开发航天食品，由 Howard Bauman 博士首次提出 HACCP 概念，旨在确保航天食品免受病原体和毒素的污染。1971 年，这一概念首次公开亮相；1972 年，

HACCP 被纳入瑞典的管理法规，开始在食品企业中推广应用。

1973 年，美国食品药品管理局（FDA）将 HACCP 应用于低酸罐头食品的生产管控；1985 年，美国国家科学研究所（NAS）向社会推荐 HACCP 体系；1992 年，美国国家食品微生物咨询委员会（NACMF）提出以管控致病菌为核心的 7 项基本原理，为 HACCP 体系奠定了坚实的理论基础。

1994 年，欧盟食品委员会发布指令 94/356/EEC，将 HACCP 定义为“自检体系”。1995 年，美国 FDA 发布 HACCP 联邦法规，同期中国颁布 GB14881-1994《食品企业通用卫生规范》。1996 年，美国农业部颁布禽肉 HACCP 体系联邦法规（21CFR part416、417），进一步细化了应用场景。

1997 年，联合国法典委员会（CAC）修订《食品卫生通则》（CAC/RCP 1-1969，Rev.3），将 HACCP 推广至全品类食品安全管控，并颁布《HACCP 体系及其应用准则》，推动其全球化规范。1998 年至 2000 年间，中国、加拿大、日本等多国加速推动 HACCP 在食品工业的落地。

进入 21 世纪后，HACCP 体系进一步标准化：2002 年，中国发布 HACCP 认证管理条例；2004 年，中国认证机构国家认可委员会颁布《基于 HACCP 的食品安全管理体系规范》（CNAB- SI52—2004）；2005 年，国际标准化组织（ISO）颁布《食品安全管理体系要求》（ISO22000：2005），标志着 HACCP 进入规范化发展阶段。

### 5.2.3 HACCP 的核心原理

（1）危害分析与预防措施：作为体系的基础，必须识别所有显著的食品安全危害，并制定针对性的预防方案。通过危害分析表梳理潜在风险，确保管控的全面性。

（2）关键控制点（CCP）界定：确定能够通过管控措施预防、消除危害或将其降至可接受水平的节点（如加热、冷藏、特定消毒等）。需要注意的是，并非所有风险点均为 CCP，可借助决策树辅助判定。

（3）关键限值（CL）设定：明确 CCP 管控措施的达标要求（如温度、时间、pH 值、盐浓度等），作为食品安全的临界标准。每个 CCP 需至少一个 CL，一旦偏离即启动纠正措施。

（4）监控程序构建：通过系统性地观察与测定（如温度、湿度监测）评估 CCP 是否受控，并同步记录结果以备追溯。监控人员需及时报告异常并执行纠正机制，所有 CCP 相关记录需经签名确认。

（5）纠正措施制定：预设失控应对方案，包括：①评估受影响产品的处置方式（如隔离、返工、销毁等）；②消除失控原因；③记录整改过程，确保可追溯。

（6）记录保存体系：核心记录包括 HACCP 计划的目标与范围、产品描述、工艺流程图、危害分析结果、关键限值依据、监控记录、纠正措施、验证报告等。记录是过程调整与风险防控的关键支撑。

（7）有效性验证机制：通过三项活动确保体系的有效性：①验证各 CCP 的执行效果；②确认 HACCP 计划的全面性；③评估体系整体运行状态。其中，风险分析、CCP 识别及 CL 设定属于技术范畴，由专家主导；其余属于质量管理范畴。

### 5.2.4 HACCP 体系的实施步骤

HACCP 体系具备开放性，可适应设备升级与技术迭代，实施需以科学风险证据为指导，依赖企业全员参与及多学科协作（如农学、微生物学、食品技术等）。实施流程分为三大阶段：

**1. 预先步骤**

描述产品终态（包装、储运、销售方式）；明确预期用途与消费人群；绘制并验证生产工艺流程图。

**2. 研究步骤**

开展危害分析；制定预防控制措施；确定关键控制点（CCP）；编制 HACCP 计划表；验证计划可行性。

**3. 具体实施步骤**

（1）组建 HACCP 工作小组：成员涵盖管理、生产、技术、质量等领域人员，小企业可外聘专家；明确计划实施范围（如供应链环节、危害类型）。

（2）产品描述与用途界定：说明产品名称、原料成分、理化性质（如 pH 值）、杀菌方式（热加工、盐渍等）、包装、储运条件、保质期、销售区域及流行病学数据等。

（3）绘制与验证工艺流程图：深入生产线梳理工艺流程，绘制图表后现场核对，确保与实际一致。

（4）危害分析：分“自由讨论”与“危害评价”两阶段，覆盖原料、加工、储存、消费全流程，列出潜在危害并评估风险，锁定显著危害纳入计划；区分安全与质量问题，聚焦生物危害（细菌、病毒等）、化学危害（天然毒素、添加剂等）及物理危害（玻璃、金属异物等），匹配控制措施并形成工作单。

（5）确定关键控制点：借助决策树确定 CCP，若某环节缺乏控制措施，需调整工艺补充。

（6）设定关键限值（CL）：基于科学依据（文献、试验等）确定 CCP 管控标准（如温度范围），相关依据存档备查。

（7）构建监控系统：明确监控内容（CL 达标情况）、方法（优先物理 / 化学检测，响应更快）、设备（温度计、pH 计等）、频率（优先连续监控）及人员（经培训，具备异常报告能力）。

（8）制定纠偏措施：预设每个 CCP 的失控应对方案，包括原因排查、产品处置及记录留存。

（9）建立验证程序：定期验证 CCP（设备校准、记录复查等）及体系有效性（工艺准确性、监控合规性等），至少每年 1 次，工艺变更或出现新危害时追加验证。

（10）文档与记录管理：建立完整档案，包括危害分析小结、HACCP 计划、实施记录及验证报告等，确保可追溯性。

## 5.3 数据采集与分析方法

### 5.3.1 数据的概念与类型

数据是对客观事物属性、状态及关联的符号化记录，具有可识别性与抽象性。数据与信息的区别在于：信息是数据经有序组合形成的具有实际意义的内容，而数据是构成信息的基本单元，离散数据无实用价值。随着信息化推进，数据已渗透至各行业，成为核心生产要素，驱动决策优化与效率提升，被喻为“未来的石油”。

常见的数据类型包括文本、图片、音频、视频等。

（1）文本数据：文非数值字符集合（如文档），存储于 ASCII、MIME 和 TXT 等格式文件，不可参与算术运算。

（2）图片数据：图形或图像构成的平面媒体，分点阵图（BMP、JPG 等）与矢量图（SWF、PSD 等）。

（3）音频数据：数字化声音信息，存储于 CD、MP3 等格式文件，可通过程序还原声音。

（4）视频数据：连续图像序列，存储于 MPEG-4、AVI 等格式文件。

### 5.3.2 数据分析过程

海量数据需经系统分析体现价值，典型流程如图 5-3 所示。

（1）数据采集与预处理：获取内外部数据并初步处理。

（2）数据存储与管理：依托软硬件实现数据有效存储与调用。

（3）数据处理与分析：运用统计学、机器学习等方法提取信息并形成结论。

（4）数据可视化：以图形呈现数据，辅助发现潜在规律。

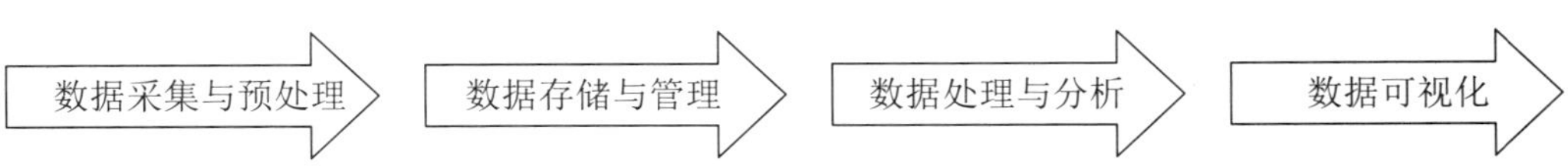


图 5-3 典型的数据分析过程

从数据分析过程可以看出，数据采集与预处理是数据分析的第一步，也是非常重要的一个环节，它是大数据产业的基石。

### 5.3.3 数据采集与预处理的任务

数据采集与预处理由“获取”与“精炼”两大环节构成。

（1）获取阶段（Data Acquisition）依托传感网、智能终端、企业级在线／离线系统、社交媒体及开放互联网等多源通道，持续汇聚 RFID 信号、传感读数、用户行为轨迹、社交互动以及移动应用日志等异构数据。其形态涵盖结构化、半结构化和非结构化三类，体量大、流速快，是大数据价值链的起点，已深度渗透至国民经济各行业，并随技术迭代展现出更广阔的落地前景。

（2）精炼阶段（Data Pre-processing）旨在构建高可信、易分析的数据基底。通过清洗、集成、转换与脱敏等操作，剔除噪声、填补缺失、统一口径、脱敏隐私，并提取与目标变量高度相关的特征子集，实现降维降噪。该过程不仅压缩了原始数据规模，还提升了信息密度和后续算法的运算效率，为高级分析与决策奠定了坚实的数据基础，见图 5-4。

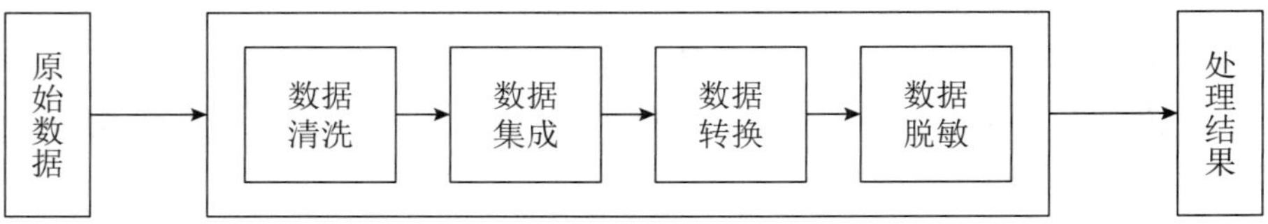


图 5-4　数据预处理的主要任务

## 5.4 数据采集与清洗

### 5.4.1 数据采集的概念

数据采集，亦称“数据获取”，是数据分析流程的起始步骤，也是整个分析过程的关键环节。它指的是通过各类技术手段，对来自不同来源的数据进行实时或非实时的收集与接入。在当前互联网数据呈指数级增长的背景下，所采集的数据种类日趋丰富，主要可分为结构化、半结构化和非结构化三类。其中，结构化数据最为常见，通常以预定义格式存储于关系型数据库中；而非结构化数据因缺乏统一的数据模型或固定格式，内容更为复杂多样，涵盖传感器数据、办公文件、文本资料、图片、图像、HTML/XML 文档、各类报表，以及音频和视频等多种数据类型。这些非结构化信息在数据采集中占据越来越重要的地位，对后续的数据处理与分析提出了更高要求。

在 2025 年的数字化发展进程中，数据采集领域呈现出传统数据采集与大数据采集并驾齐驱的态势。二者既紧密相连又各具特色，共同支撑着信息时代的数据需求。大数据采集是在传统数据采集深厚积淀的基础上发展起来的。历经岁月磨砺的传统数据采集，积累了众多成熟的架构、技术与工具，这些宝贵财富为大数据采集的兴起奠定了坚实基础。以从关系型数据库获取数据为例，传统数据采集的相关技术为大数据采集从数据库类数据源抽取数据提供了思路借鉴。在数据清洗和预处理方面，传统方法中的部分理念与流程也在大数据采集中得以传承。

然而，考虑到大数据所独有的规模庞大、类型多样、处理高效等特性，其采集方式呈现出显著的独特性。传统数据采集通常集中于较为单一、规模有限的数据源，例如企业内部的小型业务数据库，数据量多处于 GB 级别，数据结构主要为规整的结构化形式，处理时多依赖于关系型数据库和并行数据仓库。相比之下，大数据采集涉及的数据源广泛且复杂，包括社交媒体平台、物联网设备、日志文件、在线交易系统等。以社交媒体平台为例，每日产生的数据量可达 PB 级别，数据类型丰富多样，涵盖用户基本信息这类结构化数据，用户发布的图文、视频等非结构化数据，以及评论、点赞等半结构化数据。

在数据采集速度方面，传统数据采集通常采用定时、周期性的模式，难以满足对实时性要求极高的业务场景。例如，传统电商企业以往每周对销售数据进行一次采集分析，以此调整后续的库存策略。然而，在大数据时代，像直播带货这类场景下，需要实时采集用户的点击、下单等行为数据，每秒可能产生数百万条数据记录。大数据采集借助实时流处理技术，如基于 Apache Flink、Spark Streaming 等框架，能够实现对这些数据的秒级甚至毫秒级采集与处理，为商家实时调整营销策略提供有力支撑。

在应对大规模、复杂数据时，传统数据采集在存储和管理上面临诸多挑战。其依赖的关系型数据库和并行数据仓库，受限于自身架构，在存储海量非结构化数据时，效率低下且成本高昂。此外，在扩展性方面，根据 CAP 理论，难以在保证数据一致性和容错性的同时，实现高可用性和良好的扩展性。相比之下，大数据采集则借助分布式数据库和数据湖技术，如 Hadoop 分布式文件系统（HDFS）、Amazon S3 等，能够将海量数据分散存储于多个节点，实现高效存储与管理，同时具备强大的横向扩展能力，可根据数据量增长灵活增加存储节点。

在数据采集方法上，二者也存在显著差异。传统数据采集常采用人工录入、数据库查询和导出等方式。例如，超市收银员手动输入顾客购买信息以采集数据，这种方式效率低、易出错且数据量有限。而大数据采集则运用先进的技术手段，如通过系统日志采集工具（如 Hadoop 的 Chukwa、Cloudera 的 Flume、Facebook 的 Scribe）自动收集服务器和应用程序的运行日志；利用网络爬虫技术模拟用户访问网页，大规模抓取网页数据；在 App 移动端嵌入 SDK 插件，实时采集用户在 App 内的行为习惯数据。

大数据采集在数据质量保障方面推出了创新措施。借助机器学习算法，实现了数据质量的智能化管理，能够自动识别并纠正数据中的错误和缺失值等隐患。例如，运用异常检测算法精准识别数据中的离群点，并通过数据关联分析算法确保数据的一致性，这些高效手段是传统人工规则检查难以比拟的，传统的数据采集与大数据采集区别如表 5-1 所示。

**表 5-1 传统的数据采集与大数据采集的区别**

| 项目 | 传统的数据采集 | 大数据采集 |
| --- | --- | --- |
| 数据源 | 来源单一，数据量相对较少 | 来源广泛，数据量巨大 |
| 数据类型 | 结构单一 | 数据类型丰富，包括结构化、半结构化和非结构化 |
| 数据存储 | 关系数据库和并行数据仓库 | 分布式数据库、分布式文件系统 |

### 5.4.2 数据采集的要点

数据采集质量可从以下三个维度进行度量：

（1）全域覆盖（Completeness）：指采集范围需兼具“广度”与“深度”。以“商品详情页访问”事件为例，除了记录用户身份与会话标识外，还应同步捕获终端环境、时间戳、页面停留时长等上下文信息，并支持后续数据聚合——如累计访问人数、频次、人均访问次数及活跃度占比——从而确保数据具备充分的解释力。

（2）高维可扩展（Dimensionality）：强调采集框架的灵活性与可定制性。通过在关键路径埋设数据探针，能够动态抽取商品名称、价格区间、品类标签及 SKU 等多维特征，而非仅获取“进入详情页”这一单一信号，进而支撑更细粒度的行为洞察与偏好刻画。

（3）时效与协同效率（Efficiency）：既要求技术链路具备低延迟、高吞吐的特性，也要求业务、开发与分析团队围绕明确目标协同作业。采集策略须以问题为导向，减少冗余字段，确保数据从产生到可用的端到端时效，最大化信息密度与决策价值。

### 5.4.3 数据采集的数据源

数据采集的数据源主要包括传感器数据、互联网数据、日志文件数据和企业业务系统数据。

**1. 传感器数据**

传感节点作为物理世界的“神经末梢”，能够将温度、压力、流量、声强或电参量等模拟信号按既定规律转换为数字电信号，并通过总线或无线链路完成传输、缓存与反馈控制。在工业场景中，多类型传感器常被高密度布设，形成高鲁棒性的监测网络；而在日常生活中，温度计、麦克风、DV 摄录设备及智能手机摄像头等消费级组件同样扮演着传感数据采集终端的角色，支持图像、音频、视频等多模态信息的实时捕获。

**2. 互联网数据**

面向公开互联网的信息获取主要依托网络爬虫引擎。该引擎以种子 URL 为入口，基于页面间的超链接拓扑进行广度或深度递归抓取，将网页中的非结构化文本、多媒体及附件抽取后，统一序列化为结构化文件并建立索引。这种方法可对站点群实施定向或全站扫描，实现图片、音频、视频等多媒体资源的关联式采集。

**3. 日志文件数据**

业务平台在运行过程中会持续生成系统日志、应用日志及访问日志，用以记录流量调度、金融交易、用户点击链等行为轨迹。通过部署集中式日志采集管道（如 Filebeat → Kafka → Logstash），可将分散在各节点的日志实时汇聚，并进行离线或流式解析，进而为运营决策、故障定位及容量评估提供高可信度的数据依据。

**4. 企业业务系统数据**

企业在存储业务数据时，除了使用 MySQL、Oracle 等传统关系型数据库外，Redis、

MongoDB 等 NoSQL 数据库也较为常见。企业实时生成的业务数据，会以数据库行记录的形式直接写入存储系统。为支持后续的商务智能分析，企业可借助 ETL（Extract-Transform-Load）工具，对分散于各业务系统中的数据进行抽取、转换与加载，整合到企业数据仓库中，进而为分布在不同位置的商务数据提供统一视图，满足各类商务决策分析的需求。

由于企业业务系统数据类型繁杂，在开展数据分析前，需通过数据抽取技术从原始数据中提取所需信息，舍弃非关键字段。考虑到数据采集过程中可能存在误差，抽取完成后必须进行数据清洗，过滤并剔除错误数据。此外，不同应用场景对应的分析工具或系统存在差异，因此还需执行数据转换，将数据调整为适配的格式，最终依据预设的数据仓库模型，将其加载至数据仓库。

### 5.4.4 数据清洗

数据清洗对获取高质量分析结果的重要性毋庸置疑。行业内常说“垃圾数据进，垃圾数据出”，若输入数据质量不高，分析结果的价值必然大幅下降。数据清洗作为识别并修正数据文件中问题的关键步骤，主要通过检查数据一致性、处理无效值和缺失值等手段，剔除原始数据中的“脏数据”。以数据仓库建设为例，其数据通常围绕特定主题汇集，来源于多个业务系统并包含大量历史信息，因此难免存在错误或冲突数据。这类不符合要求的数据即“脏数据”，而按既定规则剔除这些数据的过程，就是数据清洗。

#### 1. 数据清洗的应用领域

数据清洗的主要应用领域包括数据仓库与数据挖掘、数据质量管理。

（1）数据仓库与数据挖掘领域中，数据清洗是保障应用效果的核心基础，也是获取可靠有效数据的关键环节。数据仓库作为支撑决策分析的数据集，其构建过程中，当多个数据库合并或多源数据集成时，往往需要通过数据清洗解决问题——例如，不同来源中指向同一实体的重复记录，需经清洗识别并剔除。数据挖掘作为基于数据仓库的增值技术，其提取的特征数据常存在缺失、值异常等问题，若不处理会直接影响模型效果甚至导致建模失败，因此数据清洗是数据挖掘的首要步骤。

（2）数据质量管理覆盖数据的整个生命周期，借助一系列方法与手段，在数据从生成、使用到消亡的全过程中，及时发现有缺陷的数据并进行校准与标准化处理，使其达到质量标准。数据质量管理涵盖质量评估、去噪、监控、探查、清洗、诊断等环节，其中数据清洗是决定数据质量优劣的关键因素。

#### 2. 数据清洗的实现方式

数据清洗按操作模式可分为人工清洗与自动清洗两类。

（1）人工清洗：依赖人工逐笔核查数据以定位问题。该方式操作便捷，只要投入充足的人力与物力即可发现数据中的问题，但处理效率偏低，在数据量庞大的场景下几乎难以实现。

（2）自动清洗：借助专门编写的计算机程序完成数据清洗，针对性较强，可解决特定场景的问题，但灵活性不足。尤其当清洗流程需反复调整时（数据清洗往往难以一次达标），程序复杂度会显著上升，且流程变更时需投入大量工作量。此外，这种方式未充分发挥现有数据库强大的数据处理能力。

### 3. 数据清洗的核心内容

数据清洗的核心对象包括缺失值、重复值、异常值以及数据类型错误等问题，并针对这些问题进行针对性处理，具体涵盖以下方面：

（1）缺失值处理。由于调查误差、编码或录入失误等原因，数据中可能存在缺失值，需采用适当方法进行处理，常用方法包括：

①值估算：利用样本均值、中位数或众数填补缺失值（操作简便但可能忽略数据内在关联，误差较大）；或通过变量相关性分析、逻辑推理进行估算（如根据家庭收入推算某产品的拥有概率）。

②样本级删除：直接移除包含缺失值的样本，适用于关键变量缺失或异常样本占比极低的场景，缺点是可能导致有效样本量大幅减少，浪费已有数据。

③特征级删除：若某变量缺失率高且对研究非核心，则将该变量从分析中移除，此方法不改变样本量，但会降低分析变量的维度。

④成对剔除：以特定编码（如999）标记缺失值，保留所有变量与样本，但计算时仅采用完整记录。不同分析因涉及变量不同，有效样本量会动态变化，该方法能最大限度保留数据集中的有效信息。

（2）异常值处理。依据各变量的合理取值范围及相互逻辑关系，排查不符合要求的数据，包括超出正常取值范围（如1～7级量表出现0值、体重为负数）或存在逻辑矛盾（如开车上班却无汽车、重度使用某品牌却给出低熟悉度评分）的数据。SPSS、SAS、Excel等工具可自动识别超出预设范围的异常值；发现逻辑矛盾时，需详细记录问卷编号、记录序号、变量名称及错误类型，以便后续核对与修正。

（3）数据类型错误。数据类型会影响后续分析环节，需确保各字段数据类型的一致性。例如，若A表“学号”为字符型，而B表同字段为日期型，需对其中一方的数据类型进行转换以实现统一。

（4）重复值处理。重复记录会干扰数据分析与挖掘结果的准确性，因此在分析与建模前需进行重复性检验，若存在重复值则予以删除。

### 4. 数据清洗的注意事项

在进行数据清洗时，需注意以下事项：

（1）在处理顺序上，应优先处理缺失值、异常值以及数据类型转换，最后再进行重复值的剔除。

（2）处理缺失值和异常值时，需结合具体业务场景，方法并非一成不变：常用的操作包括用统计值（如均值、中位数、众数）填充，前后值填充（适用于时间序列等具有关联性的数据），或零值填充。

（3）清洗前需全面审视数据表，掌握表结构并识别需处理的异常点，以确保清洗的彻底性。

（4）数据量规模会影响处理策略：若数据总量较大且异常数据（包括缺失值和异常值）占比较低，可直接删除，对结果影响有限；若数据总量较小，每个数据点都可能影响分析结果，此时需通过关联表查找数据进行填补。

（5）数据表导入后，需逐列进行清洗，以确保处理的彻底性。部分数据看似正常（如某列数据看似为数值类型，实则为字符串类型），若不细致检查，可能导致后续数值操作失败。

### 5. 数据清洗的基本流程

数据清洗的基本流程包括五个步骤，依次为数据分析、制定清洗策略与规则、定位错误实例、修正已识别错误、清洗后数据回流。具体介绍如下：

（1）数据分析：原始数据源通常存在数据质量问题，需要通过人工检测或计算机程序进行检测分析。数据分析是数据清洗的前提和基础。

（2）制定清洗策略与规则：根据数据分析阶段明确的数据源中“脏数据”的具体特征，设计相应的清洗策略与规则，并选择合适的清洗算法。

（3）定位错误实例：该步骤包括自动检测属性错误和利用算法识别重复记录两部分。

（4）修正已识别错误：针对“脏数据”的不同表现形式，实施相应的清洗与转换操作，解决原始数据源中的质量问题。在特定领域，可根据发现的错误模式，通过编程或借助外部标准数据源、数据字典等工具进行一定程度的自动修正；有时也可运用数理统计知识实现修正，但多数情况下需要编写复杂程序或结合人工干预完成。

（5）清洗后数据回流：将经过清洗的干净数据替换原始数据源中的错误数据，不仅能显著提升信息系统的数据质量，还能避免未来数据抽取时重复执行清洗过程，提高效率。

### 6. 数据清洗的评价标准

数据清洗的评价标准涵盖以下几个方面：

（1）数据的可信性评估涉及多个维度：包括精确性、完整性、一致性、有效性和唯一性。精确性反映数据与真实客观实体的匹配程度；完整性考察数据是否存在缺失的记录或字段；一致性关注同一实体相同属性在不同系统中的数值是否保持一致；有效性用于判断数据是否符合预设的条件或阈值范围；唯一性衡量数据中是否存在重复记录。

（2）数据的可用性：可用性主要通过时间性和稳定性两个指标进行评估。时间性区分数据属于有效数据还是历史数据；稳定性则体现数据是否处于稳定状态及有效期内。

（3）数据清洗的成本效益：在开展数据清洗前，进行成本效益评估是关键环节。数据清洗工作强度大，需投入大量时间、人力及物力——在大数据项目开发中，数据清洗通常占总开发时间的 50% ～ 70%。因此，需预先判断相关物质与时间投入是否在组织承受范围内。大数据集的清洗往往是一项系统性工程，需要多方协作、大量人员参与以及多种资源支撑。企业决策以经济效益最大化为目标，若大规模数据清洗的投入远高于产出，则会被视为失败。由此可见，清洗前的成本效益测算至关重要。

# 5.5 产品溯源识别技术

## 5.5.1 采集溯源过程的传感器

在过去的 20 多年，传感器研究取得了显著进展，尤其是计算能力的大幅提升，使其能够实时分析海量数据。除了这一突破性发展，现有传感器技术也经历了不断的改进与完善，测量的精确性和再现性均得到了显著提升。

表 5-2 列举了当前在线传感器技术的实例，并详细介绍了它们的优势、局限性以及在食品工业中的潜在应用。从中可以看出，某些产品和加工参数已实现在线监测，这为个体产品的数据采集和基于个体可追溯性理念的质量监控奠定了坚实基础。然而，一个仍待解决的重大挑战是：如何有效结合终产品和产品加工数据。为此，我们亟须开发适当的产品识别技术。

表 5-2 用于食品产品非破坏性实时监测的在线传感器

| 技术 | 应用 | 优势 | 局限性 |
| --- | --- | --- | --- |
| 近红外光谱 NIR（900 ～ 2500 nm） | 乳品脂肪 / 蛋白 / 水分、水果糖酸度、谷物蛋白 | 非接触、无需前处理、毫秒级多组分同步检测 | 对温度 / 湿度敏感；需大量建模样品；复杂基质易光谱重叠 |
| 高光谱成像 HSI（400 ～ 1000nm 连续窄带） | 果蔬表面缺陷、污染物分布、肉类掺假 | 空间 - 光谱信息一体，可视化异物或化学分布 | 数据量巨大；实时处理需高性能 GPU；设备成本高 |
| 短波红外 SWIR（970/1440 nm 水分特征峰） | 苹果瘀伤、禽肉淋巴病变、水分迁移 | 对水分子敏感，成像对比度高，缺陷识别率 >99% | 受光照一致性影响，需暗场或主动光源 |
| 荧光成像（UV/ 蓝光激发） | 叶绿素成熟度、霉菌毒素、病原菌代谢产物 | 灵敏度极高（ppm 级），可靶向标记 | 易受背景荧光、光漂白和环境光干扰；需精密滤光系统 |
| X 射线双能成像（30 ～ 100 keV） | 金属 / 玻璃 / 骨头 / 塑料异物、包装完整性 | 穿透性强，可检测密封包装内异物；分辨率 <0.5 mm | 电离辐射需安全防护；设备昂贵；对低密度有机物区分度低 |
| 太赫兹时域光谱（0.1 ～ 3 THz） | 巧克力层厚、药片包衣、冻干食品残水 | 对非极性材料穿透好，无电离辐射 | 水蒸气强烈吸收太赫兹波；现有源 / 探测器成本高、体积大 |
| 低能量超声（100 kHz ～ 1 MHz） | 液体液位、奶酪凝乳终点、包装泄漏 | 可穿透不透明容器，实现完全非侵入 | 分辨率受波长限制；对气泡、分层界面敏感 |
| 电容 / 阻抗谱（MHz 级电场） | 鸡蛋裂纹、果蔬失水、面包含水率 | 结构简单、低成本、易阵列化 | 对样品形状、厚度、盐离子浓度敏感；电磁噪声干扰 |
| 电子鼻 MOS/CP 传感器阵列 | 油脂氧化、鱼肉新鲜度、果蔬霉变 | 无损、快速给出气味指纹；可与 AI 结合 | 定量能力弱；传感器漂移需频繁校准；环境温湿度影响大 |
| 电子舌 电位 / 伏安阵列 | 饮料品牌区分、乳品口感一致性 | 无需前处理，适用于液体在线流 | 电极易污染；长期稳定性不足；更适用于液体 |
| 电化学生物传感器（抗体 / 适配体修饰） | 沙门氏菌、大肠杆菌 O157：H7、重金属离子 | 特异性高，检测限低至 cfu/mL 或 ppb 级 | 表面易失活；一致性差；需一次性校准 |

续表

| 技术 | 应用 | 优势 | 局限性 |
|---|---|---|---|
| 无线传感器网络（WSN） | 烘焙温湿度、冷链运输全程监控 | 无缝覆盖整条产线；能耗低，易与 IoT 平台集成 | 节点电池寿命有限；需解决数据加密与抗干扰问题 |
| CCD/CMOS 机器视觉（可见光） | 颜色、形状、表面缺陷、计数分拣 | 高速（>200 fps）、高分辨率（2 k×2 k） | 仅获取表面信息；光照变化易误判；需大量训练样本 |
| 3D 结构光 /ToF 传感器 | 产品完整性、体积测量、包装缺件 | 三维轮廓精度 <0.1 mm；可测透明 / 反光物体 | 对高速运动目标需高帧率；粉尘 / 水汽影响精度 |

## 5.5.2 常见识别技术

如今，应用最为广泛的产品识别技术当属条形码和射频识别标签。条形码和射频识别标签系统的一个显著缺点在于，信息载体（如条形码标签或 RFID 标识）必须附着在食品上。对于包装产品而言，这并不困难；然而，若食品仍在加工过程中，则会变得相当棘手。针对无需包装的产品，一种可行的解决方案是在产品载体，例如盒子或托盘上贴附标签或标识。该方法在肉制品工业中得到了广泛应用。例如，通过悬挂猪胴体的吊钩上的异频雷达收发机来追踪猪胴体（Blandine T et al.，2024）。众多先进的系统还利用图像处理技术，以监测传输装置上乃至手工作业生产中的零部件产品。

制造工程与自动化研究所（IPA）为肉制品工业中的精细切割建立了可追溯理念（Huen E et al.，2007），这种理念叫作标记跟踪（Cam Track），包括以下要素：

- 大量被隔离的工作场所（小房间）；
- 传送带，在这些工作场所之间输送肉块；
- 装料单元，向传送装置输送已识别的肉块；
- 图像处理系统，追踪输送装置上肉块的运动轨迹，检测肉块是否被输送带运到小房间或者从房间运出。

标记跟踪概念的展示如图 5-5 所示。

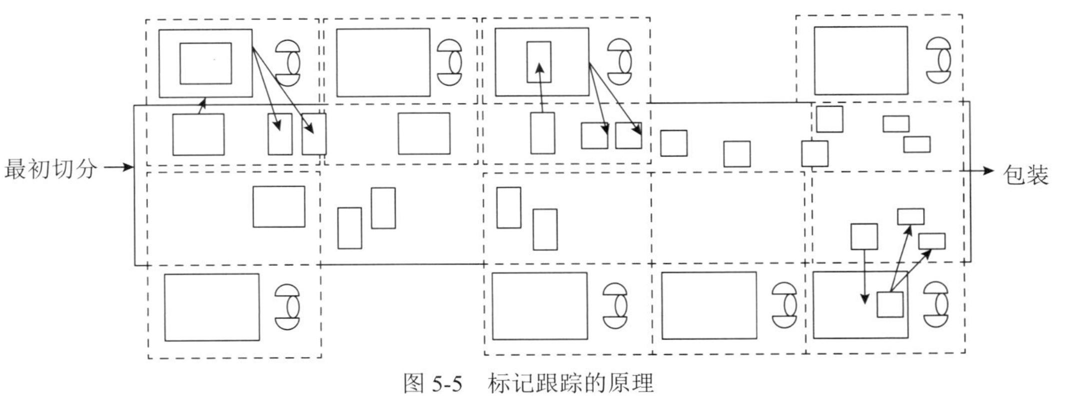


图 5-5　标记跟踪的原理

该单元由传感器进行控制，记录了肉品在传输装置与各工作点之间的交换情况。装料单元将原料肉精准放置于传送装置的指定位置，并同步将其识别数据传输至标记跟踪系统。在传送装置的运送过程中，肉品在传送带上的移动可通过摄像机进行监控；若已采取防滑措施，亦可通过测量传送装置的速度来进行计算。因此，系统能够实时掌握每块肉品到达小房间的具体时间。在每个房间内，另一部摄像机负责监控工人的协作情况，例如将肉品从传送装置送至工作站或从工作站送回传送装置。若每位工人每次仅处理一块肉品，即可确保肉品的可追溯性。为保障标记跟踪系统的正常运行，必须严格遵循这一规定，因此员工需承担较大的责任。

如今，无需盒子和包装的肉制品可追溯体系已在市场上广泛应用。其中一种体系由冰岛公司 Marel 研发。该体系通过以下几方面确保产品可追溯性：

- 将牛肉块导入固定的工作站，每个工作站配备一名剔骨工和一名整理工；
- 为这些工作组分配预先确定的切割任务；
- 要求整理工将肉块精确放入电脑控制的缓冲器中，确保切割工作顺利完成。

随后，可追溯体系将肉从缓冲器中放出，通过可控方式实现对传送过程的可追溯性。

在生产过程中，确保可追溯性的另一种截然不同的方法是使用特殊打印机直接在产品上印制条形码（Qian J P et al.，2012）。尽管所用的油墨为食品级材料，但消费者是否接受这种方法对食品外观产生的负面影响仍存在疑问。我们需要解决一个实际问题：各类食品表面结构往往不同，这使得提供准确代码变得更加困难。

综合各种方法来看，未来，条形码标签和 RFID 标识仍将是大多数可追溯体系的主体。

## 5.6 溯源数据分析的工具与方法

### 5.6.1 Python 数据分析工具

Python 因其广泛的适用性而广受推崇，广泛应用于人工智能、科学计算、Web 开发、系统运维、大数据与云计算、金融以及游戏开发等多个领域。其强大的功能得益于丰富且完善的标准库及第三方库（通常称为“包”），开发者通过调用这些库，能够轻松满足各类业务需求。

### 5.6.2 Python 的开发环境

Anaconda（意为“蟒蛇”）是一款开源的 Python 发行版，旨在为开发者提供 Python、大量第三方库及开发环境的一站式安装方案。由于其集成了众多科学包，下载文件体积较大（约 531MB）。若仅需部分库或希望节省带宽与存储空间，可选择轻量版 Miniconda（仅包含 conda 与 Python）。

Anaconda 堪称一个“工具集”，内置 conda、flask、nltk、pandas、pip 等 180 余个科学包及依赖项，便捷地实现包的安装、更新与卸载（如机器学习库 scikit-learn、词云库等）。同时，它还集成了 Jupyter Notebook 和 Spyder 工具，帮助开发者快速查看代码运行结果，便于调试工作。

Anaconda 发行版集成了许多常用扩展库，例如：openpyxl（Excel 文件读写）、python-docx（Word 文件操作）、pymssql（Microsoft SQL Server 数据库操作）、numpy（数组与矩阵计算）、scipy（科学计算）、pandas（数据分析）、matplotlib（数据及科学计算可视化）、scrapy（网络爬虫框架）、sklearn（机器学习）和 tensorflow（深度学习）等。此外，Anaconda 还具备两项核心功能：一是包管理功能，解决了 Windows 平台第三方包安装频繁失败的问题；二是环境管理功能，类似 Virtualenv，可实现多版本 Python 的共存与切换。

除了 Anaconda 之外，PyCharm、Eclipse 和 zwPython 等也是广泛使用的 Python 开发环境。Python 官方安装包自带的 IDLE 虽然支持语法高亮、交互式运行以及基本的代码编辑和调试功能，但缺乏大型软件开发所需的项目管理和版本控制能力。相比之下，其他集成开发环境对 Python 解释器进行了更深层次的封装与集成，更适合复杂代码的编写与项目管理。

### 5.6.3 Python 常用库

常用的 Python 第三方库包括：Matplotlib（数据可视化库）、NumPy（数值计算库）、SciPy（数学、科学与工程计算库）、pandas（高层次数据分析库）、Scrapy（网络爬虫库）、BeautifulSoup（HTML 与 XML 解析库）、Django（Web 应用框架）、Flask（Web 应用微框架）等。

## 5.7 数据分析方法

### 5.7.1 机器学习的概念和方法

如今，人工智能的主流趋势集中于数据驱动的智能化演进，其本质正是机器学习思想的深度实践。机器学习作为一门融合了概率论、统计学、微积分、代数学及算法复杂度理论等多领域知识的交叉学科，通过对数据中隐藏规律的深度挖掘与分析，赋予机器获取新知识、积累新经验的能力，进而不断优化自身性能，实现类似人类基于所学知识进行决策的效果。从本质上讲，机器学习致力于借助适宜的特征提取手段与精准的方法构建特定模型，以完成预测、分类、聚类等各类复杂任务。例如，在图像识别领域，机器学习模型能够通过对海量图像数据的学习，识别出不同图像的特征，从而准确判断图像所代表的物体类别。

当下，随着技术的持续革新，机器学习在人工智能发展进程中的核心地位愈发凸显。数据驱动的人工智能模式，依托于机器学习从大规模、多样化数据中自动提取特征、发现模式的强大能力。例如，在自然语言处理场景中，利用机器学习算法训练的语言模型，可以基于海量的文本数据学习语言的语法、语义和语用规则，从而实现文本翻译、智能问答、文本生成等功能。传统人工智能在面对复杂多变的现实世界时，常因规则编写成本过高、难以穷尽所有情况而陷入困境，而机器学习通过数据驱动的方式，为人工智能开辟了一条具有高度扩展性的发展道路。

机器学习算法种类繁多，根据预期的输入输出类型，可划分为有监督学习、无监督学习、半监督学习、强化学习、元学习等多种类型。有监督学习通过使用给定的输入/输出对（即已标记的数据集）来训练模型，使其能够对新的未知数据点做出准确的预测输出，广泛应用于图像分类、疾病诊断等领域；无监督学习则专注于处理未标记的数据，从中探寻数据的内在模式与结构，常见于聚类分析、降维等场景；半监督学习巧妙结合少量标记数据与大量未标记数据进行学习，有效平衡了数据标注的工作量与模型训练的准确性；强化学习使模型在特定环境中通过不断尝试与试错，学习到能够最大化奖励函数的最优行为策略，在机器人控制、游戏策略制定等方面成果显著。

在2025年，随着数据量的爆发式增长和计算能力的显著提升，机器学习正朝着更高效、更智能、更具泛化能力的方向加速发展。一方面，新的机器学习模型与算法层出不穷，例如基于Transformer架构的各类模型在多个领域展现出卓越的性能优势，不仅大幅提升了模型的训练效率，还显著增强了其处理复杂任务的能力。另一方面，机器学习与其他前沿技术的融合应用，如物联网、区块链、量子计算等，已成为新的研究热点和发展趋势。例如，物联网设备产生的海量实时数据为机器学习提供了丰富的训练素材，机器学习则可对这些数据进行实时分析与处理，实现对设备的智能控制与优化管理；区块链技术的引入，能够为机器学习提供安全、可信的数据共享与协作环境，保障数据的隐私性和完整性；而量子计算有望大幅提升机器学习模型的训练速度，突破传统计算能力的瓶颈，推动机器学习在更复杂问题上取得新的突破。

### 5.7.2 数据分析的方法

大数据分析需要将大数据处理技术与数据分析技术相结合，主要涉及以下技术方面：使用机器学习或数据挖掘技术对数据进行分析，这是大数据分析的技术基础，也是本书重点阐述的内容；将传统的机器学习或数据挖掘算法并行化，以满足大数据分析对处理速度的需求，这是大数据分析的前沿技术，具有极大的挑战性。大数据分析的特点可归纳为以下四个方面：

1. 数据挖掘技术（Data Mining）

相较于传统数据分析对统计学方法的侧重，大数据分析更依赖于机器学习与数据挖掘技术。大数据挖掘的核心是从海量数据中探寻潜在规律，例如，通过构建机器学习模型对数据进行分类与预测，生成可供决策参考的结果；或是从中挖掘出隐藏的、尚未被发现的高价值信息。

2. 数据可视化分析（Analytic Visualizations）

在大数据分析中，从数据集成、分析到最终解释，易用性贯穿全过程。为了便于理解大数据蕴含的知识，大数据分析结果的可视化相对于传统数据分析来说更加必要。

3. 预测性分析（Predictive Analytic ）

数据挖掘能帮助分析人员更深入地理解数据，而预测性分析则能让分析人员基于可视化分析与数据挖掘结果做出预测判断。预测性分析包括分类和回归分析，大数据分析更偏向于预测性分析。而传统数据分析偏向于数据对比分析，例如通过假设检验或方差分析评估两组或多组样本之间是否具有显著差异。

4. 统计推断方法

当数据量较大时，研究所有数据变得不现实。因此，数据分析的一般方法是先从总体中抽样，得到样本，然后通过对样本的统计分析推断总体的某些特征。机器学习方法也属于统计推断方法，因为机器学习中有些样本是未知的，只能通过已知样本来建立模型，再对未知样本进行预测。大数据的数据量巨大，使其更加依赖于统计推断方法，因此大数据分析的对象是样本，而不是总体。

## 5.8 分析测量的可追溯性

历史上，众多国家普遍认同食品成分的测定及其来源的可追溯性至关重要。自 14 世纪起，出于对公众健康的重视和经济安全的保障，欧洲各国开始针对食品、添加剂和饮料质量制定相关法规。然而，直到 W. Ostwald 将电解质的 Arrhenius 理论引入分析过程，人们才得以深入理解评估中的物理和化学现象。一个世纪后，Lavoisier 借助质量守恒定律，推动化学成为一门明确的科学，这为分析化学的早期发展奠定了坚实基础。

如今，化学测定在食品安全及食品贸易管理中的重要性已毋庸置疑。在工业社会中，化学特征描述约占食品成本的毛收入的 3%，若需验证结果而进行重复分析，费用往往高达原成本的三倍。控制食品安全能够对消费者可能接触到的物理、化学或生物实体进行全面评估和管理，进而促进安全食品的生产和流通。鉴于“官方食品监测系统”仅能覆盖食品消费的一小部分，潜在不安全食品的严重性迫使贸易伙伴必须确保其所售产品的安全性。

进一步而言，食品评价能力不仅能保障食品安全，还能满足消费者的需求和期望，对于保护商业化产品的经济利益同样至关重要。食品生产商和贸易商对经济利益的关注，意味着大多数食品质量控制措施已付诸实施，以维护其在市场上的信誉和特定商品的商业价值。随着现代食品贸易朝着全球化和多样化的方向发展，食品贸易的透明度和安全性要求贸易伙伴们更有效地控制交易产品的特性。

食品质量控制的透明度可以通过实验室质量分析得到保障，而这些实验室的独立性和能力能够通过第三方组织进行的评估得到确认。检测性实验室由授权机构授权，其检测能力已直接或间接地获得“国际实验室授权认证机构（ILAC）”的认可。尽管该机构基于ISO/IEC 17025标准，许多食品仍在一些能力未达到认证标准的实验室进行检测。为了获取食品成分、来源和纯度的相关信息，进行分析研究，同时也影响着农业实践、生产、加工、处理、贮藏和保存等方面的技术完善。食品因环境污染对人体健康造成的危害与环境问题密切相关，因此食品质量分析广泛涉及科学技术各个领域。

食品特征分析技术能够解决分析过程中出现的难题，这些技术的质量取决于实施的检测手段是否适当。化学信息（包括生物化学）有助于解决问题，涵盖四个部分：效果质量、过程质量、分析工具质量和工作及其组织质量。为确保质量，实施检测的实验室需要实行“质量控制技术”。作为独立且胜任检测任务的实体，实验室要获得承认，必须有严格的质量评价体系和具有认证能力的第三方质量担保。

考虑到食品的特性，分析检测过程中常存在诸如“食物是否被有害物污染或铅含量是否超标”或“食品的来源或价值是否与商家宣称的一致”等问题。第一个例子涉及食品中铅含量与既定水平的比较，第二个例子涉及样品组成与一种模式的比较，该模式对食品来源进行了定性描述。因此，当分析结果与评估参照具有可比性，且检测的量度符合规定或产品规范时，才能对分析中的难题给出恰当答案。

在与参照标准的比较中，掌握与评判分析相关的知识至关重要，这有助于分析结果与食品真实特征之间的差异。例如，鱼体中汞的最低允许含量的不同法律规定就是食品定性结果可追溯性不充分的例子。同样，食品中该金属的不正确分析结果也反映出追溯的不充分性，这是由于挥发造成的不当损失，导致分析方法仅适用于鱼体中80%汞含量的分析。在此例中，低估了消费者的接触量。事实上，实验室仅检测了实验方法所能检测到的鱼体中的含汞量，而非鱼体中真实存在的、可能对消费者造成损害的法定剂量。要分清检测结果和参照值之间的误差，需认识到：对于共同的参照，这两种值都不具有可追溯性。

仅当分析结果相对于评估参照或更高相关参考水平具有可追溯性时，该分析结果与规定值之间的可比性才成立。测量结果或标准值的可追溯性被定义为计量学的可追溯性，即测量结果特征或一个标准值通过一系列比较链与国家或国际标准建立联系，这一系列比较链中的所有不确定性均已事先申明，这正是其区别于文件追溯和产品追溯之处。后两者涉及产品源信息或产品追溯的路径。有关这方面的问题将在本书的其他章节详细论述。因此，可追溯性是分析结果具有可比性的关键，也是ISO/IEC 17025标准规定的条件。

实验室得出的实验报告信息与评估参照或其他结果具有可比性的一个要求是对测量结果与真实数值做出恰当描述。通常对测量结果进行最佳评估（如多数实验室报道的单值），然后通过数量描述将其与参照检测方法得到的可追溯真实数值进行误差评估。国际上一般将这样的数量归为不确定量，作为测量结果的参量。该参量能合理指出测量物或测量值的离散度，并具有 95% ～ 99% 的可信度。这样，我们可以得出最佳评估结果与国际公认为测量误差的“真实值”之间差异的不确定性概率。鉴于真实值通常是未知或难以得到的，一些专家更倾向用“国际公认值”代替“真实值”这一术语。分析结果在中心数值周围间隔出现，能够得到一个最佳评估结果。

可追溯性、测量不确定性和测量物的定义反映了三者之间的紧密联系。测量物的适当界定是定义测量结果可追溯性的关键，后者又是解决分析难题所必需的。同时，它也是定义分析标准的关键。计量学追溯的概念基于一系列互相衔接的测量结果或标准对比，因为在某些情况下，无论是用于评估的标准还是评估的测定结果都不能直接涉及可追溯链上端，例如它们参照可追溯链进行直接或间接的比较。也就是说，所有对比都必须在对不确定性已有了解的情况下进行，以便对测量结果或标准值的不确定性进行合理评估。

## 5.9 AI大模型赋能食品安全

### 5.9.1 大模型

研究人员发现，通过规模扩展（如增加模型参数规模或数据规模）通常会提升下游任务的模型性能，这一现象通常被称为“扩展法则”（Scaling Law）。多项研究试图通过训练更大规模的预训练语言模型（如参数规模达 1750 亿的 GPT-3 和 5400 亿的 PaLM），探索语言模型扩展后的性能极限。这些大规模预训练语言模型在解决复杂任务时，表现出了与小型预训练语言模型（例如 330M 参数的 BERT 和 1.5B 参数的 GPT-2）截然不同的行为。例如，GPT-3 能够通过“上下文学习”（In-Context Learning，ICL）的方式，利用少样本数据解决下游任务，而 GPT-2 则不具备这一能力。这种大模型具备而小模型缺乏的能力，通常被称为“涌现能力”（Emergent Abilities）。为了区分这一能力上的差异，学术界将这些大型预训练语言模型命名为“大语言模型”（large language model，LLM）。

作为大语言模型的代表性应用，ChatGPT 将 GPT 系列大语言模型适配到对话任务中，展现出令人震撼的人机对话能力，一经上线便迅速获得了社会的广泛关注。ChatGPT 发布后，与大语言模型相关的 arXiv 论文数量急剧增长，标题中包含查询短语“Language Model”（从 2018 年 6 月起）和“Large Language Model”（从 2019 年 10 月起）的 arXiv 论文累计数量的变化趋势如图 5-6 所示，这一研究方向受到了学术界的高度重视（Zhao W X et al.，2023）。

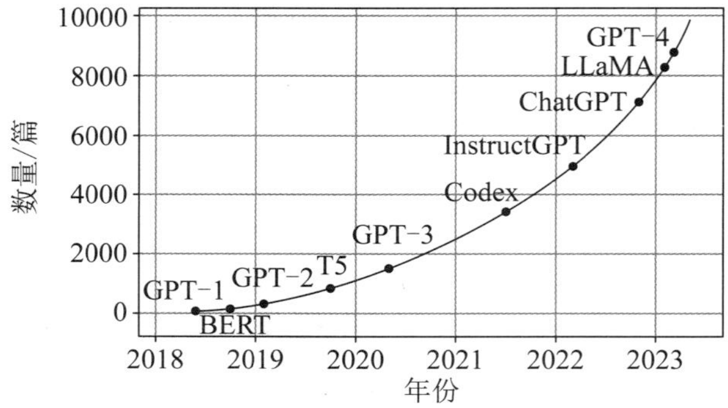


(a)查询=“Language model”

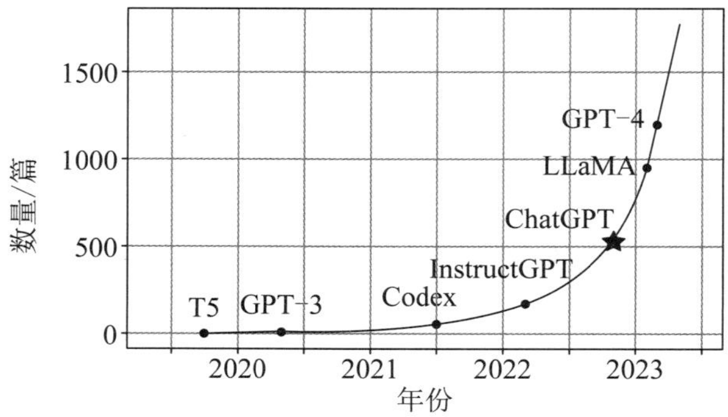


(b)查询=“Large language model”

图 5-6 arXiv 论文累计数量的变化趋势

## 5.9.2 智能体

智能体（Agent）是一种具备环境感知、决策制定及动作执行能力的自主算法系统（Mishra A et al.，2020）。其研发初衷在于模拟人类或其他生物的智能行为，以自动化地解决问题或执行任务。然而，传统智能体技术面临的主要挑战在于它们通常依赖于启发式规则或受限于特定环境约束，这在很大程度上限制了它们在开放和动态场景中的适应性与扩展性（Lake B M et al.，2017）。鉴于大语言模型在处理复杂任务方面展现出的卓越能力，越来越多的研究开始探索将大语言模型作为智能体的核心组件，以提升其在开放领域和动态环境中的性能（Wang L，2024）。本节将首先简要回顾智能体的发展历程，随后详细介绍基于大语言模型的智能体框架，最后探讨智能体在各种应用场景中的潜在用途及面临的挑战。

在人工智能发展的早期阶段，基于规则的方法在智能体技术中占据主导地位（Dietrich J et al.，2003）。通过专家预先定义的规则和逻辑，这些智能体能够在特定任务上模拟人类的决策过程，进而完成任务。然而，受限于预定义的规则和知识库，早期智能体往往表现出较低的适应性和灵活性，难以有效应对未经历过的应用场景。随着机器学习（尤其是深度学习）技术的兴起，基于模型的智能体开始受到广泛关注。这类智能体不再依赖预先定义的规则，而是基于环境特征构建可学习的决策模型。在基于模型的智能体中，强化学习方法发挥了关键作用。强化学习智能体通过与环境交互，习得最优行为策略（Busoniu L et al.，2008）。它们通过探索和利用，不断试错，并根据环境反馈信息调整自身行为，以最大化累积奖励。这种方法在游戏、自动驾驶等领域取得了显著成果。

近年来，大语言模型迅速发展，展现出强大的学习和规划能力，能够处理更加复杂、抽象的任务，并在自然语言理解、图像识别、推理决策等方面表现出前所未有的性能。基于大语言模型的智能体能够利用其强大能力，自主且通用地与环境交互，成为当前研究的热点（Cheng Y et al.，2024）。为便于讨论，后续内容中将“基于大语言模型的智能体”简称为“大语言模型智能体”。

### 5.9.3 大模型在食品安全领域的应用

江南大学发布了全球首个食品学科专用大模型——FoodSeek（食问），标志着人工智能技术与食品科学的深度融合迈入全新阶段，开启了“食品 + 智能”的新纪元。发布会上，来自教育界、学术界及产业界的 260 余名专家学者齐聚一堂，共同见证了这一智能化应用成果的亮相。

AI 已成为驱动新一轮科技革命的强大引擎，面对席卷而来的产业变革，江南大学作为一所拥有深厚食品学科积淀的高等学府，给出了属于它的答案：FoodSeek。该模型由中国工程院院士、江南大学校长陈卫领衔，集结了食品和人工智能领域的顶尖专家与技术精英，历经 10 余场严苛的论证与技术评审，由江南大学与科大讯飞、华为合作，依托万方数据和食品伙伴网的数字资源共同构建。江南大学依托其“食品科学与工程”国家一流学科的坚实基础，积极探索“食品 + 智能”的融合路径。FoodSeek 旨在构建一个从食品专业知识发现到价值创造的端到端赋能体系。研发团队成功构建了食品学科全谱系的高质量语料库和专业的模型基座，使其具备了信息抽取、专业推理、精准解析和智能问答等多维度的能力。

目前，FoodSeek 1.0 版本围绕“教学—科研—科普—行业服务”四大核心场景，上线试运行了四大核心智能体，包括食品安全标准问答、营养素查询、科研助手和食品 AI 辅导员。这些功能旨在为专业教学、文献分析、食物营养科普以及食品安全国家标准解答等领域提供强大支持。

在先前举办的 FoodSeek 大模型研讨会上，专家们普遍认为，FoodSeek 精准聚焦了食品领域的核心需求，场景定义清晰，服务导向明确，具有广泛的推广价值和行业示范效应。

孙宝国认为，该项目是高校服务国家战略需求、履行社会责任的生动实践。FoodSeek 1.0 版本在特定领域的表现已达到预期目标，并建议后续应重点加强多源数据融合，持续提升模型的精准度与泛化能力。陈卫表示，以大模型为代表的新兴技术正在深刻重构学科体系与育人模式，FoodSeek 的问世不仅是前沿科技工具的率先落地，更是对育人理念与模式升级的关键支撑。

据了解，FoodSeek 为育人而生，旨在助力培养能够定义未来的食品行业领军人才。它以星火 70b 和 DeepSeek70b 双引擎驱动，熔炼人类数千年关于食品的知识精粹：打通了核心知识、前沿研究、行业规范与食物数据间的壁垒，囊括了 500 本经典教材、专著涵盖的核心知识、10 万余篇核心文献包含的前沿研究、22000 余项食品行业标准规范及超过 5 万项食物营养数据，构建起了一个前所未有的食品知识网络。

江南大学为 FoodSeek 设计了“1+3+*N*”的创新架构，即 1 个核心智能平台，打造通用的多模态智能底座；3 大关键应用方向，瞄准食品安全智能监管、食品智能制造与创新以及个性化营养健康推荐；*N* 个场景化智能体，构建“轻量化、场景化”的子模型，深入产业一线，打通从基础研究到应用的“最后一公里”。

FoodSeek 致力于构建一个从知识发现到价值创造的全新生态，将深度融入“教、研、产、用”四大领域，力争成为每一位食品学子、每一位食品研究者身边最懂食品、最善启发的专家助手。未来，江南大学研究团队将通过预训练及微调等方式，进一步提升模型的机制关联分析、多模态解析及智能决策能力。团队将探索开发食品配方设计、食品健康助手、食品安全决策辅助等更多应用型智能体，形成具有行业标杆意义的技术成果与转化案例。此举将为食品加工制造、安全监管及健康餐饮等行业的智能化转型提供强大助力，并为健康中国建设、践行大食物观等提供有力支撑，持续提升我国在全球食品与智能科技领域的战略影响力与话语权。

# 第六章 区块链溯源

区块链技术不仅为提升效率和降低成本提供了坚实的技术支撑，更为经济社会的全面发展与治理模式创新开辟了崭新路径。依托区块链，可以开发出多样化的产品与服务，使人们在缺乏信任基础和突破地域限制的环境中，依然能够高效开展大规模协作，从而逐步推动全新经济时代的到来。

尽管区块链技术在2025年已迈入规模化应用的崭新阶段，但此前“2025年将占据全球GDP 10%”的预测显然过于乐观；实际渗透率尚不足1%。尽管如此，金融行业在应用区块链方面依然保持领先地位，而政务、供应链、医疗等领域的应用正以年均超过30%的速度迅猛追赶。区块链在降低成本、提升效率、增强透明度及协同效率方面的显著价值，已得到广泛认可，并逐渐成为数字经济和可信数据基础设施不可或缺的重要组成部分。

## 6.1 区块链技术的原理

### 6.1.1 区块链的设计思想

价值交换的核心在于信任的建立，而区块链技术的革命性在于其创新了一种全新的信任模式——通过技术设计，将人与人之间的信任转化为人与技术之间的信任。部分流程甚至可以由程序自动执行，从而显著降低商业活动的运营成本。

1. 经济层面的设计理念

降低成本是区块链设计的核心目标。在该系统中，参与者无需了解对方身份即可完成交易，实现了所谓的“无需信任的信任”，打破了传统依赖第三方中心化机构的信任模式。其创新主要体现在以下两个方面：

其一，交易信任依赖机器和算法来建立。区块链构建了一个基于密码学和共识机制的交易网络，使得各参与方在无需直接建立信任关系的前提下，通过加密身份验证和共识协议实现互信，有效解决了匿名交易中的信任难题。

其二，交易流程通过智能合约自动执行，避免了人为干预，有效防止违约行为的发生，推动经济活动向智能化方向发展，成为对传统交易体系的重要突破。

凭借区块链“弱中心化”的特性，现有经济体系得以突破制度限制和第三方背书，实现交易双方的直接价值交付。这不仅降低了交易成本、提升了交易效率，还减少了因交易一致性问题而产生的摩擦和纠纷。

### 2. 技术层面的设计思想

通俗地说，区块链是一种由多个参与方共同构建和维护的分布式可信数据存储系统。其显著特征包括：第一，记录过程由多方共同参与，任何合格节点均可参与数据写入；第二，数据存储和维护也由多个节点协同完成，保证数据冗余与安全；第三，数据与合约内容通过链式结构组织，仅支持追加式写入，无法被随意修改或删除，确保了系统的不可篡改性。

在实际应用中，区块链技术能够实现信息的共享、协同共识及风险共担，逐渐成为支撑多种商业模式和组织形态的关键技术基础。这种架构与传统以中心化服务器为核心的系统存在显著差异。表 6-1 进一步揭示了二者的核心区别。

**表 6-1　区块链与传统中心式系统的对比**

| 关键点 | | 传统技术系统 | | 区块链技术系统 | |
|---|---|---|---|---|---|
| | | 特点 | 中心化的实现方式 | 特点 | 去中心化的实现方式 |
| 记录行为的多方参与 | 网络架构 | 中心化 | 主从式的 B/S 网络 | 去中心化 | P2P 分布式网络 |
| | 记录权及记录方式 | 中心节点进行 | 中心节点记录及维护所有交互数据 | 所有节点都应参与 | 共识算法确定记录权，共同维护交互数据 |
| | 交易方式 | 每笔交易需中心节点确认 | 中心节点监督和维护 | 点对点交易 | 所有节点集体监督和见证 |
| | 信任关系 | 中心节点见证 | 中心节点为所有节点进行信任背书 | 节点自证其信用 | 非对称加密技术验证身份，零知识证明等方式验证信息 |
| | 交易一致性 | 中心节点保障交易数据的一致性 | 中心节点的一本账，保障交易数据的一致性 | 所有节点共同参与解决数据交易的一致性问题 | 所有节点通过共识算法保证交易一致性，解决双花现象 |
| 账数据存储的多方维护 | 交易有无欺诈 | 存在欺诈和造假的可能 | 中心节点存在主动欺诈的可能 | 不可欺诈、不可造假 | 分布式存储、共识算法 |
| | 信息被篡改 | 存在数据被篡改和抵赖的可能性 | 中心节点存在被攻击、数据被篡改等可能性 | 不可篡改、不可抵赖 | 分布式存储、链式数据结构、哈希算法、时间戳及数字签名 |
| | 数据存储的可靠性 | 中 | 依靠中心节点进行交易信息系统的存储和容灾备份 | 高 | 任意单个节点故障或者少数节点故障，系统能正常运行，并且故障节点数据可以恢复 |
| | 隐私保护 | 交易双方身份信息存在泄露的可能性 | 所有参与交易者需提供身份信息，且都由中心节点保存，中心节点存在被攻击、盗取等可能，导致败交易者的隐私泄露 | 交易双方的身份信息不会被泄露 | 所有参与方在区块链中通过加密后的 ID 进行标识。<br>1. 不需要所有交易者提供身份隐私信息，保障交易者的隐私不被泄露。<br>2. 同一个交易者可通过多个 ID 进行的多次交易来达到隐私保护的目的 |

### 6.1.2 区块链的核心技术

区块链并非某一单一技术，而是一种集成了多门学科成果的复合型技术体系，其核心组成部分包括共识机制、密码学算法以及分布式数据存储技术。

1. 共识机制

共识是指多个节点在预设协议下，通过交互对某项数据或操作达成统一意见的过程。共识机制则是支撑这一过程的技术基础，通常包括相应的算法与协议规则。区块链中的共识机制具备“少数服从多数”与“节点平权”的基本特征：前者不仅体现在节点数量上，也可能以计算能力、持币数量或其他可量化指标为依据；后者意味着在满足设定条件下，所有节点均可发起提案并争取获得多数认可，进而形成最终共识。

2. 密码学算法

区块链中的信任建立，依赖于非对称加密机制，具体表现为通过公钥与私钥对的加密与解密操作来保障交易安全。信息一旦由其中一个密钥加密，只有另一个密钥才能进行解密；且即使公钥被公开，也无法反推出私钥，从而确保通信和身份认证的可靠性。

3. 分布式数据存储技术

与传统分布式系统常采用分块存储和主备同步机制不同，区块链采用的是全节点存储机制。每个节点都保存一份完整的链式结构数据，且所有节点之间地位平等、相互独立。数据一致性依赖共识机制而非中心协调，这种架构增强了系统的容错能力与数据安全性。节点可以部署在不同的物理服务器或云端实例中，从而实现更高的系统弹性与去中心化程度。

### 6.1.3 腾讯区块链方案的设计原则及目标

腾讯依托自主研发的优势，推出了面向企业服务的“腾讯区块链”整体解决方案。该方案秉承“开放共享”的核心理念，旨在构建区块链基础设施，并将内部的成熟技术能力向全国企业开放，携手共建可信互联网和区块链协同发展的生态体系。

凭借在支付、社交和数字内容等多个领域长期积累的深厚技术底蕴与丰富行业经验，腾讯在高并发交易处理、海量数据分析、金融安全机制及云生态系统构建方面展现出显著优势。这些综合能力共同支撑了其企业级区块链平台的稳健搭建。

1. 设计原则

自主创新：专注于关键技术领域的核心研发，已在共识机制、亿级用户身份管理、高并发数据处理、账户安全保障及风险控制等方面取得多项专利与核心技术成果。

安全高效：依托腾讯在金融科技领域深厚的安全运营能力，实现信息流通、安全防护与系统性能的有机融合。

开放分享：构建区块链基础设施，向合作伙伴开放内部服务能力，共同推动可信互联网与共赢型生态的构建。

2. 设计目标

腾讯可信区块链专注于为各行业提供企业级区块链基础设施及可信解决方案，并配备灵活且可靠的区块链云服务。借助高性能服务平台，实现安全可控的交易撮合；同时，利用可视化数据管理工具，有效降低企业综合运营成本，提升管理效率。

## 6.2 区块链的发展阶段

区块链的兴起，标志着人类互联网发展迈入了可信机制建设的新阶段。其核心价值在于构建网络中的点对点信任体系，使得价值传递过程不再依赖于传统中介机构。这一机制不仅实现了信息公开透明与隐私保护之间的平衡，还兼顾了集体协作与个体权益，从而显著提升了价值交互效率，并有效降低了交易成本。

从经济视角审视，区块链推动了“弱中心化”的新型价值流通模式。尽管这一架构弱化了传统中心权威，但并不意味着中心结构的彻底消失。未来，多中心架构（如联盟链、私有链和混合链）将成为主流，进而优化现有中心的运行效率，进一步降低运营成本。

从技术定义层面来看，区块链是由多个节点共同维护的数据系统，通过链式结构组织信息，并采用密码学技术保障数据传输安全，实现了数据的分布式存储、一致性校验、不可篡改与不可抵赖等特性。由于其对信息可信性与安全性提供了全新支撑，全球主要经济体已将区块链纳入国家战略，持续推进其技术演进与产业落地。

### 6.2.1 区块链经济的发展阶段

区块链经济的发展历程可划分为四个阶段：

第一阶段为萌芽期（2009—2015 年），核心在于围绕比特币构建初步的经济生态系统。此阶段以加密货币的兴起为显著标志，区块链技术尚未脱离比特币本体，应用范围主要局限于数字货币交易及早期钱包服务。

第二阶段是探索期（2016—2019 年），比特币、以太坊等公链生态迅速扩展，首次代币发行（ICO）与去中心化金融（DeFi）的雏形初现。区块链技术开始独立受到关注，底层共识、智能合约及跨链协议成为研发焦点，行业应用仍以金融场景为主导。

第三阶段为产业落地期（2020—2023 年），中国将区块链纳入“新基建”范畴，全球范围内联盟链、私有链等方案大量涌现。央行数字货币（CBDC）、供应链金融、电子发票、司法存证、碳排放核算等场景实现规模化商用，技术性能突破万级 TPS，产业标准体系逐步建立。

第四阶段是融合扩张期（2024 年—），区块链进入“场景 + 生态”的纵深渗透阶段：

政策层面：中国提出“到 2025 年初步形成支撑区块链发展的国家标准体系”，并着力打造 3 ～ 5 家具有国际竞争力的骨干企业。

技术层面：零知识证明、分片、Layer 2、跨链互操作、隐私计算等关键性能与合规技术趋于成熟，预计全球区块链市场规模将突破 800 亿美元，中国市场份额超过 30%。

产业层面：金融、供应链、政务三大支柱场景占比超过 60%，医疗、能源、文化版权、绿色金融等新兴领域增速达到 28%，数字人民币交易额突破 12 万亿元，跨境 mBridge 项目进入多国试点。

治理层面："链上城市""区块链 + 隐私计算"公共服务节点在 200 余个城市落地，可信数据服务网络基础设施基本完善，形成国家级枢纽节点与区域产业集群。

从技术适配性来看，区块链最具潜力的应用领域仍呈现出"三高"特征：标准化程度高、自动化程度要求高、对资质认证与溯源机制的依赖显著。因此，金融结算、跨境贸易、供应链金融、政务数据共享、碳足迹追踪及数字身份认证成为 2025 年规模化应用的前沿领域，并正加速向更广泛的实体经济与公共服务领域扩散。

### 6.2.2 整体经济规模及趋势

区块链经济已进入第四阶段——融合扩张期（2024 年—），但远未出现"爆发式"全面落地。对 2025 年的权威展望与最新数据已显著修正了 2016—2019 年的早期预测，更新如下：

（1）世界经济论坛创始人克劳斯 · 施瓦布在 2025 年达沃斯年会上重申，区块链仍是继蒸汽机、电力、计算机之后的"第四次工业革命"关键技术之一，但将"2025 年支撑全球 10%GDP"的预测推迟并下调为"2030 年后有望支撑约 5% 的全球经济总量"。

（2）Gartner 在 2025 年最新报告中把区块链相关业务市场规模上调至 2030 亿美元（2025 年实际值），其中去中心化金融（DeFi）与真实世界资产（RWA）代币化贡献最大；制造与供应链管理仍被视为未来增长主力，但"万亿美元"规模被修正为 2030 年可达 1.6 万亿美元。

（3）Markets and Markets2025 年 2 月发布的《2025—2030 区块链市场展望》指出：

- 2025 年全球区块链市场收入约 203 亿美元；
- 2025—2030 复合年增长率 27%；
- 支付系统、数字债券、RWA 代币化、供应链溯源为四大核心场景；
- 银行、证券、保险仍占主要份额，但政务、绿色金融、碳交易、数字身份等新兴赛道增速最快，呈现"多点开花"态势。

从地区市场看，2025 年北美仍保持 30% 的市场份额，但亚太地区（含中国内地及中国香港、新加坡）以 54.6% 的年复合增速领跑全球；其中，中国内地 2025 年区块链产业规模 850 亿元，中国香港 RWA 市场单季规模已突破 220 亿美元。

### 6.2.3 区块链经济的全球化轨迹

区块链的应用价值已引发全球广泛关注。进入 2025 年，各国政府与产业界对区块链的定位已从“概念验证”转向“规模化落地”与“制度定型”。以下依据 2025 年最新进展，逐国（地区）更新。

1. 美国

2025 年 7 月，白宫发布《加强美国在数字金融技术领域的领导地位》报告，首次提出“五大政策支柱”：市场结构、银行参与、支付体系、反非法金融、税收规则，并计划将美元稳定币打造为全球支付工具。

- 联邦层面：国会正审议《GENIUS 与 CLARITY 法案》，拟为 DeFi、NFT、质押收益等提供清晰监管框架。
- 州级实践：加州已用区块链签发 4200 万份电子车籍证书；西弗吉尼亚州继续扩大区块链海外军人投票系统；巴尔的摩市将 1.5 万栋空置房的地籍数据上链，简化产权交易。
- 资本与产业：2025 年 Q1 美国风投资本在区块链 / 加密初创企业投资 48 亿美元，同比增长 70%；83% 的机构投资者计划年内增配数字资产。

2. 欧盟

2025 年，《加密资产市场法规》（MiCA）全面生效，统一 27 国监管口径，允许持牌稳定币发行与交易所运营。欧央行已启动“数字欧元”第二阶段试点，预计 2026 年决定是否正式发行；欧洲区块链服务基础设施（EBSI）2.0 覆盖 24 国政务节点，支持学历、驾照、企业注册等跨境互认。

3. 加拿大

2025 年，加拿大央行联合六大商业银行完成“数字加元 -CAD-Coin”沙盒第三阶段，重点测试离线支付与跨境互操作性；多伦多证券交易所（TMX）已上线基于区块链的碳信用交易平台，日均成交额 2 亿加元。

4. 英国

2025 年 4 月，《金融服务与市场法案（数字资产章节）》生效，正式承认“数字结算资产”（DSA）法律地位。伦敦证券交易所集团推出“数字市场”板块，首批上市通证化国债与商业票据；英国工作与养老金部已将 600 万人的福利发放记录迁入区块链系统，实现实时稽核与欺诈率下降 35%。

5. 俄罗斯

2025 年，俄罗斯通过《数字金融资产 2.0》修订案，允许境内企业使用“数字卢布”进行外贸结算。莫斯科市政府将“积极公民”链上投票系统扩展至 7 个联邦主体，累计登记选民 1800 万；俄央行主导的“Masterchain”金融消息网络已接入 400 余家银行，日均链上交易 50 万笔。

6. 德国

2025 年，德国联邦金融监管局（BaFin）发放首批“加密证券登记”牌照，德意志交易所集团上线通证化债券平台“D7”，西门子、宝马等 DAX40 企业已完成 12 亿欧元债券链上发行；BaFin 正与欧央行合作测试批发级 CBDC 结算原型。

7. 日本

2025 年 6 月，《加密资产交易法》第三次修订生效，正式允许外国稳定币在持牌交易所交易。日本区块链合作联盟（BCCC）成员增至 350 家，JPX（日本交易所集团）启动“数字证券基础设施”主网，支持股票、REITs 的 T+0 链上清算；经济产业省牵头完成 3 个“绿色电力证书”RWA 试点项目。

8. 澳大利亚

2025 年 5 月，澳大利亚证券交易所（ASX）重启区块链清算系统 CHESS2.0，采用“模块化区块链”架构，日处理 200 万笔交易；维多利亚州政府将土地登记、出生证明、商业执照等 1 亿份文件迁入州级“TrustGrid”链，预计每年节省行政成本 6000 万澳元。

9. 中国

2025 年，中国区块链产业规模达 850 亿元人民币，形成“国家队主导、行业链协同、企业链创新”的三层架构。

- 政策与标准：国务院印发《区块链创新应用发展行动计划（2025—2027 年）》，提出“建成国家级区块链枢纽节点、10 项以上核心技术突破、20 个以上标杆场景”；工信部《可信区块链实体资产可信上链技术规范》成为国内首个 RWA 系统性标准。
- 基础设施：区块链服务网络（BSN）已覆盖 2000 余家企业节点，支持 20 余条开放联盟链。
- 产业应用：

①绿色资产：协鑫能科完成 2 亿元光伏 RWA 融资、蚂蚁数科充电桩上链成为香港标杆案例；

②政务：北京“目录链”打通 80 余个部门、16 个区的数据目录，实现“秒批秒办”；重庆“山城链”支撑公积金跨市提取“零材料、秒到账”；雄安新区“企业数据保险箱”实现政策精准滴灌。

- 企业层面：国内区块链注册企业数突破 5.8 万家，北京、上海、杭州、深圳聚集度最高；蚂蚁数科、微众银行、腾讯、平安等 10 家企业入选“2025 中国区块链产业供应链十大代表性企业”。

### 6.2.4 区块链经济发展的重点行业

截至 2025 年，区块链经济的迅猛发展已从“概念验证”阶段迈进至“规模化落地”阶段，重点行业呈现出“三横十纵”的清晰格局：横向以金融、政务、产业互联网为三大基石，纵向则在十大高价值场景中深度渗透。金融领域持续领跑——数字人民币（e-CNY）累计交易额已突破 12 万亿元，跨境 mBridge 项目已在多国展开试点；证券、保险、供应链金融通过真实世界资产（RWA）代币化，实现融资成本平均下降 30%、融资效率提升 65%。政务领域依托区块链服务网络（BSN）与国家枢纽节点，已覆盖 200 余个城市的电子证照、财政票据、碳排放登记等公共服务，每年节约行政成本数十亿元。产业互联网则聚焦智能制造、绿色能源、现代农业：在装备、电子、化工、钢铁等流程工业，区块链与工业互联网平台深度融合，破解设备多方协同、数据可信互通难题；在光伏、储能、新能源汽车产业链，区块链应用于绿电溯源、碳足迹核算和动力电池全生命周期管理；在农业领域，区块链与物联网结合，实现“田头到餐桌”的农产品质量安全追溯，助力农村电商市场规模突破 3 万亿元。

此外，医疗健康领域通过电子病历、疫苗冷链、医保基金上链，有效降低假药风险；文化版权领域依托 NFT 与数字水印技术，为影视、音乐、出版提供可追溯的确权与分账服务；跨境电商与物流则借助区块链提单、区块链海关舱单，实现“一单到底、秒级通关”。未来，随着国家级区块链标准体系的全面建成，上述重点行业将继续强劲扩张，形成支撑数字经济高质量发展的坚实可信底座。

### 1. 金融领域

截至 2025 年，区块链技术在金融服务业已从“概念验证”阶段跃升为“大规模商用”的底层支撑：它不再仅仅是静默的光纤，更像是实时跳动的大动脉，将资金、信息与信任压缩成可编程的“原子流”，在全球 24×7 的时钟里昼夜不息地奔涌。

跨境支付领域率先完成了“光速革命”。SWIFTGPI 与区块链技术的“混合涡轮”效应，RippleNet 的“多跳”网络，以及由人民银行、香港金管局、泰国央行、阿联酋央行共同构建的 mBridge“数字丝路”——这三条高速通道日均清算额达 200 亿美元，相当于每秒钟有 23 万美元在链上完成跨国流转；原本 T+2 的漫长等待被压缩至 30 秒以内，手续费也从“买一杯咖啡”的水平降至“买一包口香糖”。VisaB2BConnect 已覆盖 100 个国家、1500 家银行，年处理额突破 3000 亿美元，足以为 400 万架波音 787 加满油箱，且能在毫秒级完成结算。

保险行业则上演了“零摩擦理赔”的变革。中国太保、平安、AXA、MetLife 等巨头将保单铸造成一枚枚“智能 NFT”，一旦航班延误 10 分钟或汽车剐蹭 5 厘米，链上预言机即刻触发智能合约——95% 的标准化理赔在 3 秒内到账，欺诈率下降 35%，运营成本如同冰雕在阳光下消融 20%。航班延误险的乘客甚至还没走出登机廊桥，手机已弹出“赔款已到账”的提示；车险划痕险的车主刚停稳车，理赔款已足够支付一杯“安慰咖啡”。

证券交易则在“通证化”浪潮中实现了“T+0 的时空折叠”。纳斯达克 Linq、香港交易所 Synapse、德意志交易所 D7 三大平台，如同三台巨型“数字印钞机”，将私募股权、国债、REITs、ETF 等资产铸造成链上“乐高”：一键发行，一键拆分，一键交易。1200 亿美元的链上市值，相当于将 3 个冰岛的 GDP 压缩进一块 SSD；流动性溢价从 15 到 30 个基点，仿佛为每笔交易贴上了“可即时兑换”的标签。私募股权转让不再需要 3 个月的尽调、2 周的托管与 1 天的交割，而是“点击—确认—成交”的 3 秒奇迹。

票据与供应链金融则将“纸”与“章”送进了历史博物馆。中国的“长三角票据链”、欧洲的 we.trade、新加坡的 TradeTrust 三大联盟链已累计签发 8500 亿元“数字票据”——它们不再是易撕、易伪造的纸片，而是一串串在链上闪烁的加密字符；签发即确权、流转即结算，重复质押与伪造风险被“零知识证明”与“时间戳”牢牢锁定。供应链金融中的应收账款，如同被赋予了 GPS 的集装箱，从工厂车间到港口码头再到银行金库，每一步都可追溯、可拆分、可质押。

央行数字货币（CBDC）与合规稳定币则如同两条并行的“法币高速列车”，为所有场景提供最终清算的“铁锚”。数字人民币 e-CNY 累计交易额突破 12 万亿元，跨境 mBridge 将港元、泰铢、迪拉姆、人民币打包成一条“多币种即期高速公路”；Circle 的 USDC、Tether 的 USDT 则在以太坊 Layer2 与多条联盟链之间自由穿梭，为 DeFi 与 TradFi 搭建“无国界立交桥”。链上资产的发行、托管、交易、结算、赎回，宛如一部全程可编程的交响乐：每个音符（数据）都带有数字签名，每个休止符（状态转换）都伴随零知识证明，指挥棒则是央行与监管节点共同维护的共识算法。

中介层级被大幅压缩，清算所、存管中心、审计所的传统角色正在“链化”——它们从“盖章的人”变身为“跑代码的节点”。当金融的每一个原子都被哈希值标记、被智能合约驱动时，效率与透明度便如同两束激光，穿透了层层旧制度的迷雾，将金融服务业推向一个“零摩擦、零延迟、零欺诈”的新纪元。

2. 物联网领域

截至 2025 年，中心化云架构已难以支撑全球 300 亿台物联网设备的实时并发需求，去中心化物联网（DePIN）由此正式从概念迈向商用阶段：区块链不再仅仅是“可信记账本”，而是升级为设备自治的“经济操作系统”。新一代低功耗区块链技术（如 Helium IoT、Polkadot Sub-Zero、蚂蚁链 IoT Edge）将 TPS 压缩至毫秒级，Gas 费用降至 0.0001 美元，使得每个传感器、摄像头、充电桩乃至路灯都能成为独立钱包，实时完成数据售卖、算力共享、电量交易与固件升级。

以 Helium 网络为例，2025 年全球已部署 120 万台热点网关，日均链上数据包达 4.5 亿条，为智能表计、冷链物流与无人机配送提供了“零月租、秒结算”的连接服务。在中国，国家电网的“碳中和物联链”使 5000 万台智能电表直接参与绿电撮合，年链上交易电量达 18 亿千瓦时，节省云平台费用 12 亿元。与此同时，IBM 与三星的 ADEPT 系统已演进为“ADEPT-X”开放框架，支持 MQTT-over-Blockchain 协议，洗衣机、空调、光伏逆变器可基于链上合约自动订购滤芯、购买绿电或共享储能，故障停机时间缩短 40%。

Visa 与 DocuSign 的汽车租赁 PoC 也已落地为“Auto Pass”商用平台：用户通过数字人民币或 USDC 预付租金，车辆 NFC 钱包验证链上身份后自动解锁，行驶数据实时写入链上保险合约，事故触发秒级理赔，年均降低租赁公司运营成本 28%，并已在北美、欧洲及中国 60 座城市完成 12 万次无纸化租车。去中心化的物联网经济，正借助区块链技术将“每台设备”转变为“最小可盈利单元”，重塑万物互联的价值分配范式。

3. 公共服务领域

公共服务作为驱动经济增长与社会发展的关键引擎，其供给质量深刻影响着政治、经济、社会领域的各类主体及其制度环境、文化观念、公众态度与行为模式。然而，依赖传统政府公证的模式常面临数据维度不足、历史链条断裂等局限，导致政府机构与教育单位难以获取全面可靠的信息支撑。区块链技术则能创建永久性、可追溯的数字化凭证，在数字版权、知识产权、证书认证及公益事业中重塑信任机制，显著提升公共服务的治理效能。

（1）文化领域：针对文化产业链条分散、价值流转周期长的痛点，区块链可整合各环节信息，加速要素流通。该技术为文字、音视频等作品提供存在性证明与权属唯一性确认；确权后的交易信息实时上链，实现文化创意产品全生命周期的透明化管理，并为司法存证提供强有力支撑。例如，UjoMusic 平台借助区块链构建了去中心化的音乐版权管理体系，促成创作者与消费者的直接对接，有效降低了中间环节成本。

（2）教育领域：区块链技术有助于破解学生信用体系分散、数据验证困难、信息透明度低且易被篡改的难题。通过安全记录学生跨地域、跨院校的学习历程与行为数据，可构建动态更新的信用评估生态；同时，为学术成果生成防篡改的数字化凭证，能够为潜在的学术争议提供高效举证，大幅节省人力与时间成本。例如，文件认证机构 Bit Proof 与加州 Holberton School 合作，利用区块链技术颁发学历证书，确保证书真实性；招聘方通过区块链系统可即时验证学历信息，有效遏制造假行为。

（3）产权登记领域：当前房地产交易普遍存在透明度欠缺、流程冗长、欺诈隐患及公共记录错误等挑战。区块链能够精准记录并全程追踪土地权属、房产契约、抵押状态等关键信息，确保文件准确可查，并推动无纸化、即时化的交易流程变革。例如，美国企业 Ubitquity 开发的区块链产权存储平台，显著缩短了产权检索周期，促进信息共享，有效防范交易欺诈，提升了行业整体运行效率。

（4）医疗健康领域：跨机构医疗数据的安全共享一直是行业瓶颈。基于区块链构建的网络，允许授权各方安全访问数据，同时保障其完整性与机密性。更重要的是，集中式存储基因、生物特征等敏感健康数据存在重大泄露风险，而区块链的分布式架构和加密算法能提供金融级别的安全保障，避免单点故障引发系统性崩溃。例如，安全公司 Guardtime 与爱沙尼亚电子卫生基金会合作，利用区块链保护患者医疗记录——该技术能有效防御数据被篡改、删除或错误升级的风险，确保信息的真实完整，并全程留痕记录变更历史，实现对医疗健康档案的实时、可靠保护。

### 4. 公益慈善领域

区块链凭借其数据的可信性与防篡改特性，天然契合公益慈善场景的需求。在遵守隐私规范与法规的前提下，公益项目信息（如捐赠标的、募集明细、资金流转路径、受助人反馈等）可有条件地向社会开放，实现全程可查。这种透明机制极大便利了公众及社会力量的监督，有效推动慈善事业的公信力建设与健康发展。例如，非营利组织 BitGive 推出的 GiveTrack 平台，依托区块链实现捐款资金与项目执行的全程可追溯，信息实时向捐赠者及公众开放。

### 5. 供应链领域

在供应链管理领域，区块链技术展现出显著的价值。在提升协同效率方面，区块链通过在参与方之间构建透明、共享的数据流，有助于各方迅速识别并解决供应链运作中的问题，从而优化整体管理效能。在强化纠纷解决与责任追溯方面，其数据的不可篡改性及时序存证功能，为便捷举证和厘清责任提供了坚实支撑，有效化解供应链纠纷。在根除假冒伪劣方面，凭借数据的不可篡改性和交易可追溯性，区块链技术能够彻底阻断供应链中假冒商品的流通路径。

在实践案例方面，伦敦初创企业 Provenance 为企业提供基于区块链的供应链溯源服务。该方案详尽记录产品从原材料到零售终端的全链路信息，支持材料和原料的精准溯源，大幅提升了信息的透明度与可信度。通过整合制造、运输、交易等环节的完整数据，该平台助力企业重建供应链信用体系，推动行业的规范化和可持续发展。具体供应链领域的发展情况如表 6-2 所示。

**表 6-2 供应链领域发展**

| 领域 | 案例 | 服务商 / 应用商 | 时间 |
|---|---|---|---|
| 跨境支付 | mBridge 多央行数字货币跨境平台 | 国际清算银行创新中心 + 中国央行、香港金管局、泰国央行、阿联酋央行 | 2024 年商用，2025 年规模化推广 |
| 跨境支付 | Visa B2B Connect 2.0 | Stratumn、Deloitte、Lemonway | 2025 年 |
| 跨境支付 | RippleNet ODL | Visa + Chain + 1500 余家合作银行 | 2025 年日均清算 50 亿美元 |
| 保险 | 太保链“秒赔”车险 | 太保科技 | 2025 年 |
| 保险 | Lemonway 冷链货运保险 | Lemonway + 冷链联盟链 | 2025 年 |
| 证券 | Synapse 通证化平台 | 香港交易所 | 2025 年 |
| 证券 | D7 数字债券平台 | 德意志交易所 | 2025 年 |
| 数字票据 | 长三角票据链 | 上海票据交易所 + 蚂蚁链 | 2025 年 |
| 物联网 | Helium IoT 去中心化网络 | Nova Labs | 2025 年节点产能达 120 万台 |
| 物联网 | 国家电网碳中和物联链 | 国家电网 | 2025 年 |
| 汽车租赁 | AutoPass 链上租赁 | Visa + DocuSign + 上汽安吉 | 2025 年 |
| 文化版权 | AsiaNext RWA 平台 | AsiaNext 交易所 | 2025 年 |
| 教育 | OpenCerts 电子学位证 | 新加坡 SkillsFuture + NUS | 2025 年 |
| 房地产 | Ubitquity 2.0 链上产权登记 | Ubitquity | 2025 年 |
| 医疗 | 爱沙尼亚 eHealth 区块链病历 | Guardtime + 爱沙尼亚卫生部 | 2025 年 |
| 慈善 | GiveTrack 2.2 慈善透明平台 | BitGive 基金会 | 2025 年 |
| 供应链 | 桂链林产供应链 | 广西壮族自治区政府 + 中国林产工业协会 | 2025 年 |
| 供应链 | Provenance 可持续溯源 | Provenance Labs | 2025 年 |

## 6.3 区块链溯源

### 6.3.1 产品信息全流程记录与溯源

“区块链溯源”通过将数据构建成区块，并借助哈希等数字算法生成相应的解锁密码，确保产品数据的安全性。此外，利用“时间戳”等技术手段，形成完整的产品数据，使得产品的全生命周期信息数据能够被实时记录并上链，以便随时进行查询与追溯。

### 6.3.2 产品信息防篡改

区块链的去中心化存储特性，使其无须依赖特定组织或个人，而是借助可信技术将信息公开记录于链上。一旦不可篡改的产品信息得以确立，便等同于为现实产品在数字世界中赋予了唯一的身份 ID。

### 6.3.3 提高管理效率和降低物流成本

区块链上的数据，可供相应监管部门对产品信息进行存储、传递、核实与分析，并能在不同部门之间实现实时高效流转。这将有助于构建一个具备统一凭证、全程记录、企业征信等功能的智能信息管理系统和“去中心化信任机制”，有效解决多方参与、信息碎片化、流通环节重复审核等现实问题，进而降低相关产品的物流成本，为企业的数字化创新发展提供降本增效的支持。

## 6.4 区块链发展与应用面临的挑战和障碍

### 6.4.1 高能耗

区块链技术在降低中心化成本和提升金融安全性的同时，仍需正视其“电子能耗”和“时间成本”的双重门槛。以 2025 年实际运行中的以太坊 PoS 主网为例：尽管单笔交易能耗已较 2022 年 Merge 前下降 99.95%，但仍约为传统 VISA 网络的 2 ～ 3 倍电力消耗；若折算为二氧化碳排放，则相当于一次 3 公里网约车行程的排放量。在交易速度方面，受限于 12 秒的固定出块间隔以及全球数千个验证节点的共识确认，链上转账平均需要 15 ～ 30 秒才能最终确认，远低于支付宝和微信的“毫秒级”处理速度。系统能耗随节点数量和交易规模线性递增，成为其进一步扩张的制约因素。因此，在碳中和和效率的双重约束下，应用方需结合具体场景需求，优先采用能耗更低的联盟链、Layer2 或 PoS 公链，并通过链上链下混合架构，实现“低碳、高效”的最优技术路径。

### 6.4.2 安全挑战

从密码学的角度来看，加密算法的安全性通常被定义为：在现有技术条件下，加密信息能够在较长时间内（例如百年以上）保持难以被破解的状态。然而，随着新型数学算法的涌现以及计算能力的显著提升（例如量子计算技术的进步），过去被认为是安全的加密信息可能在短时间内遭到破解。

从工作量证明机制的角度分析，该机制潜藏着一定的风险：一旦算力提供者掌握了全网超过 50% 的算力，便能轻易发起 51% 攻击，进而导致整个系统陷入瘫痪和失效。以比特币黄金（Bitcoin Gold，简称 BTG 币）的案例为例，其双花问题本质上正是 51% 攻击的具体体现。攻击的具体过程如下：

攻击者掌控 Bitcoin Gold（BTG）网络 51% 以上算力后，即可发动双花攻击。其操作流程如下：首先，攻击者将同一笔 BTG 同时发送至两个由其控制的地址，即一笔转入交易所钱包（形成分支 A），另一笔转入另一个自有钱包（形成分支 B）。待分支 A 上的交易获得足够确认并被交易所接受后，攻击者迅速在交易所抛售该 BTG 完成套现。此时，分支 A 被视为有效的主链。

随后，攻击者利用其掌握的绝对算力优势，集中资源在分支 B 上挖矿。由于其算力远超网络其余部分，分支 B 的链长（累计工作量证明）会迅速超越当前主链（即分支 A）。依据区块链的最长链原则，网络节点将接受分支 B 作为新的有效主链。这导致分支 A 上的区块及交易被回滚（链重组），整个网络状态回退至攻击发生前的节点。最终结果是攻击者成功实现了双花——之前套现的 BTG 资产重新回到其控制之下，而交易所则蒙受了相应损失。

最后，攻击者可将这些以太经典（ETC）转入其他钱包，凭借 51% 以上的算力控制实现同一批代币的“双花”。区块链数据显示，2020 年 1 月 ETC 网络在两周内连续遭受三次 51% 攻击，累计重组超过 7000 个区块，涉事地址共接收约 21.95 万枚 ETC；若相关交易均与双花有关，攻击者当时从交易所窃取的资金价值约 560 万美元。

### 6.4.3 数据真实性无法保证

链是封闭的，只能确保信息上链后难以或无法被篡改，但无法保证上链信息的真实性。区块链技术通过分布式账本、哈希指针和共识机制，能够在数据上链后实现“一旦写入、难以篡改”的完整性保障。然而，这一“防篡改”能力仅限于链内状态，对链外数据的真实性（authenticity）和初始合法性（validity）并无先天校验功能。换言之，区块链可被视为“可信的时间戳机”，而非“可信的事实验证机”。

这一问题在司法、溯源、金融等场景中尤为突出。

（1）真实性缺口：链前数据仍可能因人为误录、系统故障或恶意伪造而失真。例如，侵权主体可将他人原创作品抢先上链，造成“盗版确权”现象。

（2）法律认定局限：根据《人民法院在线诉讼规则》第十六条规定，区块链存证仅产生“数据上链后未经篡改”的推定效力，对方当事人有权提出相反证据推翻该推定。人民法院在审查区块链存证证据时，需对存证平台的资质合规性、硬件环境洁净度、技术流程规范性以及上链前数据的真实性等进行实质性审查。

（3）闭环缺失：现有系统多停留在“存证”层面，尚未形成“采集—验证—上链—审计”全生命周期可信闭环。

为解决上述断裂，学术界与产业界正从以下三条路径展开探索。

（1）源头可信机制：利用物联网终端内置可信执行环境（TEE）或安全元件（SE），在数据采集端完成签名或时间戳固化，实现“第一公里”可信上链。

（2）多方交叉验证：引入公证机构、行业协会、监管机构等多方节点作为“见证人”，对关键数据进行共识背书，降低单点伪造风险。

（3）零知识证明与可信时间戳：对链前数据执行零知识范围证明（ZKRP）或可信时间戳认证，既保护隐私又向链上提供可验证的真实性声明。

综上，区块链本身无法保证数据在上链之前的真实性，必须叠加源头可信硬件、多方见证协议及可验证计算等技术，才能构建“端到端”的可信数据通道，实现链前真实性与链上完整性的有机统一。

# 第二部分
# 溯源信息系统

# 第七章 食品全程溯源系统的建立与实施

## 7.1 食品全程溯源系统的特点

食品全程溯源是基于食品链的追溯体系。“食品链”（food chain）亦称“饲料与食品链”（Feed and Food Chain），根据《食品安全管理体系——食品链中各类组织的要求》的定义，涵盖从初级生产到最终消费的各个环节及其操作流程，包括食品及其添加原料的生产、加工、流通、储存与处理等全过程。此外，还涉及为食品动物提供的饲料生产、与食品生产相关的动物饲养过程，以及食品接触材料和初级原材料的制造环节。基于食品链的溯源，其实质是通过信息记录，实现“从终产品到销售到加工到原料生产”的回溯及“从原料生产到加工到销售到终产品”的追踪。食品全程溯源系统本质上是一个信息系统，具备信息记录、处理和查询的能力。

无论针对的产品类型、生产方式或采用的管理体系如何，溯源系统与其他信息系统一样，其基本特性在于标识、信息及其相互连接。然而，食品溯源系统实际上是纪录保持的过程，通过所有加工中间环节和供应链，展示特定产品及成分从供应者进入商业的途径（Olsen P et al.，2018）。

食品溯源系统是一套追踪和溯源食品来源及过程的信息系统，不具备食品加工过程中的安全卫生管理、质量控制和环境管理功能，因此在应用中既可以独立运行，也可与这些管理系统联合使用。

尽管食品溯源系统是一种有效的工具，但其在实际应用中仍存在一些局限性和不足。

### 1. 技术局限性

（1）由于溯源系统的应用范围广泛，涉及的产品、加工本质及相关部门各不相同，这使得溯源过程受到多种因素的制约，如原材料的性质和状态、批次大小、产品的集中、分割和运输方式、加工和制造方法、包装方式，以及从生产到零售环节的数量、长度和参与方等；

（2）在参与方加工方式各异、信息不可靠、企业间信息交流不畅以及批次大小不一致的情况下，溯源的效率会显著降低。

2. 经济局限性

食品溯源系统所需信息的准确性越高，相应的费用也越高。企业在建立溯源系统时，通常会权衡溯源目标与成本，尤其是对于小企业而言，最有效的方法是通过大量调研，与其他企业合作，尽量缩小溯源目标和规模，以降低成本。

3. 成本局限性

建立食品溯源系统所需成本较高，主要包括以下几个方面：调研和设计成本；硬件成本，涵盖检测设备和信息处理设备；系统维护成本，涉及信息标识、记录、处理和存储，以及教育和培训成本；此外，还有第三方对系统有效性能的检测费用。

## 7.2 建立全程溯源系统的一般流程

按信息系统基本构架，食品全程溯源系统应包括系统设置、信息输入、信息处理、信息查询和数据库等几个基本功能模块。食品供应链是从农田或养殖场或采集地（源端）到餐桌（末端）的过程，食品溯源的目的是一个单元的食品从食品供应链的末端追溯到源头或中间任一环节的过程。

根据一般信息系统建立的原则，结合食品全程溯源系统的特殊性，其建立大体分为如下步骤：溯源信息系统构架设计；确定食品链各环节或节点；筛选可追溯信息指标；确定各环节食品或原料的最小可追溯单元；编码设计，包括设计产品或产品包装、原料或原料包装、场所代码；构建数据库基本结构；信息系统实现。

### 7.2.1 全程溯源信息系统的架构设计

1. 食品全程溯源信息系统总体构架

一般溯源系统应具备标识、数据准备、数据收集、数据存储和数据校验等功能。根据我国食品产业及食品供应链的特定需求，我们构建了一个以消费者、监管部门和企业等用户为导向的食品全程溯源系统框架。该系统由系统设置模块、数据输入模块、数据处理模块、数据查询模块四大功能模块以及数据库组成，如图 7-1 所示。各功能模块的具体介绍如下。

系统设置模块：负责设置用户权限、进行数据库维护与管理、添加溯源指标及设定溯源模式等。

数据输入模块：对食品各环节输入信息进行预处理，并将其写入数据库。

数据处理模块：从数据库中读取食品各环节的预处理数据，按照预定算法进行计算、排序等处理，之后再次写入数据库。

数据查询模块：根据用户需求调用数据库，查找相关信息并予以显示。

数据库：用于存储各类数据。

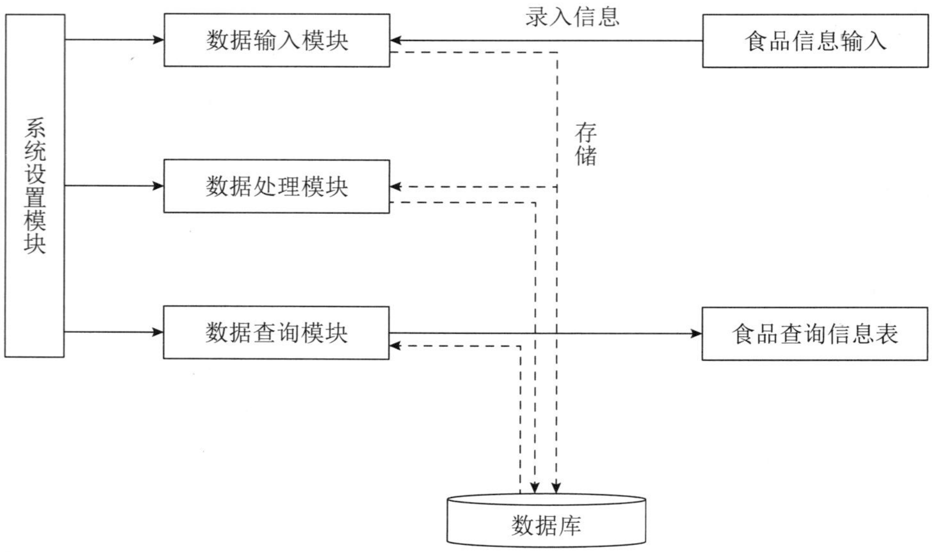


图 7-1 食品溯源信息系统总体构架

注：实线表示信息外部交换，虚线表示信息内部存储

### 2. 食品全程溯源信息系统操作层架构

信息系统的核心是数据库系统。从数据库系统的发展历程来看，数据库系统已经从集中式数据库向分布式数据库转变。

（1）集中式数据库。集中式数据库是指数据库的数据存储在一台计算机中，数据的处理也集中在这台计算机上完成。

① 集中式数据库的优势：信息资源集中化，便于管理和规范统一；专业人员可集中开展工作，既有利于发挥其专业能力，又便于组织相关培训以提升工作效率；信息资源利用率高；系统安全措施易于实施。

② 集中式数据库的缺点：随着系统规模的扩大和功能的升级，集中式系统的应用范围迅速扩展，导致其对组织变革和技术迭代的适应性较弱，应变能力不足；不利于充分调动用户在开发、维护及管理过程中的积极性与自主性；系统稳定性较差，主机一旦出现故障，可能导致整个系统瘫痪。

（2）分布式数据库。分布式数据库是指数据分散存储于计算机网络中不同节点的设备内，每个节点既具备独立的数据处理能力以完成本地应用，又能参与全局应用的协同运行——全局应用可通过网络通信访问系统内多个节点的数据。

①分布式数据库的优点：具备灵活的体系结构；适应分布式的管理和控制机制；经济性能优越；系统可靠性高、可用性好；局部应用的响应速度快；可扩展性好，易于集成现有系统。

②分布式数据库的缺点：系统开销较大，主要耗费在通信部分；存取结构复杂；数据的安全性和保密性较难保障。

随着传统数据库技术日趋成熟、计算机网络快速发展及其应用场景持续扩展，以分布式架构为核心的数据库系统逐渐成为研究热点。作为数据库与网络技术融合的产物，分布式数据库已演进为独立的技术分支。该领域研究始于 20 世纪 70 年代中期，标志性事件为 1979 年美国 CCA 公司在 DEC 计算机上成功部署全球首个分布式数据库系统 SDD-1。截至 20 世纪 90 年代，分布式数据库进入商品化阶段：主流关系型数据库产品相继升级为基于计算机网络与多任务操作系统的分布式版本，并逐步向客户机 / 服务器架构迁移。

（3）集中式数据库系统。根据食品溯源系统的不同发展阶段及规模，可设计相应的数据库系统。在食品溯源系统的发展过程中，对于较为简单的食品链场景，例如仅涉及种植、分销和销售环节的生鲜蔬菜链这类 2 ～ 3 个环节的情况，可采用集中式数据库系统。集中式数据库将所有数据和信息存储于一个集中的数据库管理系统中，由作为服务器的计算机满足所有连接客户端计算机的请求。其查询速度快，信息在单一位置组织相对容易，且在数据库升级以处理更多信息时，添加服务器到数据库站点的操作较为便捷，物理保护也更易实现，还能建立强大的计算机安全系统防止未经授权的访问。其操作层结构如图 7-2 所示。在这个系统结构中，每个环节不设服务器，仅有一台用户端计算机，用于数据远程输入和远程查询。

（4）分布式数据库系统。由于食品链包含多个环节，每个环节的场所、过程和责任者相距甚远，为了保证信息链的有效性和可操作性，通常采用分布式数据库系统。这种系统尤其适用于食品种类繁多、分布广泛的食品溯源系统。全系统由食品全程溯源信息中心和若干个信息分中心组成，每个环节设立一个信息分中心，构建独立数据库。食品全程溯源信息中心负责系统设置和系统维护，并构建中央数据库。由于数据库链接方式和数据查询途径的不同，可分为以下两种操作层结构：一是按环节数据库顺序链接，中央数据库与最后一个环节数据库相连，每个环节查询信息通过相连的数据库顺序进行顺向追踪和逆向回溯，如图 7-3 所示；二是环节数据库不相连，但每个分数据库均与中央数据库相连，每个环节查询信息均通过中央数据库寻找相应的环节数据库进行，如图 7-4 所示。

当前，我国食品溯源已步入快速发展阶段，2023 年食品溯源系统覆盖率已突破 65%。在发展的初级阶段，许多以企业为主体建立的食品溯源系统，由于食品种类相对单一，数据量不大，同样适宜采用集中式数据库系统。其能有效满足企业在这一阶段对食品信息存储、查询及管理的需求，助力企业实现对食品生产、流通等环节信息的高效把控，为食品溯源工作的开展奠定基础。

### 3. 信息流设计

信息流，即数据流向，涵盖数据输入、数据处理和数据查询等环节。不同的用户权限、目的和系统可进行相应的数据信息流设计。在食品全程溯源系统中，主要设置了六种不同权限的用户，分别为管理中心管理员、分中心管理员、企业输入员、企业查询员、政府监管人员和消费者。

（1）管理中心管理员：负责系统设置与管理中心维护、中央数据库数据更新，其信息流通过数据处理模块调用分数据库，以更新中央数据库。

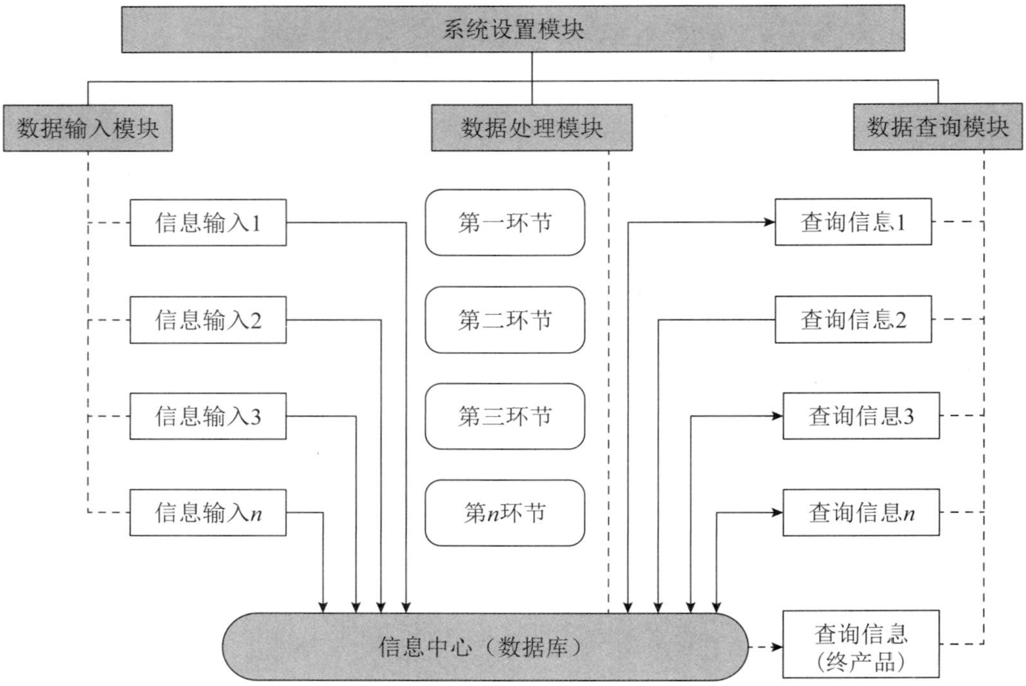


图 7-2　基于集中式的食品全程溯源信息系统操作层构架

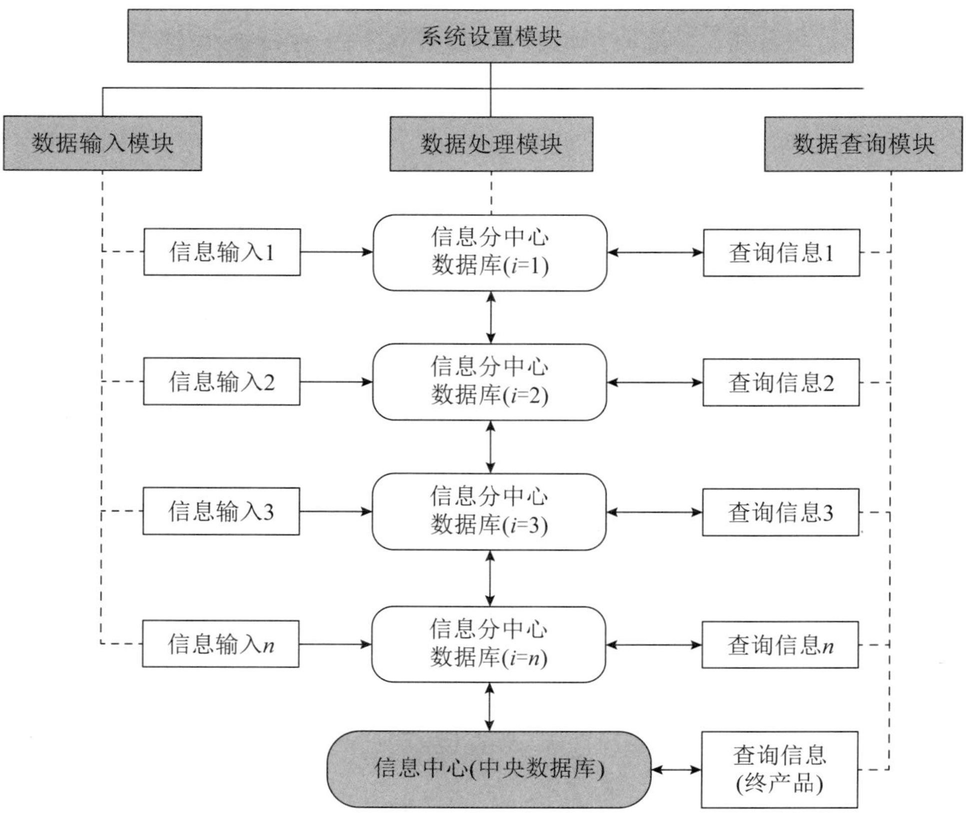


图 7-3　基于数据库顺序链接的食品全程溯源信息系统操作层构架

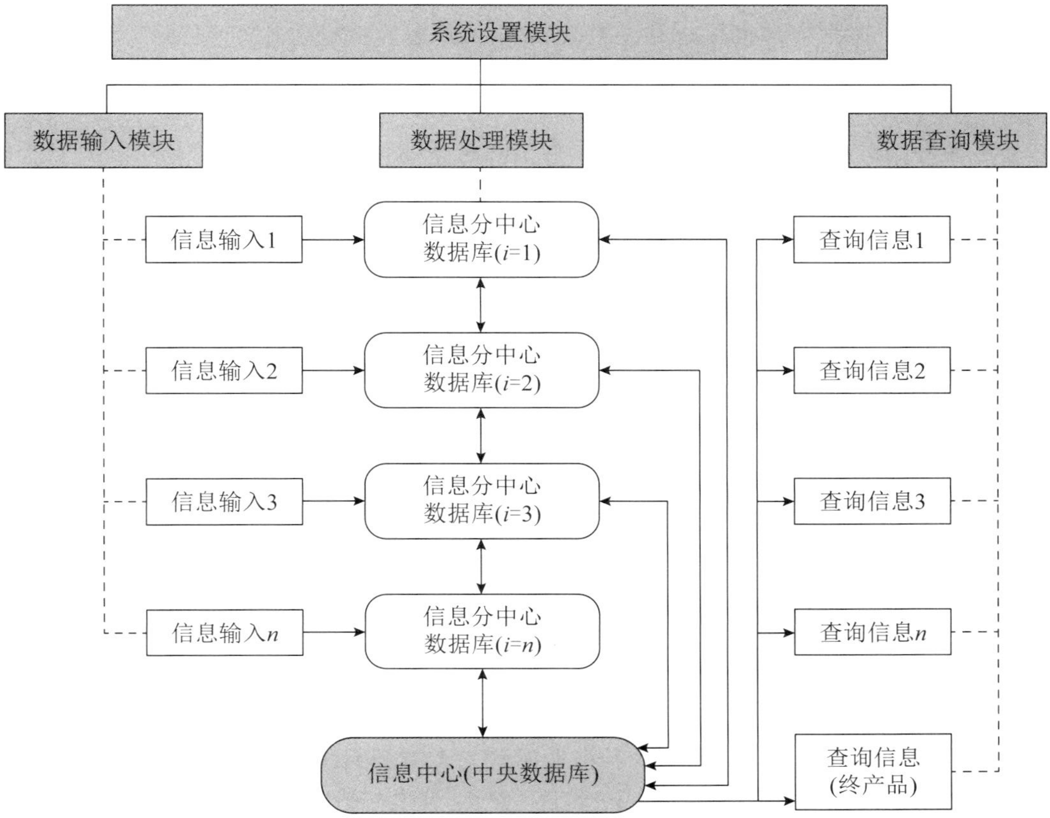


图 7-4 基于分数据库与中央数据库相连的食品全程溯源信息系统操作层构架

（2）分中心管理员：负责分中心管理与维护、分数据库更新，其信息流通过数据处理模块调用输入信息，以更新分数据库。

（3）企业输入员：负责各个环节的数据输入，信息流通过信息输入模块进行信息输入，并写入分数据库。

（4）企业查询员：进行顺向跟踪查询和逆向跟踪查询。顺向跟踪查询通过信息查询模块，调用中央数据库和相关分数据库，对某一批次原料或食品进行顺向跟踪。逆向查询则通过信息查询模块调用中央数据库和相关分数据库，对某一批次原料或食品进行逆向回溯。

（5）政府监管人员：可查询与终产品相关的食品、原料的去向。其信息流通过信息查询模块，调用中央数据库和相关分数据库，查询某一单元终产品相关的所有食品或原料，再追踪这些食品或原料的去向。

（6）消费者：仅能进行逆向查询，即查询某一单元终产品的历史信息。

### 4. 食品溯源体系框架举例

（1）基于生产、包装和销售的农副产品质量安全溯源系统架构。如图 7-5 所示，该平台由杭州甲骨文科技有限公司联合国家相关部门共同推进，旨在强化食品及农副产品的质量安全管理，明确生产和流通环节中各方主体的责任边界，并保障消费者的知情权。其核心功能是实现从生产、包装、防伪、储运到销售的全过程信息追溯。

平台的运行流程如下：

①生产环节：食品及农副产品的种植者需向市级主管部门完成注册，并在生产履历中心备案，同时持续上传种植、施肥、用药等各类生产过程信息至该平台。

②包装环节：产品在清洗和包装后，会粘贴具有唯一识别性的追溯条码，进入市场流通，并将相关信息同步至生产履历中心。

③消费环节：消费者可通过包装上的追溯标签，借助网站、超市触摸屏、短信或电话等方式，查询产品的完整生产履历与质量信息。

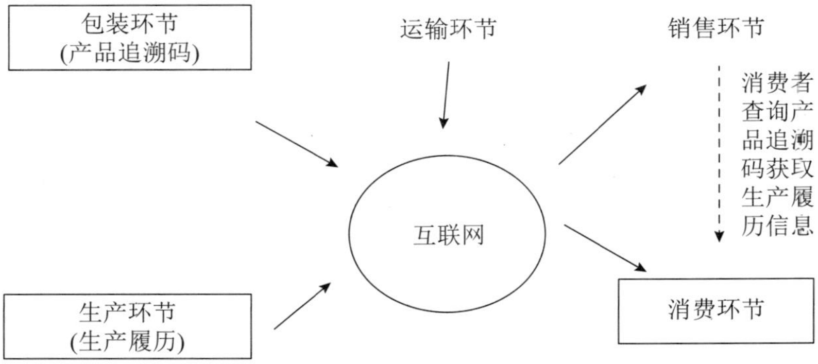


图 7-5　基于生产、包装和销售的农副产品质量安全溯源系统架构

（2）涵盖正向追踪与反向追溯的种植业质量安全溯源系统架构。该系统架构以“正向追踪”和“反向追溯”为技术核心，构建了一个由种植基地（覆盖从投入到销售的各个环节）、监管机构、检测单位共同组成的全链条种植业管理系统（图 7-6）。在正向追踪方面，系统依托电子档案管理、编码与标识技术，通过种植基地、监管机构与检测单位的协同合作，实现农产品质量的全流程信息记录与管理。

反向追溯则通过质量安全查询终端，向监管者和消费者开放，便于实时查询产品的品牌、产地、等级、种植方式、周期管理、检测数据、营养成分等详细信息，从而实现精准溯源。李晨晓（2025）指出，该系统的建设为我国实现农产品“从田间到餐桌”的全过程质量安全监管提供了坚实的技术保障，具有重要的现实意义。

（3）融合生产管理、流通管理与监督管理的农产品溯源系统架构。谢晓伟（2024）构建了一个涵盖农产品安全生产管理、农产品流通管理、农产品质量监督管理及农产品质量追溯功能的农产品质量追溯系统，具体架构如图 7-7 所示。

（4）基于 RFID、GPRS 和 GIS 的农产品质量安全溯源系统构架。郭天一等（2023）整合 RFID、GPRS 和 GIS 技术，构建了农产品溯源系统框架。从表现层角度来看，系统分为“对内办公”和“对外展示”两大模块。对内主要为生产加工企业提供操作平台，企业可借此记录地块信息、农户资料、生产与加工过程等内容，并生成完整的产品档案。这些数据首先保存在企业本地数据库，随后按周期上传至溯源中心数据库，确保信息的统一管理和长期保存。

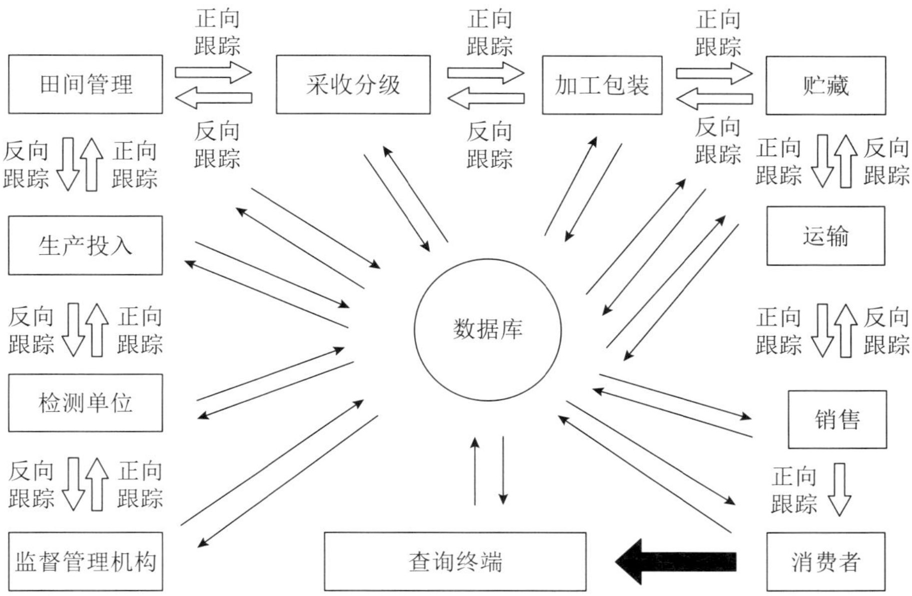


图 7-6　包括正向追踪和反向跟踪的种植业质量安全溯源系统架构

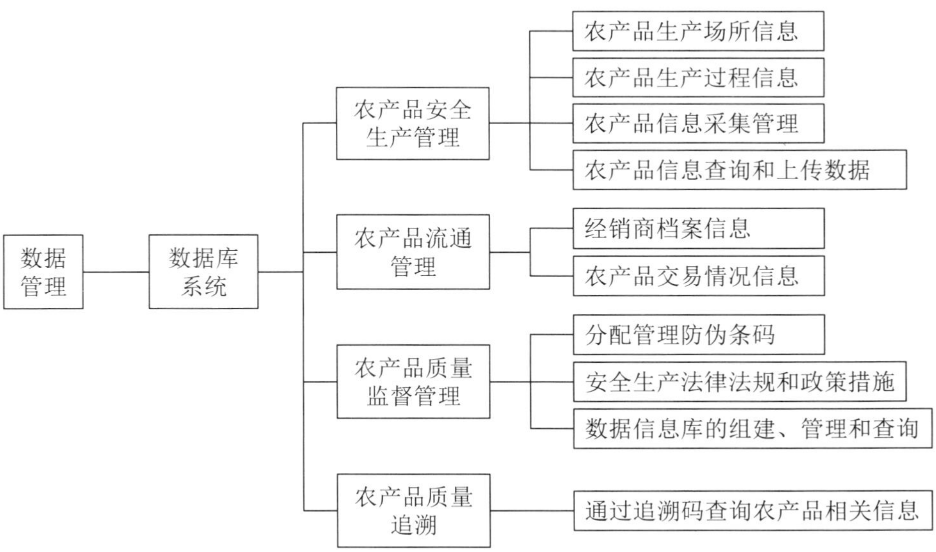


图 7-7　与生产管理、流通管理和监督管理相结合的农产品溯源系统架构

从应用层来看，系统集成了生产管理、加工管理、仓储管理、订单管理与物流追踪等五大功能模块，统一由支撑层提供服务保障。各模块通过 RFID 标签号实现数据的高效关联与整合，为农产品的后续溯源提供了坚实的数据支撑。同时，系统利用 Web Service 等技术手段向外部提供数据接口，使用户能通过多种渠道便捷查询产品的溯源信息。系统的整体架构如图 7-8 所示。

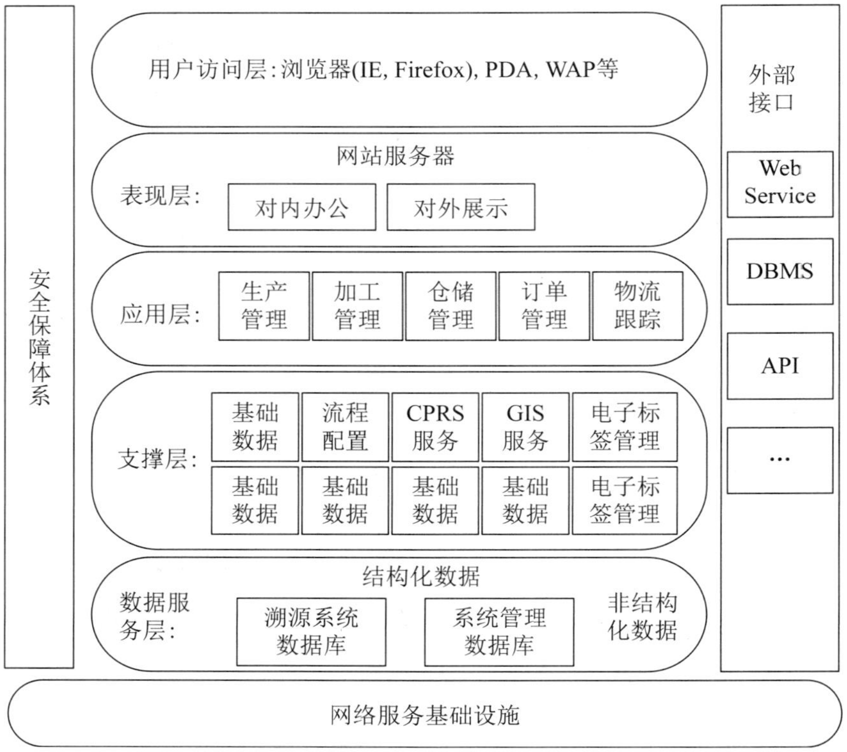


图 7-8 基于 FRID、GPRS 和 GIS 的农产品质量安全溯源系统架构

（5）基于 B/S 结构的农产品质量安全追溯系统架构。孟猛（2010）在深入调研农产品生产实践的基础上，分析了从生产基地到消费终端的全流程需求，并结合监管部门与消费者的操作场景，提出采用 B/S 架构进行系统设计。该系统结构由六个子系统构成，具体结构组成详见图 7-9。

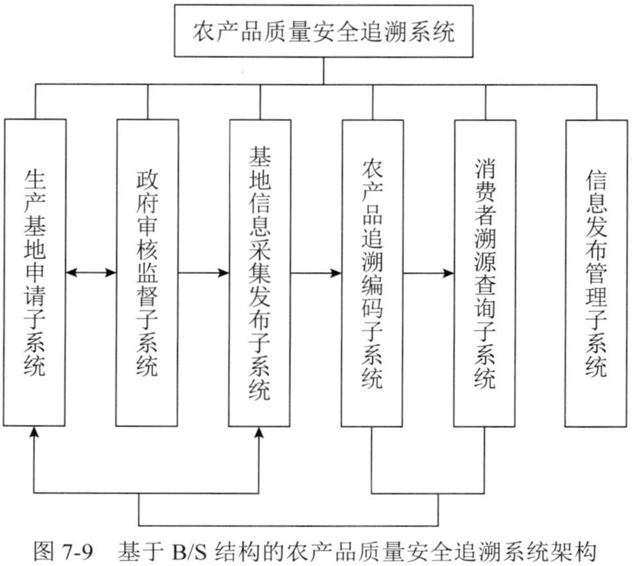


图 7-9 基于 B/S 结构的农产品质量安全追溯系统架构

（6）基于混合模式的农产品质量安全可追溯系统架构。为提升农产品质量安全管理水平，刘树等（2009）提出了一种基于混合架构的农产品质量安全追溯系统集成方案。该方案采用 C/S 与 B/S 混合模式构建系统，借助射频识别（RFID）和条码技术实现产品标识、信息采集与传输，并通过组件技术开发系统关键模块。在具体架构上，业务流程采用 C/S 结构，信息发布则采用 B/S 结构，整体以 C/S 模式为基础框架，辅以 B/S 结构。这种混合模式有效融合了两种架构的优势，在运行速度、信息承载量、信息采集传输自动化程度及数据安全性等方面表现出色。

### 7.2.2 全程溯源各环节的确定

食品外部追溯或查询是指食品链各环节间的追溯和查询，其链接方式取决于数据处理和信息查询的方向及过程。无论是采用集中式数据库系统还是分布式数据库系统，数据处理和信息查询均通过数据库之间的查询和读写操作来实现。数据库之间的链接，实质上是数据库中数据表的数据单元之间的链接。在食品全程溯源系统中，数据单元的标识字段最佳选择是编码，即各环节任一食品单元的编码。食品单元的编码依据各个环节最小可记录食品单元和最大可记录食品单元的组成、容量及其相互关系来确定。

叶艳兵等（2004）在质量本体论中提出了“可追溯资源单元”和“原始活动”两个概念。原始活动是指不可再分的基本操作，例如贮藏等；而可追溯资源单元则定义为经过使用、消费、生产、运输等原始活动的某一资源类型的均一集合体，是溯源过程中不可能重复的唯一单元，确切地说，即一个批次。在不连续过程中，批次的标识相对容易。当一个可追溯资源单元被分为多个单元时，分离的单元仍保留原可追溯单元的标识；而当几个可追溯单元集合时，新的可追溯单元将拥有与原可追溯单元不同的标识。在食品生产和运输环节中，可追溯单元会经历集合和分离的过程。

一般而言，食品全程可分为以下环节：

**第一环节：种植（野生）、养殖（非养殖）**

植物源性食品原料（作物）的种植单元通常包括地区、园区、农场、基地、温室、种植户等，难以明确区分最小和最大可记录单元。野生植物的最小单元为地区。大型养殖动物（如牛、羊、猪等）的养殖单元涵盖农场、基地、圈、养殖户和头等，最大可记录单元可为农场、基地、圈、养殖户，最小可记录单元为头，且最大可记录单元包含最小可记录单元。

小型动物养殖单元包括农场、基地、圈、养殖户和群等，同样难以区分最小和最大可记录单元。野生动物的最小单元为林区。

**第二环节：采收或屠宰**

作物采收（谷类作物收割后脱粒，蔬果或以茎叶作为食品原料的作物直接采收），可记录单元为车、箱（包）等，最小可记录单元为车，次小可记录单元为箱或包，最大可记录单元包含最小可记录单元。前者可包含种植单元，或被种植单元包含，后者则包含于种植单元中。大型养殖动物（如牛、羊、猪等）进行屠宰、半分，最大可记录单元为尸身，最小可记录单元为半，最大可记录单元包含最小可记录单元，且两者均包含于养殖的最大可记录单元之中。小型动物屠宰后，最小单元为箱或包，包含于养殖的可记录单元之中。

**第三环节：运输**

最大可记录单元为车，最小可记录单元为箱或头，最大可记录单元包含最小可记录单元，且最大可记录单元包含上一环节的最小可记录单元，最小可记录单元与上一环节的最小可记录单元相同。

**第四环节：采收后贮存（或不贮存，直接进入下一环节）**

最大可记录单元为仓库，最小可记录单元为箱或头等，介于两者之间的是区或批，顺序包含。最大和中等可记录单元包含上一环节的最大可记录单元。

**第五环节：运输**

最大可记录单元为车，最小可记录单元为箱或头，最大可记录单元包含最小可记录单元。最大可记录单元包含上一环节的最大可记录单元，并包含上一环节的最小可记录单元，最小可记录单元与上一环节的最小可记录单元相同。

**第六环节：粗加工**

植物源性食品或原料经过简单的去杂、分选和包装，最大可记录单元为批次，最小可记录单元为箱或包，最大可记录单元包含最小可记录单元，且前者包含上一个环节的最大可记录单元。小型动物食品原料的处理方式等同于植物源性食品原料。大型动物源性食品或原料分割、包装作为鲜肉出售，最大可记录单元为尸身或半身，最小单元为箱或包，最大可记录单元包含最小可记录单元，且最大可记录单元包含于上一环节的最大可记录单元。若作为部位分割、集中处理，则类似于植物源性食品或原料。

**第七环节：运输**

最大可记录单元为车，最小可记录单元为箱或头，最大可记录单元包含最小可记录单元。最大可记录单元包含上一环节的最小可记录单元，最小可记录单元与上一环节的最小可记录单元相同。

**第八环节：贮存**

最大可记录单元为仓库，最小可记录单元为箱或头等，介于两者之间的是区或批，顺序包含。最大和中等可记录单元包含上一环节的最大可记录单元。

**第九环节：运输**

最大可记录单元为车，最小可记录单元为箱或头，最大可记录单元包含最小可记录单元。最大可记录单元包含于上一环节的最大可记录单元，并包含上一环节的最小可记录单元，最小可记录单元与上一环节的最小可记录单元相同。

**第十环节：加工**

最大可记录单元为批次，最小可记录单元为箱或包，最大可记录单元包含最小可记录单元，且前者包含上一个环节的最大可记录单元。

第十一环节：运输

最大可记录单元为车，最小可记录单元为箱，最大可记录单元包含最小可记录单元。最大可记录单元包含上一环节的最小可记录单元，最小可记录单元与上一环节的最小可记录单元相同。

第十二环节：贮存

最大可记录单元为仓库，最小可记录单元为箱等，介于两者之间的是区或批，顺序包含。最大和中等可记录单元包含上一环节的最大可记录单元。

第十三环节：运输

最大可记录单元为车，最小可记录单元为箱或头，最大可记录单元包含最小可记录单元。最大可记录单元包含于上一环节的最大可记录单元，并包含上一环节的最小可记录单元，最小可记录单元与上一环节的最小可记录单元相同。

第十四环节：配送中心库存

最大可记录单元为仓库，最小可记录单元为箱等，介于两者之间的是区或批，顺序包含。最大和中等可记录单元包含上一环节的最大可记录单元。

第十五环节：运输

最大可记录单元为车，最小可记录单元为箱，最大可记录单元包含最小可记录单元。最大可记录单元包含上一环节的最小可记录单元，最小可记录单元与上一环节的最小可记录单元相同。

第十六环节：贮存

最大可记录单元为仓库，最小可记录单元为箱等，介于两者之间的是区或批，顺序包含。最大和中等可记录单元包含上一环节的最大可记录单元。

第十七环节：运输

最大可记录单元为车，最小可记录单元为箱或头，最大可记录单元包含最小可记录单元。最大可记录单元包含于上一环节的最大可记录单元，并包含上一环节的最小可记录单元，最小可记录单元与上一环节的最小可记录单元相同。

第十八环节：市场销售

最大可记录单元为柜，最小可记录单元为箱，最大可记录单元包含最小可记录单元。最大可记录单元包含于上一环节的最大可记录单元，并包含上一环节的最小可记录单元，最小可记录单元与上一环节的最小可记录单元相同。

### 7.2.3 全程溯源信息系统的溯源信息筛选

食品全程涉及生产、加工、运输、储藏和销售等环节，一个溯源系统对产品的溯源能力取决于产品在任何一点被判别的能力。产品及其加工过程是食品溯源的两大关键要素。对于查询信息而言，理想状态是信息越多越好、越细越好，甚至涵盖所有相关信息。然而，由于数据库的容量和存储速率限制，加之网络传输的局限性，理想的查询极为困难，甚至不可能实现。同时，并非所有信息都具有必要性，这与溯源目的密切相关。2003 年，FSA 提出，所需信息仅限于能显示产品在生产、分销和销售过程中轨迹的信息，以及一些提升加工效率和原料来源、品质的信息。

由此可见，溯源系统的核心在于标识，即对目标批次的标识。生产者或进口商设计全球唯一的批次大小，但随着其他食品成分的引入、食品批量运输、大批次被运往不同地方等过程的推进，新的标识会不断产生。因此，溯源系统不仅需要产品和原料批次的标识，还需掌握这些批次与产品历史的关系信息。从满足需求的角度看，一部分为外部追溯信息，即一般意义上的溯源信息，以需求满足为标准；另一部分是内部追溯信息，自然是越细越好。

对于外部溯源信息，仅需基本属性信息和安全相关信息，具体建议如下：

（1）基本属性信息：包括食品来源地、责任人、场所地址、联系方式、规格、级别等，涵盖产品简单说明、原料、成分、特色或特定功能、执行标准、许可证及编码、储藏温度、湿度、货架期、生产日期、包装材料及规格、动物或植物品种、基本生产流程、各环节责任者名称和地址、种植方式或加工方法、环境概述等。

（2）安全信息：涉及食品卫生安全的关键信息，如添加剂、农兽药使用、场所卫生条件等，并包括不同阶段的检测指标。具体包括原料（饲料）、产品检验结果（定性是否合格）、各主要污染物含量（是否超标）、使用过的添加剂或化学药剂或肥料及使用时间、环境检测结果（定性，符合什么标准）等。

### 7.2.4 编码设计——编码种类

条码（Bar Code）是一种由黑白相间的条形与空白按一定编码规则排列而成的图形标识，它能够表达字母、数字及其他符号信息。通常，黑色部分因反射率较低被称为“条”，而白色部分因反射率较高，称为“空”。条与空相间组合构成的信息可通过专门的识读设备转换成计算机能识别的二进制或十进制格式。完整的条码结构通常包括：左侧静默区、起始标记、编码数据、校验位、终止标记以及右侧静默区。

条码作为自动识别技术的重要组成部分，已被广泛引入商业零售、物流邮政、图书管理、仓储系统、工业生产和交通运输等多个领域。其显著优势在于识读精准、操作便捷、信息处理速度快、成本低、应用灵活，且相关设备普遍易于部署与维护。

在编码方式上，条码主要采用两种策略：一是宽窄比编码，通过调节条与空的宽度来表达不同的数值信息。通常，宽条表示“1”，窄条表示“0”，宽窄比一般控制在 2∶1 至 3∶1 之间；二是标准模块组合编码，即所有条和空均基于统一宽度的模块构建，每个模块单位的条或空分别对应二进制的“1”或“0”。例如，在商品条码中，每个模块的标准宽度为 0.33 毫米。

条码技术最早诞生于 20 世纪 50 年代的美国，当时美国铁路系统率先尝试用条码为列车车辆进行标识。1973 年，美国统一代码委员会（UCC）推出了通用产品代码（UPC）体系，标志着条码在商业领域的广泛应用正式启动。随后，受其影响，欧洲 12 国的制造商与零售商于1974年联合成立了专门机构，在UPC的基础上开发兼容的欧洲商品编码（EAN）系统，并于1977年创立了“欧洲物品编码协会”（EAN International）。这一举措大大促进了条码技术在欧洲乃至全球的普及。

1998年，EAN国际开始与UCC深入合作，联合推动全球统一的标识与数据传输体系。到2002年，美国UCC正式并入EAN国际组织。最终，在2005年2月，该组织更名为GS1（Global Standard One），中文仍沿用“国际物品编码协会”这一名称，成为全球商品标识标准的重要推动力量。

### 1. GS1全球统一标识系统

GS1系统则是一套全球供应链通用的信息标准体系，其核心在于为商品、物流单元、资产、服务关系、地理位置等关键要素提供统一的编码规范。该系统融合了多项关键技术，如条码技术、射频识别（RFID）、电子数据交换（EDI）、全球产品分类（GPC）、全球数据同步（GDSN）以及电子产品代码（EPC），为实现跨行业、跨区域的信息互通提供了技术支撑。这一系统由国际物品编码协会设计并负责持续管理，作为全球通用的信息语言，它在编码规则、数据承载手段以及电子信息交互方面构建起完整的技术框架。

步入2025年，GS1标识体系在全球范围内的影响力持续扩张，已在超过150个国家与地区成功部署，广泛渗透至制造业、零售业、医疗卫生、图书出版、运输物流、金融保险及各类服务型行业等众多领域。在制造业，GS1标识体系助力企业精准管理原材料、零部件及成品，实现生产环节的高效衔接与质量追溯。例如，某大型汽车制造企业借助GS1编码对每一个汽车零部件进行唯一标识，从采购、生产组装到整车下线，各环节信息均可精准追溯，极大提升了生产效率与产品质量控制水平。

特别是在电子数据交换领域，GS1标识体系的深入应用成为推动电子商务规模化发展的强劲动力。全球贸易项目代码（GTIN）、全球参与方位置代码（GLN）等GS1编码，为电商交易中的商品、参与方及交易地点等提供了全球唯一、标准化的标识，保障了电子数据在不同系统、不同企业间的准确传输与共享。GS1全球注册平台截至目前已拥有超过20亿条全球贸易项目代码（GTIN）记录，企业可通过该平台同步产品信息，实现Verified by GS1验证，确保产品信息在全球范围内的真实性与一致性，为电商交易各方建立起坚实的信任基础，有力促进了跨境电商等电子商务业务的蓬勃发展。GS1通过为商品、服务、设备及地理位置赋予标准化编码，构建起全球统一的数据标识基础。这些编码信息既可通过条码图形表现，也可通过RFID标签进行自动识别与采集，极大提升了信息传递的自动化水平。相较于传统由企业或组织自定义的内部编码方式，GS1具备高度兼容性与通用性，有效打破了信息孤岛，增强了供应链各节点之间的响应效率与协同能力。

在编码机制方面，GS1采用分层结构，确保标识在全球范围内的唯一性与稳定性。除了为各类对象提供基础唯一标识外，还支持对额外信息的编码扩展，如保质期、批次编号、序列码等关键信息，满足复杂应用场景中的数据需求。

（1）编码系统架构。编码体系构成了GS1标准的基础框架，涵盖对流通环节中所有关键对象（如贸易商品、物流包件、资产设备、组织位置及服务单位）的统一标识与属性扩展。属性类编码必须依附于主标识存在，无法独立使用。该体系具备良好的兼容性和灵活的拓展性，主要包括六大类标识代码，如图 7-10 所示。

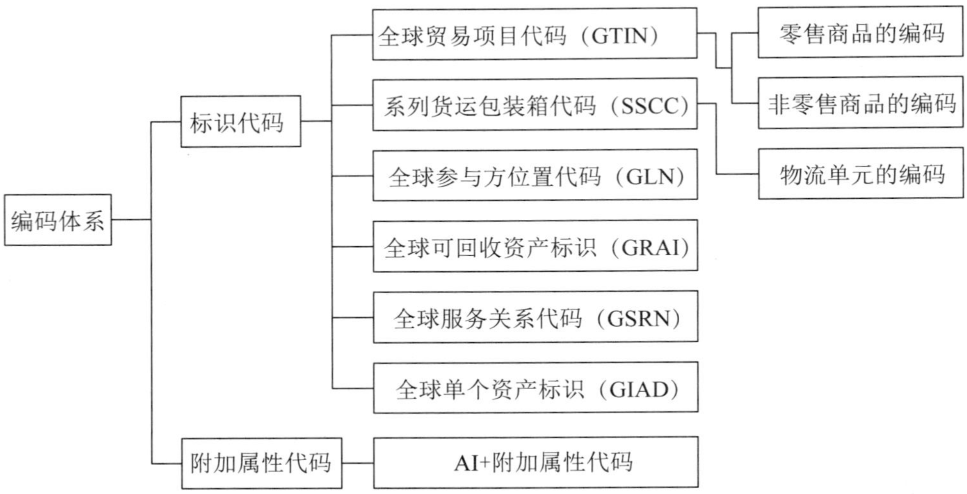


图 7-10　GS1 系统编码体系

以下介绍常用的全球贸易项目代码、系列货运包装箱代码和全球参与方位置代码。

① 全球贸易项目代码（GTIN）。全球贸易项目代码（Global Trade Item Number，简称 GTIN）是 GS1 编码体系中最为广泛使用的标识方式，旨在为全球范围内的各类贸易项目（包括产品与服务）赋予唯一识别码。GTIN 共有四种结构形式，分别为 GTIN-8、GTIN-12、GTIN-13 和 GTIN-14，可根据商品的包装规格与应用需求选择合适的编码格式（图 7-11），从而实现不同层级包装商品的一一对应标识。在任何应用场景中，GTIN 必须整体使用，不可截取或部分替代，以确保其在全球相关系统中的唯一性。

GTIN-14代码结构

| 包装指示符 | 包装内含项目的GTIN（不含校验码） | 校验码 |
|---|---|---|
| $N_1$ | $N_2$ $N_3$ $N_4$ $N_5$ $N_6$ $N_7$ $N_8$ $N_9$ $N_{10}$ $N_{11}$ $N_{12}$ $N_{13}$ | $N_{14}$ |

GTIN-13代码结构

| 厂商识别代码　　商品项目代码 | 校验码 |
|---|---|
| $N_1$ $N_2$ $N_3$ $N_4$ $N_5$ $N_6$ $N_7$ $N_8$ $N_9$ $N_{10}$ $N_{11}$ $N_{12}$ | $N_{13}$ |

GTIN-12代码结构

| 厂商识别代码　　商品项目代码 | 校验码 |
|---|---|
| $N_1$ $N_2$ $N_3$ $N_4$ $N_5$ $N_6$ $N_7$ $N_8$ $N_9$ $N_{10}$ $N_{11}$ | $N_{12}$ |

GTIN-8代码结构

| 厂商识别代码　　商品项目代码 | 校验码 |
|---|---|
| $N_1$ $N_2$ $N_3$ $N_4$ $N_5$ $N_6$ $N_7$ | $N_8$ |

图 7-11　GTIN 的四种代码结构

对贸易项目进行编码及符号表示，能实现商品零售（POS）、进货、存补货、销售分析及其他业务运作的自动化。

a. GTIN 的编码原则。企业编码商品时，必须遵循唯一性、稳定性和无含义性三大原则：

- 唯一性：具有相同核心属性的商品应使用相同代码，不同特性则需分配新的编码。换言之，产品如因尺寸、成分、型号等关键属性发生变化，即应重新赋码。
- 稳定性：一旦商品的 GTIN 确定，只要其基本特征未发生实质变更，则代码需长期保持不变。该编码应持续适用于该商品，无论是否间断生产；即使停产，其原编码在至少四年内不得转用于其他产品。
- 无含义性：GTIN 本身不嵌入任何关于商品种类、规格或品牌的信息。采用无含义的流水编号有助于提升编码容量，避免编码规则复杂化，因此企业在分配 GTIN 时，应避免人为赋予特定含义。

在实际应用中，某些商品在流通环节需标注额外信息，如生产日期、保质期、批次号或数量等。此类扩展信息可通过应用标识符（Application Identifier，AI）实现。AI 通常由 2 ～ 4 位数字组成，位于条码前缀，用以界定随后的数据类型与格式，便于系统自动解析与处理。

b. 影响 GTIN 变更的因素。除了基本原则外，GTIN 的分配和变更还需考虑多项影响因素，具体可参考《中国商品条码系统成员用户手册》。

c. 再利用 GTIN 的周期。已停产产品的全球贸易项目代码（GTIN），自厂商完成该产品最后一批货物配送之日起，至少 48 个月内不得重新分配给其他产品。这一期限会随产品类型调整，例如服装类商品的最低期限可缩短至 30 个月，而钢材等可能长期存放后才进入流通市场的产品，期限则需相应延长。因此，厂商复用 GTIN 时，需合理预估原商品在供应链中的流通周期，避免新旧商品因共用代码同时出现在市场上，引发流通秩序混乱。需注意的是，即便原商品已退出供应链，其 GTIN 仍可能因历史资料存档需求，继续留存于厂商数据库中。

② 系列货运包装箱代码（SSCC）。系列货运包装箱代码（Serial Shipping Container Code，简称 SSCC）主要用于识别各类物流单元，如托盘、集装箱或运输包装箱等，其编码结构如表 7-1 所示。SSCC 由四部分组成：扩展位、厂商识别代码、位置参考代码以及校验码，总长度为 18 位数字。该编码以 UCC/EAN-128 条码符号形式表达，确保在供应链物流过程中对运输单元实现全球范围内的唯一识别。借助 SSCC，企业能够实现物流追踪、装运管理与自动化数据采集，大幅提升运营效率与透明度。

表 7-1　SSCC 的结构

| 结构种类 | 扩展位 | 厂商识别代码 | 位置参考代码 | 校验码 |
|---|---|---|---|---|
| 结构一 | $N_1$ | $N_2N_3N_4N_5N_6N_7N_8$ | $N_2N_3N_4N_5N_6N_7N_8N_9N_{10}N_{11}N_{12}N_{13}N_{14}N_{15}N_{16}N_{17}$ | $N_{18}$ |
| 结构二 | $N_1$ | $N_2N_3N_4N_5N_6N_7N_8N_9$ | $N_{10}N_{11}N_{12}N_{13}N_{14}N_{15}N_{16}N_{17}$ | $N_{18}$ |
| 结构三 | $N_1$ | $N_2N_3N_4N_5N_6N_7N_8N_9N_{10}$ | $N_{11}N_{12}N_{13}N_{14}N_{15}N_{16}N_{17}$ | $N_{18}$ |
| 结构四 | $N_1$ | $N_2N_3N_4N_5N_6N_7N_8N_9N_{10}N_{11}$ | $N_{12}N_{13}N_{14}N_{15}N_{16}N_{17}$ | $N_{18}$ |

③ 全球参与方位置代码（GLN）。全球位置代码（Global Location Number，简称GLN）是GS1系统中的一种关键标识符，用于对供应链中涉及的各类实体进行唯一识别。其编码结构由三部分构成：厂商识别代码、位置参考代码以及校验码，共13位数字（结构详见表7-2）。

表7-2 GLN代码结构

| 结构种类 | 厂商识别代码 | 位置参考代码 | 校验码 |
|---|---|---|---|
| 结构一 | $N_1N_2N_3N_4N_5N_6N_7$ | $N_8N_9N_{10}N_{11}N_{12}$ | $N_{13}$ |
| 结构二 | $N_1N_2N_3N_4N_5N_6N_7N_8$ | $N_9N_{10}N_{11}N_{12}$ | $N_{13}$ |
| 结构三 | $N_1N_2N_3N_4N_5N_6N_7N_8N_9$ | $N_{10}N_{11}N_{12}$ | $N_{13}$ |

GLN适用于三种不同层级的对象。法律实体是指具备合法资质的组织，如供应商、采购商、银行、物流公司等；功能实体是指法律实体内部的具体职能部门，如公司中的采购部、财务部或IT支持组；物理实体表示实际存在的地理位置，如某栋建筑、仓库、装卸口或收发货区域等。通过为上述实体分配GLN，可实现对其在业务流程中的唯一标识，从而支持高效的信息交换与追踪管理。

（2）数据载体。数据载体承担着编码信息的传输与读取功能，是自动数据采集（auto data capture，简称ADC）及电子数据交换（EDI、XML）系统中的基础组件。

① 条码符号。条码符号技术自20世纪中叶发展以来，已成为集光学识别、精密机械、电子工程及计算机技术于一体的综合信息处理工具。其突破了传统信息系统在数据采集环节的瓶颈，实现了高效、精准、低成本的数据获取手段，并成为现代信息系统与供应链自动化管理的重要支撑。在以GS1系统为标准框架的体系下，条码技术主要涵盖以下三类通用条码符号：

a. EAN/UPC条码。EAN/UPC类条码是全球最早被广泛应用的商品识别符号，包含EAN-13、EAN-8、UPC-A与UPC-E四种类型，是零售商品中必须使用的标准编码方式，同时也可应用于部分非零售项目。EAN码最初由欧洲开发，属于固定长度、连续型条码，仅使用0至9的数字字符；UPC码源自美国，结构形式与EAN类似，也为定长、连续型条码，字符范围相同。

自2005年1月1日起，根据GS1与原美国统一代码委员会（UCC）达成的协议，北美地区正式采用GTIN-13作为零售商品的通用标识。但由于部分零售系统未全面兼容GTIN-13，针对美国和加拿大市场的出口厂商可依据客户需求，向编码机构申请使用UPC码。

b. ITF-14条码。ITF-14条码用于标识非零售销售的包装单位（参见图7-12）。该类型条码对印刷精度的要求较低，适用于瓦楞纸箱等不规则表面材料，可通过喷墨或热转印等方式直接打印。因此，ITF-14也常被称为“箱码”。其应用规则已在国家标准《GB/T 16830—2008：商品条码储运包装商品编码与条码表示》中作出明确规定。

图 7-12 ITF-14 条码示例

c. UCC/EAN-128 条码。UCC/EAN-128 条码是为表达 GS1 系统中的应用标识符（AI）数据字符串而专门设计的符号系统。其结构包括起始符、数据区、校验位、终止符、左右静区及可供人识读的数字（示例见图 7-13）。

与传统定长条码不同，UCC/EAN-128 支持变长度编码，符号长度取决于数据内容与放大系数，最多可承载 48 个字符。在长度控制方面，其包括静区在内的物理长度不得超过 165 毫米。UCC/EAN-128 不用于零售收银环节，而更常用于物流环节，实现对运输单元、产品批次、到期日等信息的统一编码与自动采集。

图 7-13 UCC/EAN-128 条码示例

应用标识符（Application Identifier，简称 AI）由 2 至 4 位数字构成，用于明确后续数据的具体含义和数据格式。通过 AI 机制，UCC/EAN-128 条码可在同一符号中集成多种数据类型，无须使用额外分隔符，既节省空间，也简化了解码流程，提高了数据采集的自动化水平。例如，在图 7-13 所示的 UCC/EAN-128 条码符号中，(02)、(17)、(37)、(10) 即为典型的 AI，分别对应不同的数据内容。关于该类条码的技术细节与编码规范，可参考国家标准《GB/T 15425—2014 商品条码 EAN/UCC 系统 128 条码》和《GB/T 16986—2018 商品条码应用标识符》。

② 射频识别标签。无线射频识别技术（Radio Frequency Identification，简称 RFID）是一种基于无线通信的非接触式自动识别技术，其最早于 20 世纪中期进入实用阶段。该系统主要由射频标签与读写器构成：标签作为信息载体附着于物体，读写器通过电磁波或微波对其进行识读，从而实现信息的无线交互。

RFID 技术具备多项显著优势，包括：无须接触即可完成识别（读取距离可达数十米）、可追踪高速运动物体、具备良好的环境适应性（如防水、防磁、耐高温）、寿命长、保密性强，且能够实现多目标同时识别。

目前，该技术已被广泛应用于高速公路自动收费、物流追踪、资产管理、动物识别、生产过程监控等场景。然而，由于RFID标签的制造成本相对较高，其在消费品标识中的普及度仍低于条码技术。相比之下，RFID更常用于人员识别、车辆管理、托盘和包装箱标识等高附加值领域。

在GS1体系下，电子产品代码（EPC）标签是RFID技术的具体应用形式，其编码规则由EPC global制定，符合EPC空中接口协议（即标签与读写器之间的无线通信标准）。每个EPC标签均与其附着的物品一一对应，确保了唯一标识的实现。

③ EPC系统。EPC系统（Electronic Product Code System）是一个高度集成的信息识别与管理体系，旨在通过标准化的标识机制与技术平台，实现全球供应链中商品信息的实时追踪与透明化管理。

EPC global作为系统的标准制定者和维护机构，由原EAN和UCC两大组织联合发起成立，延续了两者在全球商品编码领域数十年的合作经验。作为一个中立的非营利组织，EPC global致力于推动全球范围内EPC标准的落地与普及。

EPC系统由三大核心组成部分构成：

- EPC编码体系：为商品分配唯一的电子身份；
- RFID射频识别系统：实现物理对象的信息采集；
- 信息交换网络：支持供应链中各参与方的信息共享与流通。

该系统通过建立统一的开放式标识规范，使得从生产端到销售终端的每个节点都能够实现标准化识别与信息管理，提升了供应链运行的效率与可视性。具体组成结构详见表7-3。

**表7-3 EPC系统的构成**

| 系统构成 | 名称 | 注释 |
| --- | --- | --- |
| EPC编码体系 | EPC代码 | 用于标识目标的特定代码 |
| 射频识别系统 | EPC标签、<br>读写器 | 贴在物品之上或者内嵌在物品之中识读EPC标签 |
| 信息网络系统 | EPC中间件、<br>对象名称解析服务（Object Naming Service：ONS）、<br>EPC信息服务（EPC IS） | EPC系统的软件支持系统 |

在由EPC标签、读写器、EPC中间件、互联网、对象命名服务（ONS）服务器、EPC信息服务（EPC IS）以及多个分布式数据库构成的实物互联网体系中，EPC标签中所携带的编码并不直接包含产品的全部信息，而是作为一种索引机制，类似于指向信息位置的“指针”。当读写器采集到EPC码后，其原始数据将由EPC中间件进行初步处理。此时，系统并不会直接从标签获取产品详情，而是借助该EPC码，通过网络查找与其匹配的存储路径。具体而言，EPC中间件会将读取到的EPC传送至ONS服务器，后者负责解析该索引，返回对应的IP地址或资源路径，并指引中间件访问目标EPC信息服务（EPC IS）服务器。在EPC IS服务器中，系统可检索并复制与该EPC相关联的产品信息文件。这些文件

包含的关键数据可被进一步分发至供应链各节点，实现对商品全生命周期的信息共享与跟踪。需要强调的是，由于 EPC 标签本身仅存储一个简洁的编码，所有与之相关的业务数据（如生产日期、物流状态、质检记录等）均依赖外部数据库的实时查询。因此，ONS 作为连接编码与信息内容之间的桥梁，承担着关键的解析与引导作用，确保了整个 EPC 系统的信息流通与自动识别功能的正常运行。该工作机制的整体流程可参考图 7-14 所示。

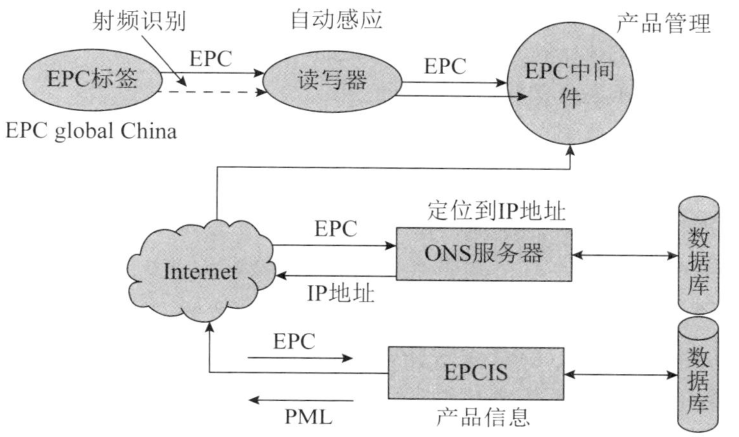


图 7-14 EPC 系统工作流程示意图

a. EPC global 网络。EPC global 网络作为一个支持贸易单元实时识别与供应链信息共享的平台，为各类组织提升运营效率提供了有力支撑。该网络通过整合现有的信息系统与多种识别技术，实现了对全球供应链中贸易单元的快速、精准和自动化识别与追踪，从而提升了供应链中信息的透明度和可视化水平。在技术研发方面，EPC global 网络依托于 Auto-ID 实验室，该实验室由美国麻省理工学院（MIT）主导，是该网络的重要技术支持机构，负责关键技术的研究与标准制定。通过持续的技术创新与标准化推进，EPC global 有效促进了各类供应链参与方之间的数据互联与协同运作。该实验室提出了物联网的构想，其相关研究获得了 100 多家国际大型企业的鼎力支持。作为 EPC global 网络的最终获益者，企业与用户借助该网络能够实现更高效的运营，进而优化基于用户需求的运营管理模式。

b. EPC global 服务。为助力企业提升供应链管理效率，EPC global 提供以下服务：负责 EPC 管理者代码的分配、维护与注册工作；开展 EPC 技术及相关网络知识的用户教育与培训；参与 EPC 商业应用案例的落地实施及 EPC global 网络标准的制定；参与 EPC global 网络及其组成部分、研发项目与软件系统等的规范制定和推行；引领 EPC 研究方向；认证和测试；与其他用户共同进行试点和测试。

c. 系统成员。EPC global 将其系统参与者大致分为两类：终端用户成员和系统服务提供方。前者主要包括制造企业、零售商、批发商、物流运输公司及政府相关机构，通常指在供应链中直接参与物流与商品流通的实体组织；而后者则指面向终端用户提供相关技术与服务支持的机构，涵盖软硬件供应商、系统集成商、咨询公司及培训服务机构等。随着 EPC global 标准体系的不断推广与完善，全球范围内加入该网络的成员数量已超过百家，涵盖多种行业领域，形成了覆盖广泛、协同紧密的全球合作生态。

d. EPC 的特点如下。

开放式架构体系。EPC 系统依托全球规模最大的公共互联网构建而成，这一设计不仅降低了系统的复杂程度，大幅削减了建设成本，还有助于实现系统的增值拓展。

平台独立性与高度交互性。EPC 系统的识别对象涵盖范围极广，不存在适用于所有识别对象的统一技术；此外，不同地区和国家的射频识别技术标准存在差异。因此，开放式架构必须具备平台独立性和高度的交互操作能力。EPC 系统的网络架构基于互联网搭建，能够与互联网的所有潜在组成部分实现协同运作。

灵活且可持续发展的体系。EPC 系统采用灵活开放的架构设计，具备可持续发展特性，无需替换现有体系即可完成系统升级。

作为一项全球化的大型识别系统，EPC 系统在供应链各环节和节点中均可发挥重要作用，为企业间的信息共享与流程协同带来显著价值。然而，对于如食品、日用消费品等低附加值商品而言，其对系统引入所带来的成本上升较为敏感，成为制约其全面推广的重要因素之一。为应对这一挑战，EPC 系统正在通过持续的技术创新以降低部署和运维成本。同时，系统整体架构的不断优化也在提升其在供应链管理中的应用效益，帮助企业在提升管理效率的同时，逐步抵消其初期投入所带来的成本压力。

### 2. 二维条码

（1）技术原理与发展历程

二维条码是一种在水平和垂直两个方向上同时存储数据的图形标识符，相比传统一维条码具有显著的技术优势。它通过特定的几何图形按一定规律在平面（二维方向）上分布的黑白相间的图形记录数据符号信息，能够在有限的空间内存储大量信息。典型的二维条码包括 QR 码、DataMatrix 码、PDF417 等多种类型，其中 QR 码（Quick Response Code）因其高速读取和高容量特性成为食品溯源领域的主流选择。

二维条码的技术演进主要体现在三个方面：数据容量、编码方式和安全性能。最新的二维条码技术能够在一个平方厘米的空间内存储超过 2000 个字符的信息，是传统一维条码的几十倍。同时，通过采用先进的纠错算法（如 Reed-Solomon 纠错码），二维条码能够在部分损坏或污损的情况下仍保持数据完整性，大大提高了其在食品供应链各环节的适用性。

2025 年，随着 GS1 Sunrise 2027 计划的推进，全球商业正全面转向二维条码。这项由国际物品编码协会发起的全球迁移计划要求企业在 2027 年前完成从一维条码到二维条码的过渡，旨在提高产品数据的准确性并支持更丰富的产品信息存储。这一转变将极大推动食品溯源体系的升级，为实现更精确的库存跟踪和质量控制提供技术基础。

（2）食品溯源中的应用模式。二维条码在食品溯源中的应用主要通过“一物一码”的模式实现，为每件产品赋予唯一的身份标识，整合生产、流通、销售等环节数据，构建从源头到终端的可信追溯链。具体应用包括以下几个关键环节：

- 生产环节赋码：在食品生产线上，通过动态赋码技术为每件产品生成独立二维码（如 GS1 标准编码），将生产日期、原料批次、生产工艺等信息编码存储于二维码中。部分高端食品企业还会在产品包装内侧使用激光赋码，外侧贴二维码标签，形成双重追溯标识。

- 流通环节信息采集：在仓储、物流等环节，通过 PDA 扫码枪记录产品流转信息，实现“入库 - 出库 - 配送 - 销售”全流程追踪。这些数据被上传至云端管理系统，形成完整的产品流通档案。
- 消费环节信息查询：消费者通过手机扫码即可获取产品的原料来源、生产工艺、质检报告、物流信息等关键数据。一些企业还将扫码与互动营销结合，如某零食品牌将扫码与互动游戏结合，扫码率提升 60%，带动私域流量增长 3 倍。
- 监管环节数据整合：政府监管部门通过统一的追溯平台，整合企业上传的二维条码数据，实现对食品全链条的监督管理。宁波市已在全国范围内率先按照 GS1 规则，实现食用农产品从种植养殖基地到加工、销售、出口各环节的跨部门数据贯通和全链条数据溯源。

（3）典型应用案例分析

①案例一：农产品质量安全追溯

某农产品企业在其产品包装上应用二维码技术，消费者通过扫描二维码即可了解农产品的产地、种植过程、质量检测报告等信息。该企业首先对农产品生产环节进行信息化管理，记录种植、施肥、灌溉等关键信息；其次在产品包装上印刷二维码，将相关信息编码存储在二维码中。实施效果显著：消费者对农产品的来源和品质有了更清晰的了解；企业通过追溯体系提升了品牌形象；政府监管部门可以更有效地对农产品市场进行监管。

②案例二：加工食品全流程追溯

某食品加工企业在产品包装上应用二维码技术，实现了从原料采购到成品销售的全过程追溯。企业在原料采购、生产加工、仓储物流等环节实施扫码记录，将相关信息编码存储在二维码中。这一系统有效降低了食品安全风险，提高了产品召回效率，提升了消费者对企业的信任度。

③案例三：进口食品跨境追溯

某进口食品企业在产品包装上应用二维码技术，实现了进口食品的可追溯。企业在进口食品的通关、检验、仓储等环节实施扫码记录，将相关信息编码存储在二维码中。实施效果包括：确保了进口食品的质量安全；提高了进口食品的通关效率；便于政府部门对进口食品进行监管。

（4）技术优势与局限性

①技术优势：

- 信息存储量大：二维条码能够存储大量数据，包括产品名称、生产批次、生产日期、生产企业、原料来源、质检信息等关键数据。
- 成本效益高：相比 RFID 等技术，二维条码的标签成本极低，适合大规模应用。据统计，二维码溯源系统的初期投入相对较低，且维护成本也较为经济。
- 读取便捷：消费者可通过普通手机摄像头快速扫描识别，无需额外设备，提高了溯源信息的可获取性。

- 环境适应性强：二维条码采用特定的纠错算法，即使部分损坏或污损，仍能正确读取数据，适应食品供应链中的各种环境。
- 兼容性好：二维条码可以与现有系统和流程无缝集成，支持从一维条码向二维条码的平滑过渡。

②技术局限性：

- 信息更新困难：二维条码一旦生成并印刷，其包含的信息就固定下来，无法进行动态更新。这使得它难以应对需要实时更新信息的场景，如冷链运输中的温度变化监测。
- 单次读取限制：二维条码需要逐个读取，无法实现批量识别，在大规模仓储和物流场景中效率较低。
- 安全风险：二维码本身不具备防伪功能，容易被复制或篡改。虽然可以通过加密技术增强安全性，但增加了系统复杂度和成本。
- 数据孤岛问题：不同企业和平台使用的二维码标准和数据格式可能不一致，导致信息难以互通共享，形成“信息孤岛”。

### 3. RFID

（1）技术原理与系统架构。RFID（Radio Frequency Identification）技术，即无线射频识别技术，是一种利用无线电波实现非接触式自动识别的技术。它通过射频信号自动识别目标对象并获取相关数据，具有识别速度快、距离远、不受环境限制等特点。完整的 RFID 防伪系统包含三大核心组件：

- 智能标签层：采用 Alien Higgs-4 等芯片，存储唯一 EPC 编码和产品信息。RFID 标签通常由耦合元件及芯片组成，每个标签具有唯一的电子编码，附着在物体上标识目标对象。
- 数据采集层：固定式 / 手持式读写器，支持 ISO/IEC 18000-6C 等国际标准。读写器通过天线发送射频信号，当标签进入磁场时产生感应电流，发送存储的信息，读写器接收并解码后送至中央信息系统进行处理。
- 云服务平台：基于微服务的分布式架构，处理每秒万级并发请求。平台负责存储、管理和分析从标签采集到的数据，为溯源应用提供支持。

RFID 系统根据工作频率可分为低频（LF）、高频（HF）、超高频（UHF）和微波（Microwave）四类。在食品溯源领域，超高频（UHF）和高频（HF）标签应用最为广泛。超高频标签读取距离远、数据传输速率快，适合物流和仓储场景；高频标签则具有更好的防冲突性能和安全性，适合需要精确识别的场景。

（2）食品溯源中的应用模式。RFID 技术在食品溯源中的应用主要通过为每件产品或包装单元赋予唯一的电子标识，实现从生产到消费的全程跟踪。具体应用模式包括：

- 生产环节标识与数据采集：在食品生产线上，通过 RFID 标签对原材料、半成品和成品进行标识，记录生产日期、批次信息、生产过程等关键信息。

- 流通环节实时监控：在物流仓库、配送中心等关键节点安装 RFID 读写器，实时监控食品的流向和库存情况。在食品的运输过程中，RFID 技术可以实时监测食品的温度、湿度等环境因素，避免因环境条件不当导致的食品变质。
- 销售环节快速识别与追溯：在零售环节，RFID 技术可以帮助商家实现快速盘点和精准营销。通过 RFID 读写器，商家可以实时获取货架上的商品信息，及时补货，避免缺货情况的发生。同时，在食品安全事件发生时，零售商超可以通过 RFID 技术迅速追溯问题商品的来源和流向，及时采取召回措施，保障消费者的权益。
- 消费环节信息查询与验证：消费者可以通过专用的 RFID 读取设备或支持 NFC 功能的智能手机，读取食品包装上的 RFID 标签，获取产品的详细信息，如产地、生产日期、质量检测报告等。
- 监管环节数据整合与分析：监管部门可以通过 RFID 技术实时监控食品的生产、流通和消费过程，及时发现和处理食品安全问题。RFID 技术的应用还可以提高监管效率，减少人力成本，提高监管效果。

（3）典型应用案例分析

①案例一：海底捞食材管理系统

海底捞在其后厨管理中全面应用 RFID 技术，为每一份食材赋予唯一的 RFID 标签，记录食材的生产日期、重量、供应商以及保质期等关键信息。通过智能菜品台上的 RFID 读取设备，后厨人员能够轻松获取这些数据，实时监控食材的状态。一旦系统检测到有食材即将过期或已经过期，便会立即触发预警机制，以红色信号提醒工作人员及时处理，从而有效避免了问题食材上桌，保障了顾客的饮食安全。

该系统还实现了快速溯源功能，如果菜品出现问题，海底捞可以通过 RFID 标签进行快速溯源，找到出问题的环节。该系统能够在 2 小时内完成溯源工作，并立即通知全国门店下架相关产品，确保问题食材不会流入其他门店。此外，RFID 技术还帮助海底捞优化了库存管理，通过与 IKMS 综合厨房管理系统的核心功能“上菜看板”深度融合，形成了一个全流程可视化的管理系统，实现了动态优化库存，减少浪费。

②案例二：农产品全程追溯系统

某大型农场采用 RFID 技术对种植的农产品进行追溯管理。在种植过程中，每一株作物都会被赋予一个唯一的 RFID 标签，记录其种植日期、施肥情况、生长状态等信息。这样的管理方式不仅提高了农场的生产效率，也确保了农产品从田间到餐桌的全程可追溯。

农产品收获后，通过 RFID 读写器自动采集数据，实现快速分拣和包装。消费者在购买时，可以通过扫描农产品包装上的 RFID 标签，了解产品的种植、收获、检测等信息，增强了消费者对产品的信任。

③案例三：肉类产品溯源系统

某肉类加工企业引入 RFID 技术，建立了肉类产品的溯源系统。在屠宰、分割、包装等环节，肉类产品均贴上 RFID 标签，标签中记录了产品的来源、加工日期、加工人员等信息。

该系统与销售终端相连，消费者在购买肉类产品时，可以通过扫描标签了解产品的详细信息，实现了从源头到餐桌的全程追溯。同时，系统还能帮助企业快速定位问题环节，提高了产品召回效率。

④案例四：冷链物流监控系统

某水果出口企业利用 RFID 技术对出口水果进行溯源管理。在水果采摘、分拣、包装等环节，每个水果都贴上带有 RFID 标签的包装盒。标签中包含了水果的品种、产地、采摘日期、运输信息等数据。

在出口过程中，RFID 标签通过扫描系统实时更新信息，确保了水果在运输过程中的安全。同时，RFID 技术还帮助企业在面对国际市场的食品安全要求时，能够迅速提供产品溯源信息，提升了企业的国际竞争力。

（4）技术优势与局限性

①技术优势

非接触识别：RFID 标签无需与读写器直接接触即可完成识别，提高了数据采集的便利性和效率，特别适合自动化生产线和大规模物流场景。

批量识别能力：RFID 读写器可以同时识别多个标签，大大提高了盘点和库存管理的效率，减少了人工操作和错误。

数据存储容量大：RFID 标签可以存储大量数据，包括产品基本信息、生产过程、质量检测结果等，满足食品溯源对信息完整性的要求。

可重复读写：RFID 标签可以进行多次读写操作，允许在食品供应链的不同环节动态更新信息，如记录物流过程中的温度变化、质检结果等。

环境适应性强：RFID 技术不受光线、灰尘、污渍等因素影响，在恶劣环境下仍能保持良好的工作性能，适合食品供应链中的各种场景。

信息安全性高：RFID 标签可以采用加密技术保护数据安全，防止信息被窃取或篡改，提高了溯源数据的可信度。

②技术局限性

成本较高：RFID 标签和读写设备的成本较高，特别是对于低成本、短生命周期的食品产品，增加了企业的实施成本。

识别距离限制：RFID 标签的识别距离受到多种因素影响，如标签类型、读写器功率、环境干扰等，在某些情况下可能影响数据采集的可靠性。

隐私问题：RFID 标签可能被未经授权的读取，导致个人信息泄露。虽然可以通过加密和访问控制技术解决，但增加了系统复杂度和成本。

标准不统一：不同国家和地区使用的 RFID 标准可能不同，导致跨国食品贸易中的溯源信息难以互通共享。

金属和液体干扰：RFID 信号在金属表面会发生反射，在液体中会发生衰减，这对某些食品包装和产品类型（如罐头、饮料等）的应用造成挑战。

### 7.2.5 编码设计——食品溯源编码设计

1. RFID 编码设计的基本原理与重要性

食品溯源编码设计是为食品赋予唯一标识的规则体系，其核心是通过编码整合食品全生命周期的关键信息，实现溯源数据的标准化、规范化管理。编码设计是食品溯源体系的基础，直接关系到溯源系统的有效性和可扩展性。

（1）编码设计的基本原理

①唯一性原则：一个编码对象（生产经营者或追溯单元）仅有一个代码，一个代码仅唯一标识一个对象。这是追溯准确性的基石。

②兼容性原则：充分利用现有代码体系（如统一社会信用代码、身份证号、农产品分类代码等），与相关国标、行标协调，避免重复建设。

③可扩充性原则：代码结构设计预留了后备容量，以适应未来编码对象或分类的增加需求。

④简明性原则：编码结构应简洁明了，便于记忆、识别和使用，降低实施和维护成本。

⑤稳定性原则：编码一旦确定，应保持相对稳定，避免频繁变更，以保证系统的连续性和数据的一致性。

（2）编码设计的重要性

①数据互通的基础：统一的编码体系是不同系统和平台之间数据交换和共享的基础，打破"信息孤岛"，实现全链条追溯。

②监管效率的提升：标准化的编码设计便于监管部门对食品全产业链进行统一管理和监督，提高监管效率和精准度。

③企业管理的优化：合理的编码设计有助于企业整合内部资源，优化业务流程，提高管理效率和决策准确性。

④消费者信任的建立：通过编码实现的全程可追溯，增强了食品信息的透明度，提高了消费者对食品安全的信任度。

⑤国际贸易的促进：与国际标准接轨的编码设计，有助于消除贸易壁垒，促进国际食品贸易的发展。

2. 编码设计的实施与应用

食品溯源编码的实施与应用涉及多个环节和参与方，需要遵循一定的流程和规范。以下是编码设计实施与应用的主要步骤：

（1）编码规则制定。根据国家相关标准和行业特点，制定适合企业实际情况的编码规则。编码规则应明确编码的结构、各部分的含义、编码生成方式等内容。例如，NY/T 4711—2025《农产品质量安全追溯编码与标识》规定了生产经营者身份码、农产品追溯码和追溯标识的具体要求，适用于农产品质量安全追溯平台的建设、平台对接、推广应用、运维服务及监督管理。

（2）编码生成与管理。建立编码生成和管理系统，确保编码的唯一性和规范性。编码生成可以采用自动生成或手动生成的方式，但应保证每个编码对象都有唯一的代码。在农产品流转环节（入库、出库）中，追溯平台根据规则自动生成追溯码，核心功能是通过生成的追溯码关联上下游环节信息（如从生产到收购、储存到运输等）。

（3）编码标识载体选择。根据食品的特性和流通环境，选择合适的编码标识载体。常见的载体形式包括：

- 条码标识：符号需符合 GB/T 18284（QR Code）或 GB/T 21049（Han Xin Code）标准。
- RFID 标签：需符合 GB/T 36364（2.45GHz）或 GB/T 36365（800/900MHz）标准。
- 其他载体：可选用不干胶纸标签、锁扣标签、捆扎带标签、耳标、脚环、挂牌等形式。

（4）标识加施与维护。将编码标识加施在食品或其包装上时，需保证清晰可辨、不易损坏，符合可识别性与耐久性要求。条码标识的加施位置需符合 GB/T 40204-2021 中的要求。在整个供应链过程中，应定期检查和维护标识，确保其完好无损，信息可正确读取。

（5）编码数据管理与应用。建立编码数据管理系统，对编码相关的数据进行采集、存储、处理和分析。通过编码关联食品全生命周期的信息，实现从生产到消费的全程追溯。编码数据可以应用于以下方面：

质量安全管理：通过编码快速定位问题产品，分析质量安全风险，采取针对性措施。

供应链优化：利用编码数据优化库存管理、物流配送等环节，提高供应链效率。

消费者服务：为消费者提供产品溯源信息查询服务，增强消费者信任。

监管支持：为监管部门提供数据支持，实现精准监管和快速响应。

### 3. 编码设计的技术标准与规范

食品溯源编码设计需要遵循一系列技术标准和规范，以确保编码的科学性、规范性和兼容性。以下是当前主要的编码设计标准：

（1）国家标准

NY/T 4711—2025《农产品质量安全追溯编码与标识》：规定了农产品质量安全追溯编码的基本原则、编码对象、编码规则、标识要求等内容，是农产品质量安全追溯体系建设的基础标准。

GB/T 44368—2024《进口冷链食品追溯　追溯系统数据交换应用规范》：规定了进口冷链食品追溯系统数据交换的一般原则、数据模型、数据交换接口要求、测试与验证方法，适用于进口冷链食品追溯系统的数据交换和应用，于 2025 年 3 月 1 日起实施。

GB/T 33993《商品二维码》：旨在完善我国流通领域基于二维码的商品信息的数字化转换、交互规则，在我国零售业创新升级、企业信息化管理、物流效率提升、产品质量追溯、数字经济等方面发挥重要作用。

GB/T 44899—2024《商品条码　散装和大宗商品编码与条码表示》：规定了散装和大宗商品的编码规则、条码表示、条码符号放置和质量要求等，帮助企业优化供应链管理效率、降低成本、提高生产力，实现数字化转型。

（2）行业标准

NY/T 3177《农产品分类与代码》：规定了农产品的分类原则、分类体系和编码方法，为农产品追溯编码中的分类代码提供了标准依据。

NY/T 4710《农产品质量安全追溯术语》：界定了农产品质量安全追溯领域的基本术语和定义，确保概念的一致性。

（3）国际标准

GS1 标准体系：包括全球贸易项目代码（GTIN）、条形码和射频识别（RFID）标签等，为全球食品贸易提供标准化的产品识别和跟踪方法。

GM2D（全球二维码迁移计划）：由 GS1 发起，推动全球商品编码在 2027 年前由一维条形码向二维码转换，旨在为消费者、企业提供更优质、更全面的服务。

这些标准和规范相互补充，共同构成了食品溯源编码设计的技术基础，为建立全国统一、互联互通的食品追溯体系提供了重要支撑。

## 7.2.6 数据库结构设计

### 1. 数据库管理系统

数据库管理系统包括集中式和分布式两大类。集中式数据库系统涵盖第一代数据库系统（如层次数据库系统和网状数据库系统）、关系数据库系统以及面向对象数据库系统。综合考虑，宜选用面向对象的分布式数据库系统。

### 2. 数据库之间的关系

根据数据处理和信息查询的方向及过程，数据库（表）的链接方式主要分为顺序链接和分布式链接两种。

（1）顺序链接。按照食品链各环节的顺序，各数据库依次链接，如图 7-15 所示。每个环节的信息分中心需查询上一个环节数据库和本数据库进行数据运算，并将结果存储于本数据库。顺向查询通过下游数据库完成，逆向查询通过上游数据库完成。此方式查询步骤较少，效率较高，但若任一环节数据库查询中断，整体查询将无法完成，系统脆弱性增加。

（2）分布式链接。中央数据库与各环节分数据库之间存在直接链接，而环节分数据库之间则没有直接链接。无论是顺向查询还是逆向查询，每次查询操作均需两步：先查询中央数据库，再查询特定环节数据库。此方式查询步骤较多，效率较低，但任一环节数据库的查询中断不会影响其他数据库的查询，系统脆弱性降低（图 7-16）。

### 3. 数据库表设计

一个数据库包含多种成分，如数据库、数据表、记录、字段、索引等。

（1）数据库（Database）。在 Visual Basic 中，数据库通常指的是关系型数据库（Relational Database）。一个数据库由一个或多个数据表组成，存储在磁盘上的文件中。不同的数据库系统对应的物理文件结构有所差异：例如，在 dBASE、FoxPro 和 Paradox 格式中，每个数据表对应一个独立的数据库文件；而在 Microsoft Access 和 Btrieve 格式中，一个文件可以包含多个数据表。

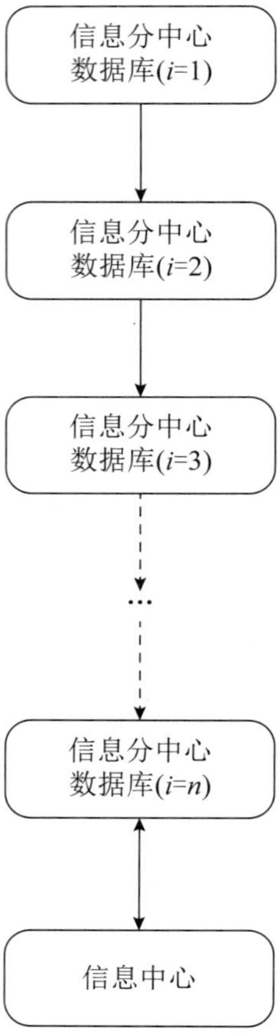


图 7-15 食品链数据库顺序链接

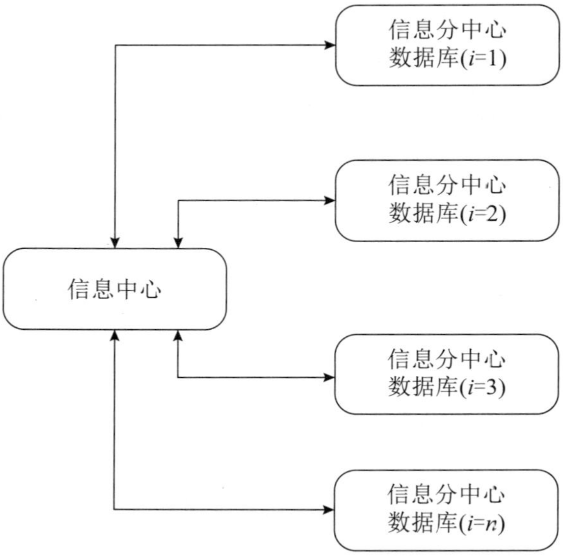


图 7-16 食品链数据库分布式链接

（2）数据表（Table）。数据表简称表，由若干条数据记录组成，是数据库组织数据的基本单位。表呈二维结构排列，所有行都包含相同类型的信息。例如，一个班级所有学生的考试成绩可以存储在同一个表中，每行代表一名学生，包含学号、姓名及各科成绩等信息。

（3）记录（Record）。表中的每一行都称为记录，由多个字段构成，反映一个完整的数据实体。

（4）字段（Field）。字段又称为域，是表中按列排列的数据单元。每个字段都拥有具体的属性信息，如数据类型和长度等，用以定义其内容和格式。

（5）索引（Index）。索引用于提升数据库的访问效率。尤其当数据库规模较大时，利用索引查询指定记录相比无索引查询，效率有显著提升。索引本质上是一种特殊的表，存储用户定义的关键字段值及指向实际数据记录的指针，并按照一定顺序排列，从而加快数据检索速度。

（6）过滤器（Filter）。过滤器结合索引与排序功能，根据设定的条件筛选数据，输出符合要求的结果，是数据库查询的重要组成部分。

在食品溯源中，建议数据库表设计如下：

（1）中心数据库。按照分布式数据库管理系统，中央数据库至少应包含两类数据表：

① 编码表，以各环节最小可记录单元编码为标识字段，由每个环节提供。其他字段包括对应的上一个环节最小和最大可记录单元的编码，用于表征与上一个环节可记录单元编码之间的关联。此表用于以终产品编码为标识字段的编码表的计算和存储。

② 终产品编码表，以终产品编码为标识字段。通过数据处理模块，调用各环节最小可记录单元编码为标识字段的编码表进行计算得到。其他字段涵盖各个环节最小和最大可记录单元的编码，表征各编码之间的关联。

（2）分数据库。分数据库至少应包含三类数据表：

① 输入数据表，通过数据输入模块获取。以本环节可记录单元为标识字段，其他字段包括对应的上一个环节和本环节的可记录单元编码、本环节可记录单元的基本属性信息和安全信息。

② 最小可记录单元编码表，以最小可记录单元编码为标识字段。其他字段为对应的上一个环节最小和最大可记录单元的编码，表征与上一个环节可记录单元编码之间的关联。通过数据处理模块调用输入数据获得，用于中央数据库以终产品编码为标识字段的编码表的计算和存储。

③ 可记录单元基本属性及安全信息表，涵盖最小、中等和最大可记录单元的基本属性及安全信息。以可记录单元编码为标识字段，其他字段包括本环节相关可记录单元编码和本可记录单元的基本属性信息及安全信息。通过输入数据表和最小可记录单元编码为标识字段的编码表调用数据处理模块计算获得。

### 7.2.7 全程溯源系统的外部实现程序编写

#### 1. 程序编写

程序编写主要涉及动态网站（交互式）网页的开发，旨在实现数据输入、数据处理以及数据查询等核心功能。此外，还包括数据库存取相关程序的编写。

#### 2. 网络软件安装及网络环境优化

食品溯源信息系统是用户端与服务器之间动态交互的过程，涉及庞大的信息量，涵盖数据输入、数据库存取、数据处理和数据终端输出等多个环节。为确保高效便捷的网页访问，关键在于选择合适的网络操作软件、操作环境以及快速存取的数据库软件。当前，网络操作软件和数据库软件种类繁多，具体软件选择详情请参阅相关资料。

网页设计通常采用多页面结构，主要包括数据输入页面（适用于食品供应链中的各责任方）、数据维护页面（适用于网络管理员）和数据查询页面（适用于终端用户）。这些页面相互协作，围绕数据库进行数据的输入、传递、处理和输出。

在网页编写软件方面，目前多选用动态服务网页设计，数据库则普遍采用 SQL。此外，软件还包括数据库系统的安装与设置环节。

#### 3. 数据输入

食品溯源信息系统的数据来源于各个环节的输入，可采用可视化的表单输入形式，实现网络远程输入。根据各环节信息种类及每种信息的最大字段长度，进行表单设计。数据输入操作包括原始数据表单输入、提交、原始数据表存储、原始数据校验以及校验后的原始数据存储，用于原始数据表中数据单元的存储。

4. 数据处理

数据处理是指数据输入后，通过特定算法对数据库中的数据进行换算和存储的过程。在信息管理中心，主要利用数据处理功能，调用以各环节最小可记录单元编码为标识字段的编码表，从而生成以终产品编码为标识字段的编码表。而在信息分中心，则主要通过数据库模块调用输入数据表，获取以本环节最小可记录单元编码为标识字段的编码表。

5. 数据查询

数据查询通过数据查询模块实现，调用最终产品编码，获取各个环节相关的可记录单元编码，并以这些编码作为标识字段，检索相应的可记录单元基本属性及安全信息表，展示所需信息。对于消费者而言，可通过网站、触摸屏、手机短信和电话等多种方式，查询产品包装上的追溯编码，获取相关信息。

## 7.3 不同种类食品全程溯源系统的建立

据统计，食品种类繁多，高达 1000 多种，但总体上可分为粮油、蔬果、油脂、肉禽、蛋奶、水产六大类。尽管某些食品在生产过程中省略了中间某一个或几个环节，如贮存环节等，但总体来看，食品从生产到销售的流程基本相似，或者说，基本环节保持一致。然而，不同种类的食品在每个环节的具体经历存在差异，包括时间长短和复杂程度，尤其是加工环节。相对而言，生鲜食品的加工链较短，加工过程较为简单；而加工食品的加工链较长，加工过程更为复杂。

尽管溯源的最终目的是追踪一个终包装产品从生产到销售的全过程，且轨迹越详细越好，但为了确保溯源系统的有效性和易操作性，通常只提取与溯源目的——即保障食品安全——相关的信息，尽量简化每个环节及过程。对于溯源系统的建立，至关重要的是确定可单独记录的最小单元及其记录的意义。例如，在养殖过程中，可以单独记录一头猪的信息，这不仅符合现代管理要求，还能使一个包装的猪肉溯源到具体的某头猪，包括其养殖、屠宰、贮藏等环节的场所、责任人及其他相关信息。然而，单独记录一只鸡的信息意义不大，无需溯源到一个包装的鸡肉来源于哪一只鸡。同样，虽然可以单独记录一棵果树的信息，但其意义有限，无需追溯到具体的某棵树，但有必要追溯到某一个果园。

此外，在食品加工过程中（部分粗加工除外），通常采用批量加工方式，只能记录某一批次的信息。可记录的最小单元的大小及其组成，决定了组成该单元的信息量及其构成，也直接影响着溯源系统的信息流程和系统复杂程度。根据最小可记录单元的信息组成和溯源系统的特点，可以按生鲜食品和加工食品进行分类，分别建立相应的溯源系统。

### 7.3.1 生鲜食品全程溯源系统

“生鲜食品”这一概念最初由外资零售企业引入我国。经过多年的发展，国内消费者已广泛接纳生鲜食品的经营模式。步入2025年，尽管业内对生鲜食品内涵的界定尚未完全统一，但“生鲜三品”的说法颇具代表性，即水果蔬菜、肉类及水产品。这些商品通常仅需经过必要的保鲜处理和简单分拣，无需烹饪或深度加工，便能直接进入销售环节。

在2025年的当下，生鲜食品的加工流程不断优化升级。以肉类加工为例，许多大型肉类加工企业采用先进的自动化切割设备，在分割环节能够精准控制切割的厚度与重量，既提升了加工效率，又减少了人工操作带来的污染风险。同时，在清洗环节，利用超声波清洗技术，能更彻底地去除肉类表面的杂质与微生物。在蔬菜和水果的处理上，气调保鲜包装技术得到广泛应用，通过调节包装内的气体成分，延长果蔬的保鲜期，保持其色泽、口感与营养成分。

由于生鲜食品仅经过简单的粗加工，如清洗、分拣、分割、冷藏等，各环节相对简洁，所产生和涉及的数据信息相对较少，因此构建溯源系统的难度较低，系统架构也更为清晰明了。在实际的生鲜供应链中，从源头的农产品种植养殖基地，到中间的仓储、运输环节，再到终端的销售市场，各节点的信息采集与记录变得愈发高效准确。例如，在农产品种植基地，借助物联网传感器，能够实时采集农作物生长环境的温度、湿度、光照等数据，以及灌溉、施肥、用药等农事操作信息。在运输环节，冷链物流车辆配备了GPS定位系统与温度监测设备，可实时追踪车辆位置与货物运输温度，确保生鲜食品始终处于适宜的储存条件下。

当前，生鲜食品追溯速率大幅提升，能够快速响应消费者对于产品信息的查询需求。并且，追溯轨迹愈发精细，一般分为个体追溯和基地或地域追溯两种方式。个体追溯常见于高价值的生鲜产品，如某些品牌的高端牛肉，每头牛从出生开始便佩戴电子耳标，记录其生长过程中的品种、饲料喂养、疾病、防疫等详细信息，消费者通过扫描产品二维码，就能获取这头牛从养殖到屠宰、加工、销售的全流程信息。基地或地域追溯则主要应用于批量生产且来源相对集中的生鲜食品，比如某一特定产区的水果，消费者可以了解到该产区的地理环境、种植规模、采摘时间，以及整个产区在农药残留检测、质量管控等方面的情况。这种精细化的追溯方式，不仅增强了消费者对生鲜食品质量安全的信任，也为企业在产品质量管控、问题产品召回等方面提供了有力支持。

第一种是个体追溯，如大型动物食品的胴体或肉块。根据我国相关大型动物管理条例，每一头大型动物均需记录和标记，使其个体追溯成为可能。可记录单元可以是某一个自然个体，一块肉追溯到某一个体成为可能。对于终产品是胴体或来源同一胴体的某一块肉，可追溯到养殖的某一个个体，但这依赖于养殖过程中的耳标记录。对于终产品的包装是不同胴体的相同部位，由于在粗加工（分割）环节进行不同胴体相同部位的整理，编码的最小可记录单元是一批，终产品的包装通过全程追溯只能追溯到一群或一个基地。但随着技术的发展，利用DNA技术可能追溯到一个个体或一个群体。借助于DNA技术，可对个体追溯进行验证。

第二种是基地或地域追溯，如小型动物的胴体、大型动物的部位包装和植物性食品包装。对于小型动物食品，在养殖环节，最小可记录单元为一群或一个养殖基地。无论终产品是胴体包装或相同部位包装，只要在粗加工（分割）环节进行同一基地或同一群动物独立粗加工，均可追溯到一群动物或养殖基地。对于大型动物的同一部位包装，由于在粗加工（分割）环节进行不同胴体相同部位的整理，编码的最小可记录单元是一批，终产品的包装通过全程追溯只能追溯到一群或一个基地。对于植物性食品，在种植阶段，最小可记录单元为一个园区、一个种植基地或一个区域，只要在粗加工（分割）环节进行同一基地植物性食品独立粗加工（筛选、分拣等），终产品可追溯到一个基地或一个区域，取决于养殖环节的最小可记录单元。

由于在追溯过程中，环节之间的链接依赖于编码进行。在对生鲜食品的追溯中，可根据最小可记录单元的组成进行编码，一个最小可记录单元为一个编码。在个体追溯中，最大可记录单元为一个自然个体，最小可记录单元为一块肉，最大可记录单元包含若干个最小可记录单元。编码的顺序是由大（养殖和屠宰）直接到小（分割包装）。在基地或区域追溯中，最大可记录单元为一个基地，最小可记录单元为一个小型动物胴体、一个相同部位的包装或植物性食品包装，最大可记录单元包含若干个最小可记录单元。编码的顺序是由大（养殖、种植）到中（批次粗加工）再到小（包装）。

### 7.3.2 加工食品全程溯源系统

加工食品虽无明确定义，但可概括为“食品原料经过初加工和深加工过程所获得的食品”，其显著特征在于深加工。由于加工食品的深加工过程较为复杂，且多数情况下采用批次加工方式，因此在加工环节中信息提取量较大，所需建立的溯源系统也相对复杂，追溯轨迹较为粗略。

相较于生鲜食品链，加工食品链通常多出一个深加工环节，正是这一环节的复杂性，决定了其溯源系统的独特性。在深加工环节中，最小的可记录单元是批次，且涉及多种原料，包括主原料、辅料、佐料、助剂和添加剂等。每种原料可能来自一个或多个基地，若按此方式追溯，系统将过于庞大，难以实现。即便能够实现，一个最终包装的食品可能涉及众多基地或区域，责任者众多，导致追溯结果模糊，使溯源失去实际意义。因此，建立加工食品追溯系统应设定前提条件：首先，以少数几种主要原料为主线追溯其来源，其他原料仅提供来源及安全信息；其次，某一批次加工食品的原料应来源于单一基地。

在追溯过程中，环节间的链接依赖于编码设计，类似于生鲜食品编码。在加工食品溯源中，最小可记录单元为最终产品包装，不同环节的最大可记录单元各异。最大可记录单元通常是一个基地，但往往并非单一基地，中间的可记录单元则为一个批次。三者之间并非纯粹的包含与被包含关系：一个批次包含多个终产品包装，且涉及多个基地。因此，编码顺序并非简单的正向或反向关系。

# 第三部分
# 溯源应用

# 第八章 产地及污染源溯源

## 8.1 产地溯源

食品产地溯源是指从终产品（或中间产品）直接追溯到“源头”，涵盖产地或产地的某一具体单元。可追溯单元的大小和规模取决于食品原料的种类及其种植养殖情况。通常情况下，对于植物源性食品，可追溯至一个基地或特定区域；而对于动物源性食品，则可追溯至大型动物的个体、小型动物的群体或养殖基地。建立并应用食品溯源体系对于保障食品安全、提升消费者信心具有重大意义。食品产地溯源作为食品溯源体系的关键组成部分，有助于实施食品原产地保护战略，维护名牌和特色产品，稳定市场秩序。在食源性疾病暴发时，它能较为准确地定位疫情发生的区域和范围，从而采取有效的应急措施，遏制食源性病原菌的扩散，并建立高效的食品快速召回体系。食品产地溯源技术主要包括同位素指纹图谱技术、红外光谱指纹技术、DNA 分子指纹图谱技术、化学轮廓指纹图谱技术以及耦合技术等。

目前，英国、德国等发达国家已构建起极为成熟且精密的食品产地溯源体系，一系列先进的科学指标成为精准溯源的核心支撑。这些指标通常涵盖同位素比率、矿物元素的种类及其相对含量、DNA 分子指纹特征、有机物质（如蛋白质、脂肪和醇类）的含量分布、微生物群落特征、感官属性以及挥发性成分等。这些多维度的数据并非孤立存在，而是相互关联、协同作用，通过复杂精妙的算法和模型进行综合分析，从而构建出极为精准、高效的食品产地溯源体系，为消费者的食品安全与知情权提供坚实保障。

### 8.1.1 产地溯源的基本原理

同一种食品的原料，因产地环境和生产方式的不同，其物理特性、化学组成及遗传基础会存在不同程度的差异，从而形成各具特色的产地“指纹”，这构成了食品产地溯源的基石。食品产地溯源技术的基本原理在于，依据食品的固有特性和产地分布情况，通过选取代表性、典型性和极端性的样本，测定能够反映产地特征的物理、化学和生物性指标。借助主成分分析、判别分析、聚类分析等统计方法，筛选并确定区分不同食品产地的特征性指标，初步构建食品产地溯源模型。在此基础上，扩大样本数量，对初步模型进行优化，确立食品产地溯源的多元特征指纹图谱，涵盖同位素指纹图谱、红外光谱指纹图谱、DNA 分子指纹图谱、化学组成指纹图谱及微生物指纹图谱等，进而建立全面的食品产地特征指纹图谱数据库。对于产地未知的食品，通过测定其相关特征性指标值，并利用产地溯源模型进行计算，即可准确判定该食品的产地。

### 8.1.2 指纹图谱的种类

指纹图谱技术通过捕捉物质的特异性化学或物理特征，实现对食品来源、品质、真实性的精准追溯，是食品全程溯源体系中重要的技术支撑。根据分析原理和技术手段的不同，常见的指纹图谱可分为以下四类：

1. 同位素指纹图谱

同位素指纹图谱基于稳定同位素在自然界中的分布差异（受地理、气候、生物代谢等因素影响），通过测定目标物质中特定同位素的比值，实现溯源分析。稳定同位素不具有放射性，其比值在物质生产、加工、运输过程中基本保持稳定，是食品“地理身份”的重要标志物。

（1）氢稳定同位素（$\delta^2$H）：氢稳定同位素主要来源于环境中的水（如降水、地下水）。由于不同地区的降水受纬度、海拔、蒸发/冷凝效应影响，其 $\delta^2$H 值存在显著差异（如高纬度地区降水 $\delta^2$H 值较低）。动植物通过吸收环境水合成有机物质，其氢同位素组成会忠实反映产地的水文特征。例如，葡萄酒中的乙醇氢同位素比值（$\delta^2$H）可追溯葡萄种植的水源地；蜂蜜的 $\delta^2$H 值能区分不同纬度或海拔的蜜源产区。

（2）氧稳定同位素（$\delta^{18}$O）：氧稳定同位素与氢同位素类似，其分布与环境水密切相关。降水的 $\delta^{18}$O 值随纬度升高、海拔增加而降低（“纬度效应”“海拔效应”），且受季节影响显著（如夏季降水 $\delta^{18}$O 值高于冬季）。食品中氧同位素主要通过光合作用、水分吸收等过程积累，例如：小麦籽粒的 $\delta^{18}$O 值可反映种植区的降水或灌溉水特征；果汁的 $\delta^{18}$O 值能鉴别是否掺入非本地水源。

（3）碳稳定同位素（$\delta^{13}$C）：碳稳定同位素的差异主要源于植物的光合作用类型。C3 植物（如小麦、水稻、苹果）通过卡尔文循环固定碳，其 $\delta^{13}$C 值通常为 −30‰～ 22‰；C4 植物（如玉米、甘蔗、高粱）通过 Hatch-Slack 循环固定碳，$\delta^{13}$C 值为 −15‰～ −9‰；CAM 植物（如仙人掌）的 $\delta^{13}$C 值则介于两者之间。这一差异可通过食物链传递，例如：用玉米（C4）喂养的畜禽，其肉、蛋的 $\delta^{13}$C 值显著高于用小麦（C3）喂养的畜禽，因此可用于鉴别饲料来源；蜂蜜中 $\delta^{13}$C 值可判断是否掺入 C4 植物来源的糖浆（如玉米糖浆）。

（4）氮稳定同位素（$\delta^{15}$N）：氮稳定同位素的分布与土壤氮循环、施肥方式密切相关。自然土壤中的氮（如有机肥分解）经微生物作用后，$\delta^{15}$N 值通常较高（5‰～ 15‰）；而人工合成化肥（如尿素）的 $\delta^{15}$N 值接近大气氮（0‰左右）。因此，农产品的 $\delta^{15}$N 值可反映种植过程中是否使用化肥：例如，有机蔬菜的 $\delta^{15}$N 值通常高于常规种植蔬菜；乳制品的 $\delta^{15}$N 值能区分奶牛饲料是天然牧草（高 $\delta^{15}$N）还是人工合成饲料（低 $\delta^{15}$N）。

（5）硫稳定同位素（$\delta^{34}$S）：硫稳定同位素的差异主要受地质背景和人为活动影响。不同岩石类型（如火山岩、沉积岩等）的硫同位素组成不同，导致土壤和水中的 $\delta^{34}$S 值存在地域差异；工业污染（如燃煤、化工排放）也会引入特定硫同位素特征。食品中硫主要通过吸收土壤或水中的硫酸盐积累，例如：海产品的 $\delta^{34}S$ 值与海洋环境硫特征一致，可与淡水产品区分；葡萄酒的 $\delta^{34}S$ 值能追溯葡萄种植区的土壤地质类型。

（6）锶和铷稳定同位素（$^{87}Sr/^{86}Sr$、$^{87}Rb/^{85}Rb$）：锶（Sr）和铷（Rb）是典型的 lithogenic 同位素（与岩石风化相关），其同位素比值（如 $^{87}Sr/^{86}Sr$）由地壳岩石的年龄和成分决定：古老花岗岩地区 $^{87}Sr/^{86}Sr$ 值较高，年轻玄武岩地区则较低。植物通过根系吸收土壤中的锶和铷，其同位素比值直接反映产地的地质特征，且不受生物代谢影响，是“地理溯源”的“金标准”之一。例如：茶叶的 $^{87}Sr/^{86}Sr$ 值可精准区分不同山脉产区（如黄山与武夷山）；橄榄油的锶同位素指纹能鉴别其是否来自地中海特定产区。

### 2. 红外光谱指纹图谱

红外光谱指纹图谱基于分子振动能级跃迁的原理：不同物质的分子结构（如官能团种类、化学键振动模式）不同，对特定波长的红外光（通常为 2.5 ～ 25μm，对应波数 4000 ～ 400 $cm^{-1}$）的吸收强度存在差异，形成类似“指纹”的特征光谱。通过比对光谱的峰位、峰强和峰形，可实现对物质成分和结构的快速识别。

（1）技术原理：红外光照射样品时，分子中的化学键（如 C—H、O—H、C 键长 O）会吸收特定能量的光子，引发振动能级跃迁，在光谱中形成特征吸收峰（如 O—H 键在 3300 $cm^{-1}$ 左右有强吸收，C 键长 O 键在 1700 $cm^{-1}$ 左右有吸收）。其中，1500 ～ 400 $cm^{-1}$ 的“指纹区”光谱复杂且特异性强，是物质鉴别的核心区域。

（2）技术特点：快速（单次检测仅需数分钟）、无损（无须破坏样品）、低成本（无需复杂前处理），适合批量样品筛查。

（3）应用场景：对于食品真伪鉴别，如鉴别蜂蜜是否掺入蔗糖（蜂蜜中果糖 / 葡萄糖特征峰与蔗糖不同）、橄榄油是否掺混其他植物油（不饱和脂肪酸特征峰差异）；对于品质分级，如根据牛奶中蛋白质和脂肪的特征峰强度，快速判断其品质等级；对于加工过程监控，如监测葡萄酒发酵过程中酒精（C—H 键）和有机酸（C 键长 O 键）的含量变化

### 3. 化学组成指纹图谱

化学组成指纹图谱通过分析食品中特定化学组分（如挥发性有机物、矿物质元素、氨基酸、多酚等）的种类、含量及比例关系，构建反映食品“身份”的特征图谱。其核心是利用多组分的协同特征，而非单一成分，实现对食品产地、品种、加工工艺的追溯。

（1）常见分析对象：对于挥发性有机物（VOCs），食品风味的主要来源受品种、产地微环境（如土壤、气候）和加工方式影响。例如，不同产区的茶叶挥发性成分（如芳樟醇、香叶醇等）组成不同，可通过气相色谱 - 质谱（GC-MS）构建指纹图谱区分；对于矿物质元素，包括常量元素（如 K、Ca、Mg）和微量元素（如 Fe、Zn、Se），其组成与土壤地球化学特征密切相关。例如，“富硒大米”的硒含量及其他元素（如 Cd、Pb）的比值可反映其产地土壤特征；对于氨基酸与多肽，蛋白质水解产生的氨基酸组成受品种和饲养方式影响，例如：散养鸡蛋的必需氨基酸（如赖氨酸、蛋氨酸）含量高于笼养鸡蛋，且氨基酸比值具有特异性；对于多酚类物质，植物次生代谢产物，其种类和含量与品种、生长环境

（如光照、降水等）相关，例如：不同产区的葡萄酒中多酚（如原花青素、白藜芦醇等）组成存在显著差异。

（2）技术手段：多依赖色谱（气相色谱 GC、液相色谱 LC）、质谱（MS）、电感耦合等离子体质谱（ICP-MS）等仪器，结合化学计量学方法（如主成分分析、聚类分析）对多组分数据进行降维和特征提取，构建可视化指纹图谱。

4. 耦合技术

单一指纹图谱技术往往存在局限性（如同位素指纹受单一元素信息限制，红外光谱分辨率不足），而耦合技术通过将两种或多种分析方法结合，实现优势互补，显著提升溯源的准确性和灵敏度。常见的耦合技术包括：

（1）色谱 - 同位素比值质谱联用（GC-IRMS/LC-IRMS）

原理：先用气相色谱（GC）或液相色谱（LC）分离食品中的目标化合物（如脂肪酸、氨基酸），再通过同位素比值质谱（IRMS）测定单一化合物的稳定同位素比值（如 $\delta^{13}C$、$\delta^{15}N$）。

优势：克服了传统同位素分析中“整体样品平均比值”的模糊性，可精准获取特定化合物的同位素指纹。例如，在蜂蜜溯源中，GC-IRMS 测定蜂蜜中葡萄糖的 $\delta^{13}C$ 值，能更准确鉴别是否掺入 C4 植物糖浆（传统整体 $\delta^{13}C$ 分析易受其他成分干扰）。

（2）红外光谱 - 化学计量学耦合

原理：红外光谱数据往往包含大量冗余信息（如噪声、基线漂移等），通过化学计量学方法（如偏最小二乘判别分析 PLS-DA、人工神经网络 ANN）对光谱数据进行预处理和特征提取，增强有效信号。

应用：在肉类溯源中，傅里叶变换红外光谱（FTIR）结合 PLS-DA，可通过肌肉组织的蛋白质和脂肪光谱特征，精准区分不同品种（如牛肉与羊肉）或饲养方式（如谷饲与草饲）。

（3）多元素分析 - 同位素指纹耦合

原理：将矿物质元素组成（如 K/Na、Ca/Mg 比值）与稳定同位素比值（如 $\delta^{18}O$、$^{87}Sr/^{86}Sr$）结合，构建“元素 - 同位素”多维指纹。

优势：综合考虑地理环境的“地质特征”（同位素）和“土壤营养特征”（元素），提升地理溯源精度。例如，在茶叶溯源中，同时分析 $\delta^{18}O$、$^{87}Sr/^{86}Sr$ 及稀土元素组成，可将溯源分辨率从“省份”提升至“具体产区”。

综上，各类指纹图谱技术从不同维度捕捉食品的特异性特征，而耦合技术通过多方法协同，进一步突破单一技术的局限，为食品全程溯源提供了更精准、全面的技术支撑。

## 8.1.3 同位素指纹图谱

在自然界，同一个元素具有多种核素，它们的化学性质几乎相同，核素的质子数相同，但中子数（或质量数）不同。这些具有相同质子数、不同中子数的核素互称为同位素如碳

元素具有 $^{11}C$、$^{12}C$、$^{13}C$、$^{14}C$ 和 $^{15}C$ 五种同位素，质子数均为 6，中子数分别为 5、6、7、8 和 9。根据是否具有放射性，可将同位素分为放射性同位素和非放射性同位素。如 $^{11}C$、$^{14}C$ 和 $^{15}C$ 为放射性同位素，$^{12}C$、$^{13}C$ 为非放射性同位素。放射性同位素在食品科学中的应用已经进行了大量的研究，而非放射性同位素（也称稳定性同位素）近年来在农业与食品科学中才被广泛应用。

稳定性同位素技术近年来在生物学领域发展迅猛，尤其在环境科学中，由于其非放射性、非破坏性的特性，已被广泛用于探究植物与其生物及非生物环境之间的相互作用。自 20 世纪 80 年代以来，该技术在植物生态学中的应用不断拓展，逐渐成为研究植物与环境关系的重要手段。相比其他方法，稳定性同位素技术能够解决许多传统技术难以应对的问题，已被视为生态学与环境科学研究中极具价值和效率的工具之一。

稳定同位素技术在植源性食品溯源中应用的原理是根据植物种类不同，对环境中的稳定同位素吸收差异，以及不同纬度、不同气候区、不同地理条件（内陆与沿海）氢、氧、碳、氮、硫同位素丰度的差异。植物中氢氧稳定同位素比例主要受降雨以及灌溉水的影响，降水受同位素大气分馏的影响；植物中碳稳定同位素比例受植物种类、气候条件和农艺措施的影响；植物中氨稳定同位素比例受植物种类、土壤条件和肥料种类的影响。而动物源性食品同位素比例主要受饲料和饮用水的影响。不同产地的动物源饲料和饮用水等同位素构成存在显著差异，这就为动物源性食品产地溯源提供了可能。

### 8.1.4 产地溯源实例

近年来，我国牛肉产业发展势头强劲，产量持续快速增长。2024 年，我国牛肉产量达到 779 万吨，与 2020 年相比增加 107 万吨，增长幅度达 16%。目前，东北、中原、西北和西南四大肉牛主产区已初步形成规模效应，在全国牛肉产业格局中占据重要地位。

尽管产业发展态势良好，但我国养牛业的追溯管理体系仍存在一些有待完善之处。《畜禽标识和养殖档案管理办法》规定国家实施畜禽标识及养殖档案信息化管理，以实现畜禽及畜禽产品可追溯。在实际推进过程中，虽然有利辛县借助“徽牛云”平台打造智控耳标，实现每 10 秒上报数据，并支持耳标点亮、定位查找、区块链溯源等功能；西藏启用“西藏牧运通系统”，完成大量牦牛和羊的电子芯片耳标佩戴，实现无纸化出具相关证明；青海黄南州也为约 70 万头（只）牦牛和藏羊赋予“电子身份证”。然而，从全国范围来看，多数养殖场在牛耳标、动物身份证或护照等基础性追溯标识的配备上尚未实现全面覆盖，且牛肉产业链仍缺乏全球统一的身份编码系统。这使得活牛及牛肉产品在流通过程中难以进行高效、精准的全程追溯，不仅给食品安全带来隐患，一旦出现问题难以及时准确排查和处理，而且在国际市场上，由于无法满足部分国家和地区严格的追溯标准，限制了我国牛肉产品的进一步出口与市场拓展。

国际研究，如 Schmidt M D 等在 2005 年的成果表明，不同地理区域出产的牛肉在同位素组成上存在显著差异。国内在该领域的研究原本较为稀缺，但近年来随着对食品安全与品质溯源重视程度的提升，相关研究逐步开展。由于各地的地理环境、饲料来源等因素不同，同位素溯源技术在不同产地样品判别效果上确实存在差异。

鉴于此，本研究在我国四大肉牛主产区科学设点采样，运用同位素比率质谱仪（IRMS）和电感耦合等离子体质谱仪（ICP-MS），对脱脂牛肉、粗脂肪及牛尾毛中的碳、氮、氢和铅等同位素比率进行精准测定。通过深入比较不同地区牛组织中的同位素差异及其相关性，并结合判别分析方法，系统评估各类指标对产地识别的实际效果。在此基础上，初步构建适用于我国国情的牛肉产地同位素溯源模型。本研究旨在全面评估利用同位素指纹技术对我国主要肉牛产区进行产地识别的可行性，深入剖析各类同位素指标在实际判别中的应用潜力，为同位素溯源技术在牛肉产业链中的广泛推广与实践应用筑牢基础，助力我国牛肉产业提升质量安全管控水平，增强在国内外市场的竞争力。

### 1. 我国牛肉产地溯源分析取样及测定

分别从我国四大牛肉产区中选取吉林、贵州、宁夏和河北 4 个点共采集了 59 头牛的牛肉样品。牛肉产地的基本信息及采样点的设计见表 8-1。

表 8-1 牛肉样品来源地及喂养方式

| 采样地区 | 经度 | 纬度 | 海拔高度 /m | 喂养牛主饲料 | 取样时间 |
|---|---|---|---|---|---|
| 吉林省榆树市 | 126° 08' | 44° 47' | 407 | 谷物（玉米） | 2005.06 |
| 宁夏同心县 | 106° 29' | 37° 33' | 1344 | 谷物（小麦、玉米） | 2005.10 |
| 贵州省安顺市 | 105° 41' | 26° 23' | 1236 | 牧草（C3、C4） | 2005.11 |
| 河北省张北县 | 114° 43' | 41° 08' | 1408 | 牧草（C3） | 2005.11 |

（1）样品采集：每头牛在屠宰后，于后臀部取约 500g 牛肉，装入自封袋密封，并置于 −20℃ 冰箱中冷冻保存，以备后续分析。

（2）样品前处理步骤如下：首先，将冷冻牛肉样品用绞肉机绞碎；随后在 70℃ 恒温下干燥 48 小时，并研磨成粉末。然后，采用石油醚对粉末进行脱脂处理。脱脂后的牛肉粉再次充分研磨，过 200 目筛后备用。同时，回收脱脂过程中产生的石油醚溶液，用以提取粗脂肪样品，备用。

（3）氢同位素比率测定：称取 1g 处理后的样品，装入 8mm×5mm 银杯中压成小球，置于 96 孔板中，覆盖松散盖子后在室温下平衡 96 小时。样品经 1275℃ 高温热裂解生成 $H_2$、$N_2$ 和 CO，随后通过 100℃ 纯化柱和分子筛去除 $N_2$ 与 CO，仅保留 $H_2$ 气体进入连续流同位素比率质谱仪（CF-IRMS）测定。氦气为载气，流速为 100 mL/min，样品载入速率为 50 mL/min。氢同位素以 D（‰）表示，以 V-SMOW 为标准，计算公式如下：

$$\delta D\ (\%) = (R_{sp}/R_{st}-1) \times 1000$$

式中，R 为轻同位素与重同位素丰度比，即 $^{2}H/^{1}H$；sp 表示样品；st 表示标准。

（4）碳、氮同位素比率测定：取 500 ～ 800mg 样品，先经 Flash EA1112 元素分析仪转化为 $CO_2$ 与 $N_2$ 气体，经 Conflo III 型接口稀释后，送入 DELTA$^{Plus}$ Thermo Finnigan 质谱仪进行分析。主要参数如下：

元素分析仪：进样器氦气吹扫流量为 200mL/min，氧化炉温度为 1020℃，还原炉温度为 650℃，载气氦气流量为 90mL/min。

Conflo III 条件设定：He 稀释压力为 0.6bar，CO 参考气压力为 0.6bar，$N_2$ 参考气压力为 1.0bar。

质谱仪条件：用 USGS24（$^{13}C_{PDB}$=−16.00%）标定 $CO_2$ 钢瓶，用 IAEA $N_1$（$\delta^{15}N_{air}$=0.4%）标定 $N_2$ 钢瓶。用标定的钢瓶气作为标准。

稳定性碳、氮同位素比率分别用 $\delta^{13}C$（%）和 $\delta^{15}N$（%）表示，$\delta^{13}C$ 的相对标准为 V-PDB，$\delta^{15}N$ 的相对标准为空气。计算公式如下。

$$\delta(\%) = (R_{样品}/R_{标准}-1) \times 1000$$

式中，R 为轻同位素与重同位素丰度比，即 $^{13}C/^{12}C$ 和 $^{15}N/^{14}N$。

（5）铅同位素比率检测：称取 0.3 ～ 0.5g 脱脂牛肉粉，置于消化管中，加入浓硝酸（65%，分析纯）10mL，盐酸（37%，分析纯）3mL，放入 Multiwave 3000 微波消解仪（美国 PE 公司）中进行样品消煮。消煮后的样品用 7500a ICP-MS（美国 Agilent 公司）测定样品中铅同位素比率。仪器的具体工作参数如下。

微波消解仪条件：微波功率在 10min 内从 0W 增大到 1200W，然后在 1200W 的功率下消解 30min，最高温度达 190℃，最大压力达 24bar。消解后得到澄清透明的溶液，用去离子水（>18.2MΩ）洗出样品，定容到 50mL，装入塑料瓶待测。

ICP-MS 的工作条件：

载气流速：1.12L/min　蠕动泵流速：0.1rps　雾化室温度：2℃

氧化物指标 0.45%　双电荷指标：1.01%　RF 功率：1200W

3 次重复测定，用外标法进行定量，铅同位素标准样品采用 Agilent 公司的环境标样；用内标法保证仪器的稳定性，Li、Ge、Y、In、T、Bi 是所选择的内标。当内标元素的 RSD（3 次重复测定）5% 时，需要重新测定样品。

（6）锶同位素比率检测：称取 0.8g 脱脂牛肉粉，放入石英坩埚中，置于箱式电阻炉，800C 下恒温 2h，降温后取出。用 $HNO_3$ 溶解离心分离后清液加入装有 DOWEX 50W-X8 阳离子交换柱上（去除 $^{87}Rb$），接收 Sr 部分。处理后的样品用型号为 MAT-262（德国 Finnigan 公司）的热电离质谱（TIMS）进行测定，质量分析用 $^{88}Sr/^{86}Sr$=8.37521 校正。标准样品为 NBS9$^{87}SrCO_3$，其 $^{88}Sr/^{86}Sr$ = 0.710243（2σ）。

（7）数据处理：采用 SAS 软件进行方差分析、多重比较与判别分析，同时利用 Excel 软件对各类数据进行相关性分析处理。

### 2. 牛肉产地溯源结果分析

同位素测定结果见表 8-2、表 8-3 和表 8-4。

**表 8-2　牛组织中 $^{13}C$ 值及变异系数**

| 采样地区 | 项目 | 脱脂牛肉 | 粗脂肪 | 牛尾毛 |
|---|---|---|---|---|
| 吉林省榆树市 | 平均值（%） | −12.725 ± 1.463 | −17.041 ± 1.652 | −11.910 ± 1.529 |
| | 变异系数（%） | 11.496 | 9.692 | −12.838 |

续表

| 采样地区 | 项目 | 脱脂牛肉 | 粗脂肪 | 牛尾毛 |
|---|---|---|---|---|
| 贵州省安顺市 | 平均值（%） | −17.000 ± 2.051 | −21.079 ± 2.200 | −15.683 ± false2.284 |
| | 变异系数（%） | 12.062 | 10.436 | 14.561 |
| 宁夏同心县 | 平均值（%） | −18.958 ± 1.207 | −24.152 ± 1.396 | −19.300 ± 1.387 |
| | 变异系数（%） | 6.367 | 5.780 | 7.188 |
| 河北省张北县 | 平均值（%） | −20.689 ± 1.425 | −26.087 ± 1.679 | −20.925 ± 1.331 |
| | 变异系数（%） | 6.887 | 6.436 | 6.363 |

表 8-3 牛组织中 $^{15}N$ 和值

| 采样地区 | 项目 | 脱脂牛肉 | 粗脂肪 | 牛尾毛 |
|---|---|---|---|---|
| 吉林省榆树市 | 平均值（%） | 5.129 ± 0.745 | 4.779 ± 0.495 | −95.305 ± 3.313 |
| | 变异系数（%） | 14.523 | 10.351 | 3.476 |
| 贵州省安顺市 | 平均值（%） | 6.361 ± 1.024 | 6.068 ± 0.901 | −86.606 ± 4.945 |
| | 变异系数（%） | 16.089 | 14.850 | 5.709 |
| 宁夏同心县 | 平均值（%） | 4.590 ± 0.699 | 4.464 ± 0.269 | −90.250 ± 3.662 |
| | 变异系数（%） | 15.230 | 6.017 | 4.057 |
| 河北省张北县 | 平均值（%） | 6.577 ± 1.367 | 5.958 ± 1.475 | −86.683 ± 3.838 |
| | 变异系数（%） | 20.789 | 24.753 | 4.427 |

表 8-4 脱脂牛肉中铅和锶同位素比率

| 采样地区 | 项目 | $^{206}Pb/^{207}Pb$ | $^{208}Pb/^{207}Pb$ | $^{87}Sr/^{86}Sr$ |
|---|---|---|---|---|
| 吉林省榆树市 | 平均值（‰） | 1.040 ± 0.011 | 2.293 ± 0.030 | 0.70954 ± 0.0003 |
| | 变异系数（%） | 1.061 | 1.290 | 0.042 |
| 贵州省安顺市 | 平均值（‰） | 1.032 ± 0.021 | 2.260 ± 0.038 | 0.70928 ± 0.0003 |
| | 变异系数（%） | 2.007 | 1.660 | 0.042 |
| 宁夏同心县 | 平均值（‰） | 1.034 ± 0.016 | 2.282 ± 0.023 | 0.70967 ± 0.0002 |
| | 变异系数（%） | 1.552 | 1.012 | 0.003 |
| 河北省张北县 | 平均值（‰） | 1.015 ± 0.015 | 2.252 ± 0.034 | 0.70944 ± 0.0002 |
| | 变异系数（%） | 1.445 | 1.525 | 0.028 |

### 3. 同位素指标组合对牛肉产地的判别分析

单一同位素指标用于牛肉产地判别的正确判别率相对较低，其中最高仅为 73%（表 8-5）；而将各项同位素指标结合开展距离判别分析后，正确判别率得到显著提高。脱脂牛肉与牛尾毛中 $^{13}C$、$^{15}N$ 两项指标相结合，对牛肉产地的整体正确判别率分别提高到 78% 和 85%；牛尾毛中的 $\delta^{13}C$、$\delta^{15}N$ 和 $\delta D$ 三项指标结合，整体正确判别率进一步提高，达到 92%；将脱脂牛肉中的碳、氮两种同位素指标分别与铅、锶同位素指标组合后，牛肉产地的整体正确判别率虽有明显提升，但均低于碳、氮、氘三项指标组合的整体正确判别率（表 8-6）。

表 8-5 单一同位素指标对牛肉产地的正确判别率

| 采样地区 | $\delta^{13}C$ | | | $\delta^{15}N$ | | $\delta D$ | $^{206}Pb/^{207}Pb$ | $^{208}Pb/^{207}Pb$ | $^{87}Sr/^{86}Sr$ |
|---|---|---|---|---|---|---|---|---|---|
| | 脱脂牛肉 | 粗脂肪 | 牛尾毛 | 脱脂牛肉 | 牛尾毛 | 牛尾毛 | 脱脂牛肉 | 脱脂牛肉 | 脱脂牛肉 |
| 吉林省榆树市 | 86% | 86% | 90% | 38% | 38% | 86% | 48% | 52% | 25% |
| 贵州省安顺市 | 50% | 75% | 69% | 25% | 6% | 75% | 44% | 6% | 79% |
| 宁夏同心县 | 60% | 50% | 50% | 70% | 80% | 63% | 0% | 36% | 9% |
| 河北省张北县 | 75% | 67% | 67% | 75% | 92% | 18% | 77% | 38% | 11% |
| 整体正确判别率 | 69% | 73% | 73% | 47% | 47% | 62% | 57% | 34% | 34% |

表 8-6 同位素指标组合对牛肉产地的判别分析

| 采样地区 | $\delta^{13}C$、$\delta^{15}N$ | $\delta^{13}C$、$\delta^{15}N$、$^{206}Pb/^{207}Pb$ | $\delta^{13}C$、$\delta^{15}N$、$^{208}Pb/^{207}Pb$ | $\delta^{13}C$、$\delta^{15}N$、$^{206}Pb/^{207}Pb$、$^{208}Pb/^{207}Pb$ | $\delta^{13}C$、$\delta^{15}N$、$^{87}Sr/^{86}Sr$ |
|---|---|---|---|---|---|
| | 脱脂牛肉 | 脱脂牛肉 | 脱脂牛肉 | 脱脂牛肉 | 脱脂牛肉 |
| 吉林省榆树市 | 86% | 90% | 86% | 90% | 85% |
| 贵州省安顺市 | 69% | 75% | 81% | 94% | 79% |
| 宁夏同心县 | 80% | 90% | 80% | 80% | 80% |
| 河北省张北县 | 75% | 83% | 83% | 73% | 89% |
| 整体正确判别率 | 78% | 85% | 83% | 86% | 83% |

### 4. 利用同位素指标建立牛肉产地判别模型分析

当判别变量数量较多时，若不加筛选地全部用于构建判别函数，不仅会增加计算工作量，还可能因变量间的自相关性降低求解逆矩阵的计算精度，最终导致判别函数稳定性不足。因此，对变量进行合理筛选对判别分析而言至关重要。

利用脱脂牛肉、粗脂肪中的碳、氮、氘、铅元素进行逐步判别分析，筛选重要的变量。根据 $p < 0.05$ 水平下的显著性检验，9 项指标中有 3 项指标引入到判别模型中，引入的先后次序依次为脱脂牛肉的 $\delta^{13}C$、$\delta^{15}N$ 和 $\delta D$ 建立的判别模型如下：

$$Y_{吉林}=-315.016-2.200\delta^{13}C+7.797\delta^{15}N-5.923D$$

$$Y_{贵州}=-289.524-3.894\delta^{13}C+9.858\delta^{15}N-5.260D$$

$$Y_{宁夏} = -311.034 - 4.941\delta^{13}C + 8.043\delta^{15}N - 5.399D$$

$$Y_{河北} = -314.399 - 5.753\delta^{13}C + 10.196\delta^{15}N - 5.128D$$

利用逐步判别分析建立判别模型时，常剔除相关性非常高的变量。因此，判别模型中引入了脱脂牛肉的 $\delta^{13}C$、$\delta^{15}N$ 两项指标。在距离判别分析结果中，此三项指标对牛肉产地的整体正确判别率为 92%（表 8-6）。利用所建立的判别模型对四个地域的样本进行判别分析，59 个样本中有 7 个样本被错判，整体正确判别率为 88%（表 8-7），判别效果比较好。在实际应用中，利用此判别模型可对盲样进行判别。判别方法为将所检测的变量值代入上述判别模型中，比较四个地域 $Y$ 值大小，盲样归属于 $Y$ 值最大的地域。

**表 8-7　判别分析结果总结**

| 原属类别 | 最后判属类别 | | | | 合计 |
|---|---|---|---|---|---|
| | 吉林省榆树市 | 贵州省安顺市 | 宁夏同心县 | 河北省张北县 | 59 |
| 吉林省榆树市 | 20 | 1 | 0 | 0 | 21 |
| 贵州省安顺市 | 0 | 13 | 3 | 0 | 16 |
| 宁夏同心县 | 0 | 0 | 9 | 1 | 10 |
| 河北省张北县 | 0 | 1 | 2 | 10 | 13 |

### 5. 同位素指纹技术对牛肉产地溯源的可行性分析

我国四大肉牛产区的牛肉样品中，各组织的碳、氮、氘、铅、锶同位素指标均存在极显著差异，这表明不同产区的牛肉样品具有独特的同位素指纹特征。判别分析、主成分分析及聚类分析的结果从不同角度证实，利用同位素指纹对四大肉牛产区的牛肉进行产地溯源，判别效果较为理想。利用脱脂牛肉中 $\delta^{13}C$、$\delta^{15}N$、$^{206}Pb/^{207}Pb$、$^{208}Pb/^{207}Pb$ 四项指标组合对牛肉产地的正确判别率为 86%。主成分分析散点图和聚类分析树图也直观表明同位素指纹能有效区分四大肉牛产区的牛肉来源。可见，同位素指纹技术在牛肉产地溯源中的应用是可行的。

对牛肉原产地的整体正确判别率由高到低的指标依次为 $\delta^{13}C>\delta D>^{206}Pb/^{207}Pb>\delta^{15}N>^{208}Pb/^{207}Pb>^{87}Sr/^{86}Sr$，在牛肉产地判别中，研究结果表明，碳同位素在牛肉产地判别中的效果最为显著，氢同位素次之，而氮、铅和锶同位素的判别效能相对较低。然而，当多种同位素指标联合使用时，可显著提高牛肉产地判别的准确性，特别是碳、氢与氮同位素的组合效果尤为突出。在逐步判别分析中，这三种同位素被优先纳入判别模型中。通过该模型对不同产地牛肉进行分类判别时，整体正确率达到 88%，表明其具有较高的实用性与稳定性。国际上利用碳、氮同位素对食品产地溯源的研究比较多，多数报道也发现 $^{13}C$ 对食品地域的判别效果比较好，而 $^{15}N$ 的判别效果不很理想。Rossmann A 等（2000）收集了欧洲不同国家的黄油样品，测定了全黄油的 $^{13}C$ 值，黄油蛋白中的 $\delta^{13}C$、$\delta^{15}N$、$\delta^{34}S$ 和 $\delta^{87}Sr$ 值，结果 $\delta^{15}N$ 和 $\delta^{34}S$ 不能很好地判断黄油的地域来源。Branch S 等（2003）测定了来自美国、加拿大和欧洲小麦样品中的 $\delta^{13}C$、$\delta^{15}N$，镉、铅、硒和锶，结果发现用 $\delta^{13}C$ 一项指标就能完全区分 3 个不同地域来源的小麦样品，而不同地域小麦的 $^{15}N$ 值却重叠较多。虽然用牛各组织中 $\delta^{15}N$ 一项指标对地域的正确判别率较低，但它与指标 $\delta^{13}C$ 相结合却能显著提高地域的正确判别率。Piasentier E 等（2003）研究发现，不同地方饲喂同一种饲料的羊脂肪、蛋白质中的 $\delta^{13}C$ 值没有差异，但严 N 值有很大差异，这说明 $\delta^{15}N$ 指标与 $\delta^{13}C$ 指标可相互补充，提高肉品的地域判别率。

关于肉品水中 $\delta^{18}O$ 和 D 同位素作为产地溯源指标的适用性，学术界仍旧存在争议。一部分研究者认为这类同位素具有产地识别潜力，但也有研究指出 $\delta^{18}O$ 值同位素值受多种非地域性因素影响较大。例如，储存时间、环境温度与湿度等都会显著改变其同位素组成。Thiem I 等（2004）将 50g 切碎的牛肉分别在 18.5℃ 和 21.5℃ 下贮藏了 10h，分析肉中水的 $\delta^{18}O$ 值的变化情况，发现每 1h$\delta^{18}O$ 值分别增加了 0.3% 和 0.4%。此外，胴体喷水冷却对肉中水的 $\delta^{18}O$ 值改变也很大。这些因素的影响掩盖了地域之间的差异（Schwertl M et al.，2005）。此外，屠宰后采用喷水冷却的处理方式也会显著影响肉中水分的 $\delta^{18}O$ 和 $\delta D$ 值组成（Hegerding L et al.，2002）。这些非地理因素的干扰会掩盖不同地区之间的天然差异，限制了其在溯源中的应用效果。

尽管铅、锶同位素单独用于牛肉产地判别时效果欠佳，但与其他同位素搭配后，同样可提高正确判别率。铅、锶等重同位素的自然分馏效应较小，致使不同地域来源的样品中同位素比值差异较小，而且有机物中的铅、锶同位素测定又比较困难，它们对仪器的检测精度要求非常高。在文献报道中主要测定岩石等无机物中的铅、锶同位素比值，如利用铅同位素比值研究环境中的污染源（王琬等，2002；Almeida C M R et al.，1999），利用锶同位素比值研究地质年龄等（张西营等，2002），而利用它们进行食品产地溯源研究的报道很少，且主要集中在丹参、葡萄酒等植物源产品研究中（黄志勇等，2003；Kelly S et al.，2005；Almeida C M R et al.，2004；Rossmann A et al.，2000）。在肉制品产地溯源研究中，仅有锶同位素的相关报道。Franke B M 等（2005）研究发现，来自德国、巴西、瑞士、法国和匈牙利的牛肉、家禽样品中 $^{87}Sr/^{86}Sr$ 比值差异不明显。他们认为这一方面可能是由于肉中的锶含量太低，而且不同肉样品中的锶同位素比值变异太小造成；另一方面可能是由于研究中取样地的界限是按照行政区域划分的，而不了解其地质区域划分界限，尤其对于一些比较大的国家如巴西、美国、加拿大、法国和德国而言，特定地域来源动物体中 $^{87}Sr/^{86}Sr$ 比值可能比全国收集的样品中锶同位素比值更有独特性。有关铅、锶同位素对牛肉产地的判别效果还有待进一步研究证实。

## 8.2 污染源溯源

### 8.2.1 食品污染的定义

食品污染是指食品在从原料的种植、生长、收获、捕捞、屠宰，到后续的加工、储存、运输、销售、烹调直至最终食用的全过程中，掺入或产生了对人体健康有害或有毒的物质，从而导致食品安全、营养价值及感官特性发生改变的现象（张霞，2025）。食用被污染的食品可能对人体健康构成严重威胁。

### 8.2.2 食品污染的种类

根据污染来源的差异，食品污染大致可分为以下四类：一是天然存在于食物中的有毒成分；二是环境中污染物的侵入；三是食品添加剂的不当使用；四是加工、储存、运输或烹调过程中产生的有害物质，以及工具或容器引起的污染。

### 8.2.3 食品污染的途径

从污染途径来看，食品污染主要分为生物性污染、化学性污染和放射性污染（图 8-1），其中化学性污染占主导地位。环境中污染物进入食品的途径如图 8-2 所示。

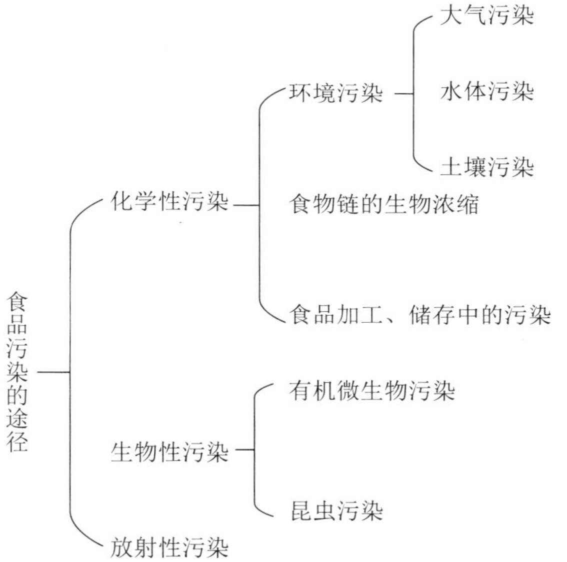


图 8-1 食品污染的途径

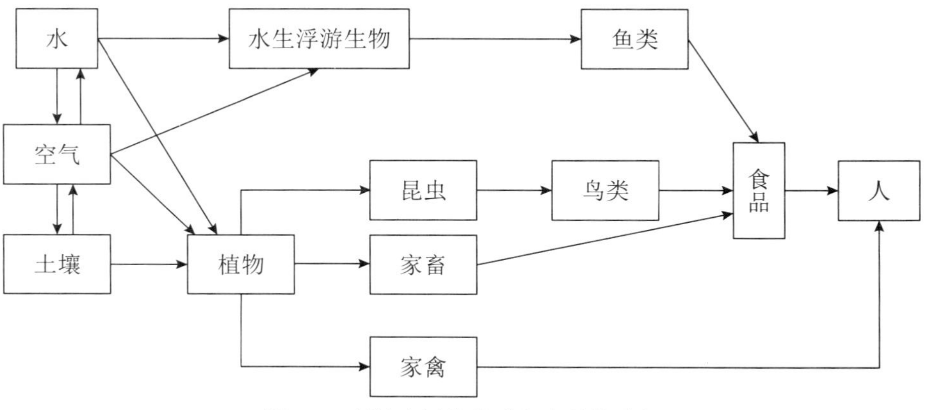


图 8-2 环境中污染物进入食品的途径

化学性污染主要包括由农药、食品添加剂、包装材料和工业废弃物等引起的有机或无机化合物污染，如汞、镉、铅、砷、氰化物、有机磷、氯农药、亚硝酸盐和亚硝胺等（杨春霞，2023）。其主要来源包括：①农药、化肥等农用化学品的过量或不当使用；②违规添加不符合卫生标准的食品添加剂；③使用不合格的包装材料，例如含铅的陶瓷、含氯乙烯单体的聚氯乙烯塑料包装，石蜡包纸中可能含有致癌物苯并芘，彩色油墨和印刷纸中的多氯联苯易溶于高脂肪食品；④工业排放导致的环境污染，污染物通过食物链最终影响人体健康。

生物性污染则指食品受到有害微生物（包括细菌、病毒、真菌等）及寄生虫、昆虫等生物的污染（顾晨荣，2017）。动物性食品中的病原体尤其值得关注，涵盖人兽共患病病原体、食源性致病菌以及引起食物中毒的细菌、真菌及其毒素。常见的污染微生物种类繁多，例如炭疽杆菌、结核分枝杆菌、布鲁氏菌、志贺氏菌（痢疾杆菌）、沙门氏菌、肉毒梭菌等。它们除直接污染动物性食品外，还可通过食品加工工具、容器、洗涤用水等途径间接污染，导致食品腐败变质。真菌在自然界中分布广泛，其产生的毒素致病性极强，例如黄曲霉产生的黄曲霉毒素，污染食品后会引发动物原发性肝癌，对人体危害极大，人类乳腺癌的发生也与之相关。

所谓放射性食品污染，是指食品吸附或吸收外来（人为来源）的放射性元素后，其放射性水平超过自然放射性本底的现象（傅骏青等，2024）。具有卫生学意义的天然放射性元素主要包括镭-226、钾-40、钋-210等。放射性矿物的开采冶炼、核能应用、核工业及稀土、稀有金属、煤矿等工业生产，以及放射性同位素应用、核动力开发、核爆炸试验等活动，都可能造成食品的外源性污染。

谈及食品污染，不得不提及一个与之密切相关且备受关注但了解有限的问题——食品添加剂是否会导致食品污染。尽管食品添加剂在食品生产中广泛应用，但部分媒体的负面报道引发了公众对其安全性的疑虑，甚至将其视为有害物质。然而，食品专家指出，添加剂在食品加工中发挥着不可替代的作用，是某些食品制作工艺的必需成分。根据功能，食品添加剂主要分为：增稠乳化剂、品质改良剂、防腐剂/抗氧化剂、保鲜剂、食用色素、香精香料、甜味剂以及营养强化剂。只要遵循科学规范、合理使用，食品添加剂便是安全无害的。值得注意的是，与许多国家相比，中国允许使用的食品添加剂在品类、用量和应用范围上均更为严格和有限。随着食品工业的发展壮大，添加剂的生产和使用规模不断扩大已成为一种必然趋势。

随着工业化进程的加剧，环境污染问题日益严重，加之新技术、新原料和新材料的不断推广，食品面临的污染因素愈发复杂多样。食品污染已经严重威胁到人类的生命健康，然而，由于利益驱使或地方保护主义的影响，严重危害人类生命健康的食品污染事件却很少得到有效干预，导致食品污染事件屡屡发生。因此，源于科学问题、经济发展问题和社会问题的食品污染引起了人们的广泛关注。

### 8.2.4 微生物分子分型溯源

微生物污染持续占据影响中国食品安全因素的首位。以 2024 年为例，在报告的食物中毒事件里，由微生物引发的中毒人数占比达 60.23%。这类污染主要源于细菌、真菌以及病毒等致病微生物。微生物适应能力极强，从食品原料的种植、养殖、捕捞阶段，一直到后续的加工、包装、运输、储存、销售，甚至是消费者食用环节，都极易遭受微生物污染。

在食品加工环节，环境清洁不到位、加工设备未彻底消毒，会使微生物大量滋生并污染食品。2025 年年初，广东某食品企业因车间卫生管理不善，导致其生产的糕点产品菌落总数严重超标，大批产品被召回。在运输和储存环节，倘若温湿度控制不当，像肉类、奶制品等易腐食品就特别容易受到微生物侵袭。例如，2024 年夏季，多地因冷链运输故障，致使部分乳制品在运输途中被大肠杆菌污染，引发多起消费者腹泻事件。而在销售环节，一些卫生条件欠佳的小摊贩所售食品，也常常因微生物污染而存在安全隐患。

## 8.3 植物源性食品污染源溯源

### 8.3.1 茶叶铅污染溯源

在全球饮品版图中，茶占据着极为重要的地位。步入 21 世纪，全球茶叶产业始终保持着稳健的增长态势。中国作为世界第一产茶大国，在全球茶叶生产与贸易格局中扮演着举足轻重的角色。中国海关数据显示，2025 年 1-6 月，中国茶叶累计出口量达到 20.07 万吨，累计出口额为 7.15 亿美元，出口量与出口额均实现同比增长。茶叶已然成为中国农产品出口创汇的重要支柱之一。

然而，在茶叶产业持续繁荣的背后，茶叶安全问题也愈发受到关注。随着消费者健康意识的提升以及国际市场对食品安全标准的日益严苛，茶叶的质量安全成为产业可持续发展的关键。铅含量作为茶叶质量安全的重要指标之一，其管控尤为重要。铅污染不仅可能影响茶叶品质，甚至对人体健康构成潜在威胁。因此，深入探究茶叶铅污染来源，构建科学有效的防控体系，成为当下茶叶产业发展亟待解决的重要课题。

本研究借助先进的铅同位素指纹分析技术，系统剖析土壤、茶叶与潜在铅污染源之间的内在联系，精准识别茶叶铅污染的源头，并定量计算不同污染源对茶叶铅污染的贡献率。同时，明确茶叶铅污染溯源及贡献率计算过程中的关键技术前提与标准化程序，旨在为茶叶安全生产与质量管控提供坚实的技术支撑，助力中国茶产业在国际市场中持续稳健前行。

### 8.3.2 水稻铅污染溯源

广西的矿产资源极为丰富，拥有众多矿山和个体采矿点。在矿石开采与冶炼过程中，会产生大量富含多种共 / 伴生重金属的尾矿及废水。然而，随着环保理念的深入贯彻与技术革新，如今这些废弃物的处理与排放已受到更严格的管控和科学治理。

大环江，作为龙江的重要支流，亦是环江毛南族自治县的“母亲河”，发源于贵州省从江县料家坡。该河全长 177 千米，流域面积达 2929 平方千米，历年最大流量为每秒 3030 立方米，最小流量为每秒 0.11 立方米，多年平均流量为每秒 65.7 立方米。干流坡降 1.03%，河床宽浅。河流自北向南贯穿环江毛南族自治县境内，随后经河池市东江镇汇入龙江。

环江流域上游矿产资源丰富，被誉为中国的“铅锌”矿之都。诸如著名的化达矿、北山矿、红茂矿等众多采选矿厂均分布在大环江流域境内。近年来，在绿色发展理念的指引下，当地矿业企业持续加大环保投入，积极升级技术设备。例如，环江毛南族自治县新发矿业有限责任公司，其年产 105 万吨（3500 吨 / 日）的选矿厂项目采用了符合国家相关节能法规及政策要求的建设方案和技术标准，配套建设了全尾砂充填系统等环保设施，致力于实现资源开发与生态保护的平衡发展。目前，县内年产铅锌精矿金属量稳定保持在较高水平。

环江，作为中国唯一的毛南族自治县，于 1987 年正式成立。全县土地面积达 4572 平方千米，总人口超过 40 万，其中毛南、壮、瑶、苗、仫佬等少数民族共计 31.3 万人，毛南族占总人口的 16.2%。水稻作为当地主要种植的农作物，在农业经济和居民生活中占据重要地位。当前，正值早稻播种育秧的关键时期，环江毛南族自治县各地群众正抢抓晴好天气，积极推进水稻育秧育苗工作。环江育秧中心为种植户提供从打田、育苗到栽插的“一条龙”服务，显著提高了生产效率。同时，县农业技术推广中心工作人员深入田间，为农户提供技术指导，助力水稻种植实现产量与品质的双提升。

为全面评估环江流域居民种植水稻的质量安全状况，相关部门对该区域的排污选矿厂及环江流域的环境状况展开了全面调查。调查结果显示，大环江流域的矿业企业在环保升级后，污染防控取得了显著成效。然而，为进一步提升环境质量，有关部门仍密切关注潜在风险。据统计，某冶炼厂、某选矿厂等企业曾是重点关注对象，如今在严格的环保监管和企业自身努力下，均已顺利完成环保改造升级。各企业排放的污水经汇集处理后，合规排放入大环江。目前，相关部门正持续强化对这些企业的监管，确保其稳定达标排放。

为深入探究该地区水稻重金属污染状况，科研团队精心设计了试验方案。沿环江流域自上而下，系统采集了水稻、土壤、灌溉用水及铅锌矿矿石、尾砂、铁矿矿石和燃煤、汽油等样品。通过对这些样品进行铅同位素丰度特征分析及重金属含量分析，旨在精准掌握土壤及稻米重金属污染现状与分布规律，深入探究不同载体间（土壤、水、稻米、铅污染源）铅同位素丰度特征的内在联系，准确剖析稻米铅的潜在来源，并尝试构建科学合理的不同铅污染源贡献率计算方法，为环江流域的生态保护与农业可持续发展提供坚实的数据支撑与技术保障。

### 8.3.3 蔬菜铅污染溯源

在生态环境与居民健康关系日益受到重视的背景下，河北省持续推动环境监测与治理工作，致力于保障居民生活环境的安全与健康。2025 年，基于对环境重金属污染潜在风险的长期关注，科研团队开展了一项针对河北省某县某乡某村的深入调研。

回顾过去，在环境监测技术与理念尚待完善的时期，曾出现过关于潜在污染隐患的讨论。例如，2004 年，河北省某县一所小学部分学生出现身体不适症状，当时有观点怀疑这与周边工厂的排放有关，这一事件引发了社会对环境与健康问题的广泛关注。然而，随着近年来环境监测技术的迅猛发展及相关部门监管力度的不断加强，河北省在环境治理方面取得了显著成效。

如今，为进一步夯实环境安全基础，2025 年，科研团队在河北省某县某乡某村开展了全面的环境采样工作。此次采集的样品包括土壤、蔬菜以及饮用水。采集过程严格遵循科学标准，运用先进设备确保样品的代表性与完整性。后续，团队将采用前沿的重金属分析技术与铅同位素检测手段，对样品进行精确检测。通过对土壤、蔬菜、饮用水中重金属含量的测定，以及铅同位素丰度特征的分析，深入探究不同环境介质中重金属的来源与迁移规律。

此项研究意义重大，旨在利用铅同位素技术构建精准的重金属污染溯源体系，明确各类潜在污染源对当地环境的影响程度，为地方环境管理部门制定更具针对性的污染防控策略提供科学依据，助力河北省在环境治理与居民健康保障方面迈上新台阶，持续推动生态环境与社会发展的良性互动。

# 第九章 个体溯源

## 9.1 物种鉴别技术分类

当前，食品检测技术不断革新，众多先进技术已广泛应用于检测食品特性及其组成成分。其中，部分技术不仅能精准测定食品成分，还可推断其来源与历史，为食品供应链追溯体系奠定坚实基础；而另一部分技术则专注于证实特定成分的存在。

在食品供应链追溯体系中，物种鉴别是关键支撑技术，对于获取物质品种信息发挥着不可或缺的作用。如今，快速且精准的鉴别方法丰富多样，为保障食品安全和追溯食品信息提供了多元化路径。

蛋白质分析技术持续演进，质谱蛋白质组学分析借助高分辨质谱，能够精准识别物种特异性多肽标记物，一次检测可涵盖 20 种以上物种成分。例如，LC-MS/MS 技术在烘焙食品中混合动物油脂的鉴别上，准确率超过 99%，已成为高端食品溯源的核心技术。此外，基于相对定量的差异蛋白质组学技术，通过超高效液相色谱 - 四极杆 / 飞行时间质谱，比较不同产地鱼虾产品的蛋白质组，挖掘出潜在的产地蛋白生物标志物，从而实现对鱼虾产品地理来源的鉴别。

脂质体分析在食品领域也崭露头角。基于质谱的脂质组学可全面分析食品脂质，为食品成分分析、品质判别、真伪鉴别及产地溯源提供有力支持。不同食品的脂质组成与含量存在差异，这使得脂质成为食品真伪鉴别的关键靶标。目前，脂质组学已成功用于筛查食品脂质标志物，实现了食用油、乳制品和谷物等食品的真伪鉴别。同时，在产地溯源研究中，借助脂质组学分析不同产地食品的脂质差异，也取得了显著进展。

DNA 技术更是迅猛发展。新一代测序（NGS）基因分析技术，依托庞大的物种数据库信息（涵盖 15000 种哺乳动物类、鸟类、水产动物类、鱼类、植物类、微生物和过敏原类等），仅需 1 ～ 3 天，就能识别食品样本中含有的所有物种，不仅能定性，还能提供相对定量的 DNA 比例，有效突破了第一代 PCR 技术仅能定性的局限。在肉类掺假检测中，若在刚处理完牛肉的砧板上处理猪肉，第一代 PCR 技术可能因污染误判该猪肉掺有牛肉，而 NGS 技术则能准确检测肉源性成分，并确定 DNA 的相对占比。此外，DNA 条形码技术通过对 COI、cytb 等基因片段测序进行物种鉴定，在水产品种鉴别方面表现出色，如区分鳕鱼与油鱼。便携式 MinION 纳米孔测序仪已能实现现场 45 分钟快速检测，检出限达 1% 掺假比例。中国检验检疫科学研究院粤港澳大湾区研究院引进的“ABI 基因测序仪”，基于 Sanger 测序技术这一基因分析的金标准，在精准区分近缘物种、适应复杂样本类型上优势显著，能够快速、准确地完成鱼胶样本的 DNA 条形码鉴定，解决鱼胶行业鱼种鉴定混乱的难题。

除了上述技术，新兴的检测手段也在不断涌现。例如，光谱技术中的近红外光谱分析，能够快速无损地检测食品的成分与品质，通过建立不同食品的特征光谱数据库，可对食品的种类、产地等信息进行初步推断。拉曼光谱技术则可针对食品中的特定分子结构进行检测，在鉴别食品真伪及检测添加剂等方面具有潜在应用价值。还有生物传感器技术，通过特异性识别元件与食品中的目标物质发生反应，产生可检测的信号，具有灵敏度高、检测速度快等优点，部分生物传感器阵列已能同时检测 50 种以上的过敏原蛋白，且检测时间缩短至 10 分钟。

### 9.1.1 蛋白质分析技术简介

根据 2025 年最新研究，蛋白质（肌红蛋白、热休克蛋白、同工酶等）依旧是物种鉴定的核心分子指标，但技术路径已由传统凝胶电泳升级为“凝胶电泳＋高分辨质谱＋人工智能”的多维指纹平台。李家辉等（2025）利用 SDS-PAGE 与 nanoLC-MS/MS 联合，实现了牛肉、猪肉、鸡肉、鸭肉、马肉的 15 分钟快速区分，检测限低至 0.05%。聚丙烯酰胺凝胶电泳（PAGE）进一步与二维电泳（2-DE）及 HDX-MS（氢氘交换质谱）耦合，可在一次实验中获得分子量、等电点、空间构象三重信息，使物种特异性肽段识别准确率提升至 99.2%。此外，自动化微流控芯片电泳系统（Lab-on-chip PAGE）在 2025 年商业化后，将样品用量降至 1μL、检测时间缩短至 90 秒，且成本仅为传统方法的 30%，已在口岸肉类真伪筛查中大规模部署。因此，凝胶电泳及其衍生技术仍保持“用量少、速度快、结果稳、成本低”的优势，但已升级为与质谱、AI 模型深度耦合的新一代蛋白质指纹鉴定平台。

史喜菊等（2007）认为，由于蛋白质酶、肌红蛋白等水溶性蛋白的电泳图谱常与动植物品种有关，因此，利用淀粉凝胶电泳、聚丙烯酰胺凝胶电泳，以及琼脂糖凝胶电泳可以分离水溶性蛋白。凝胶电泳对蛋白质的检测限在 0.1% ～ 1%，它取决于检测过程中蛋白质条带的清晰度。

1. 淀粉凝胶电泳

淀粉凝胶电泳（starch gel electrophoresis，SGE）分为垂直电泳和水平电泳两种类型。垂直淀粉凝胶电泳需要较多的水解淀粉和组织提取液，一般无法切片，每次仅能分析少量样品；水平切片淀粉凝胶电泳则常采用部分水解的马铃薯淀粉胶，胶的浓度通常在 11% ～ 12.5%，有时会在淀粉胶中添加 2% ～ 3.5% 质量分数的蔗糖，以提高部分酶的分辨率。与蛋白质电泳的染色方式不同，特定的酶需要使用指定的染色剂。目前，利用水平切片淀粉凝胶电泳分析同工酶已成为生物学研究的常规手段，国际植物新品种保护联盟（the International Union for the Protection of New Varieties of Plants，UPOV）已将其列为鉴定玉米品种特异性的标准电泳方法。

2. 聚丙烯酰胺凝胶电泳

早期用于分离谷物蛋白的电泳方法是移界电泳（moving boundary EP，MBEP）和淀粉凝胶电泳，后来广为使用的却是十二烷基硫酸钠 - 聚丙烯酰胺凝胶电泳（sodium dodecyl sulfate-poly acrylamide gel electrophoresis，SDS-PAGE）。十二烷基硫酸钠 - 聚丙烯酰胺凝胶电泳属于变性凝胶电泳的一种，其操作中通常会在样品提取液里加入阴离子去污剂 SDS，以打开蛋白质肽链间的二硫键与非共价键，进而形成具有大致相同电荷密度的不同多肽亚基。电泳过程中，多肽依据相对分子质量的大小移动，与净电荷及形态无关，因此该方法还可用于测定蛋白质亚基的相对分子质量。

3. 琼脂糖凝胶电泳

琼脂糖凝胶电泳（agarose gel electrophoresis，AGE）是一种以琼脂糖为介质的电泳技术，特别适用于核酸、病毒等大分子量样品的分离。

蛋白质（含同工酶）作为基因表达的产物，能直接反映生物间的遗传差异与变异。这些带电大分子在琼脂糖凝胶电场中发生泳动，其迁移速率受分子形态、大小、电荷数量及性质的差异影响，导致其在凝胶中迁移至不同位置。电泳后经染色，迁移率的差异显现为特征性条带。特定品种的蛋白质或同工酶呈现出独特的条带数量、位置及颜色深浅组合，构成其“指纹”图谱，使 AGE 成为有效的物种鉴别工具。具体应用途径有二：一是直接对比物种间蛋白质组分的电泳谱带差异。此法适用于分析多基因位点编码的多态性蛋白质（如麦醇溶蛋白），其基因型直接表现为谱带的有无，可用于品种鉴定。二是比较品种间蛋白谱带表现型的出现频率。此法适用于单基因位点编码的蛋白质或酶（如同工酶），其电泳图谱反映的是蛋白质的表现型而非基因型本身。

除了基于蛋白质的凝胶电泳分析技术之外，用于固相目标蛋白微量分析的免疫技术，如 Western 印迹和酶联免疫分析方法，也可以实现对动物品种的定量分析。其检测限值取决于动物产品中所检测的肉品种的含量，一般猪肉≤ 1%，家禽和牛肉≤ 2%，羊肉≤ 5%。利用特定蛋白质条带图谱，可以区分动物的种类、品种和品系等。

## 9.1.2 胶质体技术简介

由于饱和脂肪酸、单不饱和脂肪酸及多不饱和脂肪酸中元素的构成比例是物种的重要标识，因此脂类化合物与脂肪酸可作为物种鉴定的关键标志物。马汉武等（2006）认为，在实际中，常利用气相色谱法以及气相色谱 - 质谱法来检测动植物中脂肪酸的含量和比率，用于区分动植物的种类和品种。

1. 气相色谱法

气相色谱法（Gas Chromatography，GC）是色谱分析技术的一种，其基本原理是利用样品中不同组分在流动相和固定相之间分配行为的差异，实现组分的分离与分析。色谱法的核心在于两相系统：一个为固定不动的固定相，另一个为能流动的流动相。若流动相为气体，即为气相色谱法；若为液体，则称为液相色谱法。

气相色谱仪主要由五大系统组成：气路系统（包括载气及其他辅助气体的输送、控制与测量装置）、分离系统（进样器与色谱柱）、检测与控制系统（如检测器、信号放大器和记录装置）、数据处理系统（如积分仪或计算机分析系统），以及温度控制单元和其他辅助设备。

在操作过程中，将样品注入色谱柱一端，不同组分因其与固定相的吸附或溶解能力不同，在固定相与流动相之间的分配系数也存在差异，导致它们在色谱柱中移动的速度不同。分配系数越小，组分被固定相滞留的时间越短，从柱末端流出的速度就越快。通过记录各组分流出时的浓度（纵坐标）随时间（横坐标）的变化，即可获得色谱图。

根据固定相的性质不同，气相色谱可分为气固色谱（GSC）和气液色谱（GLC）两种类型。气固色谱使用固体吸附剂如活性炭、氧化铝、硅胶、分子筛等作为固定相；而气液色谱则将液态固定相涂覆于惰性固体载体上。固定液的选择遵循“相似相溶”的原则：分析极性化合物时应选择极性固定液，分析非极性物质时则适宜使用非极性固定液。流动相，即载气，一般选择氦气、氮气、氢气或二氧化碳等惰性或稳定性高的气体。

常见的检测器包括热导检测器（TCD）、氢火焰检测器（FID）、氮磷检测器（NPD）、电子俘获检测器（ECD）、火焰光度检测器（FPD）以及微波等离子体检测器（MPD）等。气相色谱主要用于可挥发有机化合物的分离与分析，如动植物组织中脂肪酸成分的检测。对于不适于直接进样的物质（如沸点过高或过低、热不稳定或难分离化合物），可通过化学衍生化反应将其转化为更易于检测的衍生物，再进行分析。常用的衍生化方法包括硅烷化、酰化与酯化等反应。

在特定操作条件下，样品组分在色谱柱中的调整保留时间具有稳定性，可作为定性分析的依据。需要注意的是，同一化合物在相同条件下具有一致的保留时间，但保留时间相同的色谱峰未必一定对应同一种物质。因此，为确保定性结果的准确性，常需结合质谱分析、光谱技术、专属性检测器或化学试剂反应等手段进行辅助确认。色谱峰的面积或高度通常与组分浓度呈线性关系，是进行定量分析的依据。常用的定量方法包括峰面积归一化法、内标法和外标法。

气相色谱技术具有诸多优势：分离效率高、分析速度快、所需样品量少、检测灵敏度强、选择性好，适用于异构体或部分同位素的分离，且应用范围广泛。然而，在实际应用中，该方法在定性分析方面存在一定局限，需借助参考标准或其他联用技术（如质谱、光谱等）才能得到可靠结论；而在定量分析中，通常也需要已知浓度的标准样品进行仪器响应校准。

### 2. 气相色谱－质谱联用（GC-MS）

质谱法（Mass Spectrometry，MS）是一种通过将样品离子化，根据离子的质荷比（m/z）进行分离，并测定各离子强度以实现物质分析的方法。质量是物质的基本属性，不同化合物具有特定的质谱图形，可用于物质结构推断和分子质量确定，实现定性分析。同时，质谱峰的强度与相应化合物的浓度密切相关，因此也具备定量分析功能。将气相色谱与质谱联用（GC-MS），可以有效弥补气相色谱在定性方面的不足，使分离与识别过程更为精确和高效。

气相色谱-质谱联用（gas chromatography-mass spectrometry，GC-MS）的原理是：将气

相色谱的流出物作为样品引入质谱装置，再借助质谱法对样品进行分离纯化，进而得出可靠的分析结论。由于气相色谱与质谱的工作压力存在数个数量级的差距，早期联用时常在两者之间加装各类气体分离器以消除压力差异。随着毛细管气相色谱技术的广泛应用及高速真空泵设备的引入，气相色谱中样品组分在流出时多以气态形式存在，使其能够被直接引入质谱仪进行后续分析。

气相色谱可提供样品组分的保留时间信息，而质谱则能揭示分子的相对分子质量及结构特征。将二者结合构成的气相色谱 - 质谱联用技术，在复杂样品体系或多组分混合物中，对目标化合物的识别与定量分析展现出极高的灵敏度和可靠性，已成为精密分析的重要手段之一。同时，气相色谱 - 质谱联用技术已广泛应用于化学物质分析，显示出良好的应用前景。尤其在脂肪酸含量和比率检测方面，该方法具有良好的精度和可靠性，值得研究和推广。

### 9.1.3 DNA 技术简介

DNA 技术已被广泛应用于物种鉴别领域，而且采用 DNA 技术鉴定动植物物种也是物种识别中发展最快的。DNA 技术最初用于物种鉴别的是利用特定 DNA 探针进行杂交分析，但由于 DNA 探针技术存在诸多限制因素，因此，在物种鉴别的实际工作中并不常用。目前，在物种鉴别中应用的 DNA 技术，主要以 PCR 系统为主。比如，聚合酶链式反应（polymerase chain reaction，PCR）已成为食品与饲料种类鉴定中的关键技术，并且常与限制性酶切片段长度多态性（restriction fragment length polymorphism，RFLP）结合使用，对动植物食品的品种进行鉴别；基于单链构型多态性分析（single strand conformation polymorphism，SSCP）的随机扩增多态性 DNA 聚合酶链式反应（RAPD-PCR）也被用于不同动植物品种的区分研究中。

许多特定的 PCR 系统可被用于动植物品种分析，而且这些技术的分析精度非常高，可用于复杂样品的种类鉴别，甚至对于在剧烈的条件下（如杀菌）加工的食品而言，DNA 分析技术也是非常有效的。通常技术的检测限为 0.1%，此检测限取决于所用的 PCR 方法。

**1. 聚合酶链式反应（PCR）**

根据潘耀谦等（1999）的研究，聚合酶链式反应最早由美国科学家 Kary Mullis 等人在 1985 年提出，这是一种体外快速扩增 DNA 片段的技术。该方法通过特异性引物、模板 DNA 及四种脱氧核苷酸，在 DNA 聚合酶的催化下，经历一系列循环反应——包括高温变性、低温退火和链式延伸等步骤，实现目标 DNA 序列的高效扩增。每个循环涵盖上述三个阶段，经过多轮重复，可显著提升目标 DNA 片段的拷贝数。

在食品、肉制品或饲料中检测动物源成分时，PCR 技术的关键在于根据牛、猪、羊、马等动物线粒体 DNA 片段的特异性，设计相应的引物，通过扩增获取具有代表性的 DNA 片段。随后，利用琼脂糖凝胶电泳对扩增产物进行分离，并使用不同动物 DNA 作为阳性对照。由于不同动物源 DNA 扩增片段的长度存在差异，通过比较片段大小，可判断样品中是否含有特定动物源性成分，从而实现成分的种属鉴别。

目前，PCR 技术已成为 DNA 物种鉴别中应用最广泛的方法。同时，一些专家将先进的分子生物学技术与 PCR 技术相结合，衍生出众多新技术，如多重 PCR、定量 PCR、竞争 PCR、RAPD-PCR、巢式 PCR 和 PCR-RFLP 等。特别是 RAPD-PCR 与 PCR-RFLP 技术的应用，进一步拓展了 PCR 技术在物种鉴别中的巨大应用潜力。

### 2. 扩增片段限制性长度多态性技术（PCR-RFLP）

周用武（2008）指出，扩增片段限制性长度多态性（PCR-RFLP）是一种将 PCR 技术与限制性酶切技术相结合的 DNA 序列检测方法。其操作流程如下：首先扩增特定的 DNA 片段，随后对扩增产物进行限制性酶切处理，所得酶切图谱具有种属特异性，适用于物种鉴定。目前，常用的扩增片段包括线粒体 DNA 中的细胞色素 b（Cytb）片段和 12S rRNA 片段。

将基于 Cytb 基因部分序列的 PCR-RFLP 技术应用于实际检测，取得了显著成效：不仅能从高温加工的肉制品中鉴别出猪肉，还能从混合肉及肉制品中识别出鹿科、牛科、马科、猪科、鸡形目、有袋目及鱼类等多种动物。

PCR-RFLP 技术与 PCR 技术结合后，能够对微量检材进行检测，无需进行 Southern 杂交，通过电泳分离和图谱分析即可获得稳定结果。然而，该技术仅针对单个或少数几个基因的扩增片段进行 RFLP 分析，可能存在偏差，进而导致鉴定失误。

### 3. 随机扩增多态性 DNA 聚合酶链式反应（RAPD-PCR）

武敬亮等（2004）认为，随机扩增多态性 DNA 聚合酶链式反应（RAPD-PCR）最早由 Williams 和 Welsh 两个研究小组于 1990 年同步开发，是一种用于 DNA 分子水平大分子多态性检测的技术，属于近年来兴起的 DNA 水平检测方法。传统的 PCR 技术在扩增过程中通常依赖于已知序列设计的特异性引物，但在实际应用中，易受物种内部遗传多态性的干扰。此外，该方法往往需要结合序列测定、核酸杂交等其他分子技术共同使用，这在一定程度上限制了其在肉制品来源鉴定方面的灵活性和广泛应用。

相比之下，RAPD-PCR（随机扩增多态性 DNA）技术不依赖目标序列信息，无需特异性引物，操作相对简便，因而成为识别物种尤其是动物品种的有效手段。凭借其独特的检测优势，RAPD-PCR 在肉类制品鉴定领域展现出良好的应用前景。例如，有研究采用 29 条随机 10 碱基引物，对包括野猪、家猪、马、野牛、家牛、野鹿、狗、猫、兔和袋鼠在内的 10 种动物肉样进行分析，结果显示各样本的 RAPD 指纹图谱均呈现出具有辨识度的特异条带，表明该方法能够有效区分不同动物源性肉类。同时，RAPD-PCR 技术对降解材料和痕量样品也能快速得出结果，还可用于物种特异性引物的筛选。然而，由于随机引物片段较短，扩增产物的稳定性和重复性较差。

除上述主要方法外，品种鉴别和定量分析也可采用实时 PCR 方法，但其在转基因成分的定量分析方面优于对一般动植物种类的鉴别分析。

张奇志（2007）指出，尽管 PCR 技术具备快速、特异性强和灵敏度高等优点，但在实际应用中仍面临诸多挑战。首先，由于 PCR 反应极为敏感，即便是微量外源 DNA 污染也可能引发假阳性结果；为降低此类风险，实验设计中应加入阴性对照及试剂空白对照进行验证。其次，若反应条件控制不严，可能导致扩增产物发生突变，从而影响实验结果的准确性。此外，引物设计不当或靶标序列选择不合理，也会削弱PCR的灵敏度和特异性。因此，规范实验操作流程对于提高PCR检测的可靠性至关重要。为进一步验证阳性扩增结果的准确性，常需结合其他分子生物学技术，如核酸序列分析、酶切分析以及单链构型多态性（SSCP）检测等，进行多重验证，以增强检测结果的科学性和可信度。

尽管PCR技术目前仍存在一定局限，但随着生物技术的迅猛发展，以及各项新技术与PCR技术的深度融合，再加上未来针对外源DNA污染控制、突变防控及PCR技术优化应用等方面的深入研究，PCR技术在物种鉴别领域必将获得更广泛的应用，发挥更大的效用（付志勇，2025）。

### 9.1.4 虹膜识别技术简介

生物特征识别技术是一种基于模式识别与图像处理等方法，对人类或动物的生理特征与行为特征（统称为生物特征）进行精准分析与有效表征的技术。该技术通过比对个体间生物特征的一致性，实现对物种或个体的可靠识别。目前，生物识别技术已在全球范围内得到广泛推广与应用。

虹膜识别作为一种稳定性强、准确率高的生物识别技术，已在人类身份验证领域得到广泛应用。在动物识别领域，美国、日本等国家已研发出动物虹膜识别系统，例如美国的NAIS、日本的赛马身份验证系统等。然而，由于商业专利权的限制，相关文献极为稀少，国外已公开的文献也仅对算法思路和系统搭建做了概括性介绍，仅有Suzaki M等人（2001）针对虹膜识别在赛马身份验证中的应用进行了深入研究。

作为一种新兴的个体识别手段，虹膜识别技术不仅有助于防范动物身份识别系统中可能出现的欺诈或设备故障问题，还能满足欧盟等国际组织在动物福利方面的监管要求。这一优势有助于突破部分发达国家以动物福利为由设置的贸易壁垒，推动动物产品在国际市场上的顺利流通。

## 9.2 虹膜识别技术

### 9.2.1 虹膜图像识别理论基础

视觉是人类最为高级的感知方式，而图像则是获取信息的关键渠道，承载着更丰富、更直观的内容，在感知过程中扮演着至关重要的角色。然而，人类的视觉感知范围仅限于电磁波谱中的可见光波段，而成像设备却能覆盖从伽马射线到无线电波的整个电磁波谱。传统光学照相机使用35mm胶片作为信息记录的载体，而数字照相机则依赖于电子感光器件。感光器件是数字照相机的核心技术所在，其发展直接推动了数字照相机的进步。随着电子成像感光器件在各学科中的普及和快速发展，数字图像已广泛延伸至众多应用领域。

### 9.2.2 虹膜识别技术原理

虹膜位于眼角膜后方和晶状体前方，是眼球前部含有色素的环形薄膜，由结缔组织细胞和肌纤维构成。其表面布满了众多条纹、沟壑及小凹，使得虹膜蕴含了极为丰富的纹理和结构信息——这些信息在动物胚胎阶段就已形成并趋于稳定。通常情况下，虹膜结构在个体的一生中基本保持不变（尽管随着年龄增长，会出现轻微的色素沉淀和瞳孔扩张幅度减小的情况，但这些变化对虹膜特征的影响较小）。不同动物个体的虹膜特征存在显著差异。此外，虹膜还具备以下优势。（穆伟斌等，2014；马文杰等，2023）

虹膜的内部组织被房水和角膜包裹，与外界环境相隔离，因此不易受到损伤。由于眼睛是生物体内极为敏感的部位，通过手术改变虹膜结构不仅难度极大，还伴随着高风险，几乎无法实现复制。虹膜作为活体组织，其内部肌肉之间存在复杂的相互作用机制，使得瞳孔直径在微小范围内持续产生规律性变化，并可随外界光照强度的不同而进行收缩或扩张。这一动态特性使虹膜具备极高的防伪能力。

正因虹膜具有唯一性、稳定性、防伪性及非接触性等多重优势，虹膜识别被认为是一项极具研究潜力和应用前景的生物识别技术。据相关研究表明，在现有的多种生物特征识别方法中，虹膜识别的识别错误率最低（Daugman J，2009），这进一步凸显了其技术优势。

生物识别系统通常包含两个主要操作模块：一是登记模块，用于将个体的生物特征模板录入数据库；二是识别模块，通过提取待测个体的特征模板，在已登记的数据中进行比对与搜索（刘洋等，2011）。虹膜识别技术亦遵循相同逻辑，分为虹膜的注册与识别两个步骤。作为20世纪90年代发展起来的先进个体识别技术之一，其核心原理是利用虹膜表面的纹理特征，作为区分不同个体的唯一标识。识别过程主要包括图像采集、图像预处理、特征提取及模式匹配等步骤，通过比对不同虹膜图像样本的相似程度，以判断是否来自同一对象，从而实现个体身份的精准识别（图9-1）。

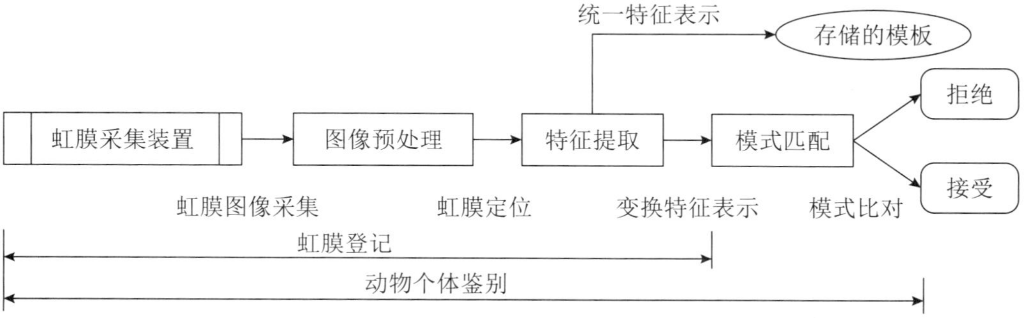


图 9-1 虹膜识别技术原理

### 9.2.3 虹膜识别技术路线

在肉制品食品供应链中，动物虹膜识别技术可用于构建食品溯源体系。大型动物出生后，需采集虹膜图像作为初始的个体虹膜信息，即进行个体虹膜注册。将采集到的动物个体虹膜图像转换为特征编码，并将该特征码与动物个体的相关信息，如物种类型、来源信息、品种纯度、年龄、构成情况及生长数据等，一并存入数据库。动物虹膜由此成为大型动物个体辨识的重要生物特征。

一旦发生食品质量安全问题，相关部门可通过动物虹膜图像，追溯动物个体在整个食品供应链中的相关信息，进而查找污染源，确定责任主体，实现快速响应。面向食品溯源的动物虹膜识别技术路线如图 9-2 所示。

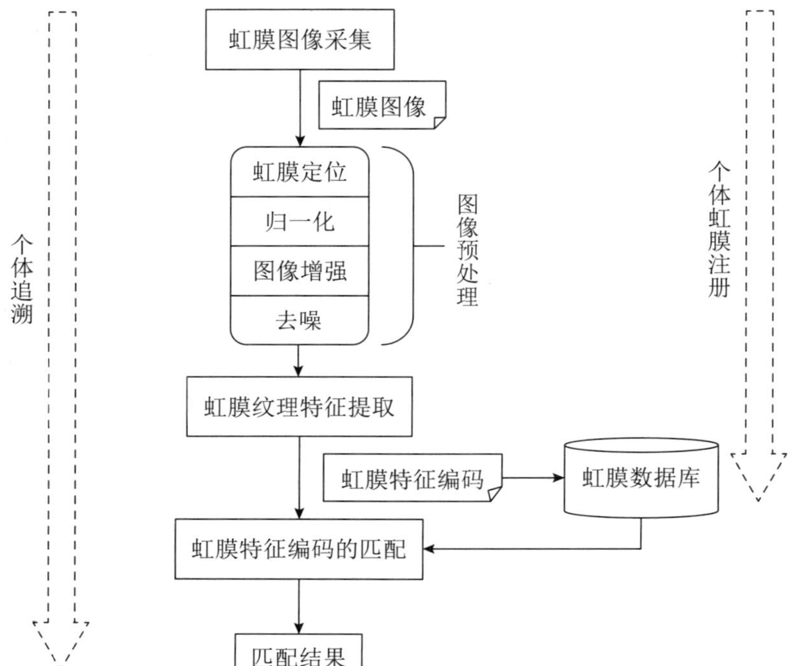


图 9-2 动物虹膜识别技术路线

#### 1. 虹膜图像采集

利用虹膜采集设备获取高质量的虹膜图像，是虹膜识别过程中的首要工作；而所获图像纹理的清晰程度，会对虹膜识别结果产生显著影响。通过虹膜图像采集，建立虹膜图像数据库。

#### 2. 虹膜图像预处理

虹膜图像预处理是虹膜识别的核心环节。由于获取的眼图像不仅包含虹膜部分，还涉及其他无关区域及图像噪声，因此必须进行图像预处理以去除噪声并强化有用信息。虹膜图像预处理以虹膜采集装置所捕获的眼睛图像为处理对象，结合相应的虹膜图像定位算法进行精准定位，确定虹膜图像的内外边界，进而提取虹膜区域图像。在此基础上，对提取的虹膜图像进行归一化处理，并根据归一化后图像的清晰度，有针对性地进行图像增强。虹膜图像预处理的总体结构如图 9-3 所示。综上所述，虹膜图像预处理主要包括以下几个关键步骤：虹膜定位、归一化，以及根据图像的实际质量，选择性进行去噪处理或图像增强操作，从而为后续的特征提取奠定坚实基础。

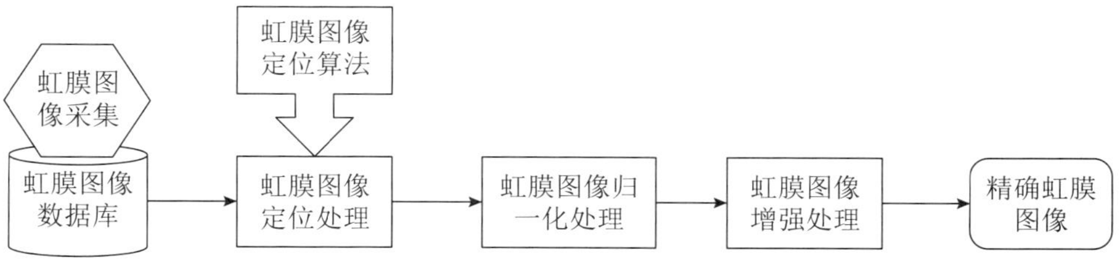


图 9-3　虹膜图像预处理总体结构

（1）虹膜图像定位：在开展虹膜识别工作前，需精准定位虹膜的内外边界——也就是虹膜与巩膜相接的外边界，以及虹膜与瞳孔相连的内边界。通常来说，虹膜的灰度值低于巩膜，而瞳孔的灰度值又低于虹膜。瞳孔大多不处于虹膜的中心位置，往往会有一定程度的偏移。虹膜定位的作用，是从眼部图像中提取出虹膜，并明确其内外边缘的具体位置；由于采集环境存在差异，虹膜大小会出现相应改变，这就需要通过归一化处理实现虹膜图像尺寸的标准化；针对光照不均造成的图像光强分布失衡问题，可借助图像增强技术消除这类影响；虹膜图像还会受到光源强度、光照角度及各类噪声的干扰，因此应尽可能剔除光斑与睫毛区域。虹膜图像定位流程如图 9-4 所示。

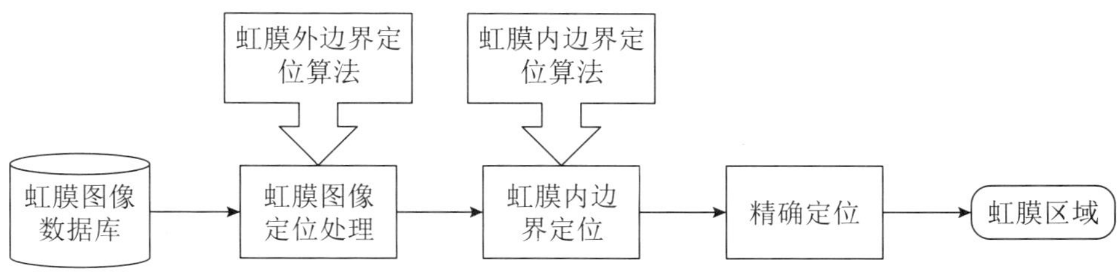


图 9-4　虹膜图像定位流程图

（2）虹膜图像归一化：由于虹膜图像呈环形结构，采用极坐标进行图像编码更为高效。因此，需将直角坐标系转换为极坐标系，对原始图像进行坐标变换，即归一化处理。归一化的目的是将不同来源的原始图像调整至统一的尺寸和位置，使其对旋转和瞳孔缩放具有鲁棒性。这一步骤能有效消除动物眼球转动或瞳孔大小变化对图像识别的干扰，从而提升识别的准确性和稳定性。

（3）虹膜图像增强：虹膜图像增强的具体操作是对图像进行直方图均衡化处理，以增强画面对比度，进而消除光照不均对虹膜图像的干扰。

（4）虹膜图像去噪：虹膜图像中常见的噪声包括上下眼睑、睫毛以及反光点等（孙尚帮等，2012）。这些噪声会不同程度地影响特征提取的可靠性，进而降低虹膜识别率。因此，必须采取有效措施去除噪声（王凤随等，2007）。

通过虹膜采集装置获取的图像通常不能直接用于编码，主要原因是图像采集过程中光照不均导致亮度不一致，且噪声也会影响图像质量。因此，在提取虹膜特征之前，需进行预处理，以减少或消除上述不利因素。

### 3. 虹膜特征提取及匹配

虹膜图像经过预处理后，将生成归一化的虹膜图像。虹膜特征提取与匹配的核心步骤是从归一化后的虹膜图像中提取特征，进而构建特征模板或模式模型。随后，依据特定的匹配规则，将这些特征与虹膜数据库进行比对，最终实现识别效果（Wildes R P，2002）。目前，常用的虹膜特征提取及匹配算法包括：Gabor 滤波算法、拉普拉斯金字塔算法、小波变换过零检测方法、多通道 Gabor 滤波方法、Haar 小波分解方法等。当虹膜特征模板或模式模型构建完成后，将其存储在数据库中，并将待识别模板与存储模板进行比对，从多个类别中识别出待匹配模式，从而完成特征提取及匹配的整个流程（图 9-5）。

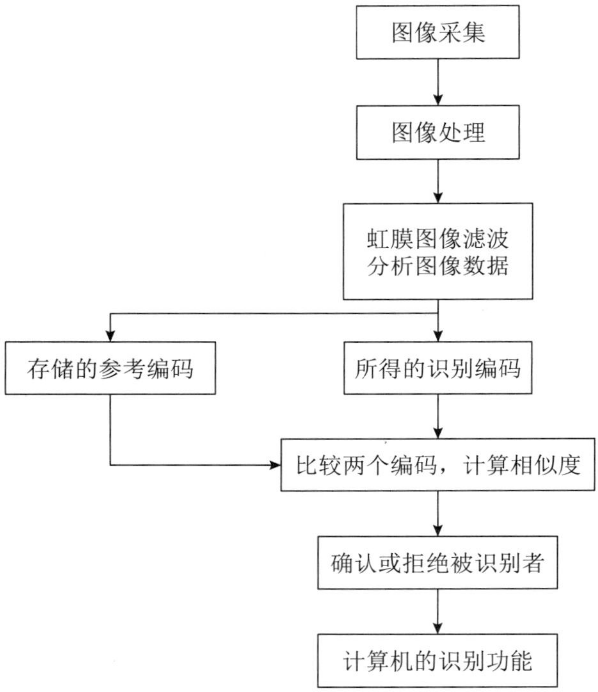


图 9-5 虹膜特征提取及匹配总体结构

（1）虹膜图像滤波分析：虹膜具备显著且可区分的空间特征，这一点从多个角度均可得到体现。例如，虹膜特征的差异不仅表现在整体形态上，甚至在细微的纹理特征中也能显现。由于虹膜图像的幅度差异并不显著，且易受采集时光线、对比度等因素的影响，识别过程主要依赖相位信息。为提取这些细节特征，可采用二维 Gabor 滤波器对虹膜图像进行分解与滤波，从而提取出相位信息。

（2）对相位信息进行量化，获得特征编码：首先构建滤波器，对图像的各个区块逐一进行滤波处理以获取相位信息，然后根据相位信息所处的象限完成编码操作。虹膜图像的分块数量存在差异，相应的特征编码长度也会有所不同。

（3）特征编码的存储：通过对虹膜图像进行信息化处理，将其转化为可存储和识别的编码信息，有助于虹膜图像的识别。系统需将这些量化后的编码信息存储起来，以供后续识别时调用和查询。

（4）虹膜匹配：通过虹膜特征提取，将虹膜图像表示为二进制编码。模式匹配的原理是通过比对两幅虹膜图像对应特征编码的相似程度，来判断它们是否属于同一类。在相似性度量方面，常用的方法包括欧氏距离、加权欧氏距离、海明距离等。

虹膜图像蕴含丰富的纹理信息，如何有效表达这些纹理信息，是一个典型的特征选择和特征提取问题。虹膜特征的定义、提取和表达是虹膜识别的关键，直接影响虹膜识别的准确率和可靠性。

虹膜识别技术涵盖虹膜图像预处理、特征提取与编码以及模式匹配等多个环节。借助虹膜识别技术，可以便捷高效地完成动物个体的虹膜匹配流程，从而实现整个动物个体的虹膜识别过程。

### 9.2.4 虹膜识别的技术难点

自 1993 年 Daugman 算法问世以来，人眼虹膜识别技术已形成成熟的产业链，广泛应用于安防、金融等领域。相比之下，动物虹膜识别研究起步较晚，直至 2001 年日本学者首次将其应用于赛马身份认证，目前仍处于技术攻坚阶段。根据全球专利数据库的统计，截至 2023 年，动物虹膜识别相关专利仅占虹膜识别总专利的 12.7%，且主要集中于畜牧业和宠物管理领域。然而，将人眼虹膜识别技术应用于动物眼睛，主要面临以下三个方面的技术难点。

1. 图像采集问题

与人类虹膜采集不同，动物在采集过程中难以保持静止，常伴随频繁的运动行为，导致图像难以聚焦，从而影响图像质量，难以满足后续识别的需求。具体原因如下：

（1）目前的设备即便采用非接触式设计，采集图像时距离牛眼仍很近，容易引起牛的惊慌。

（2）牛头部的摆动和牛眼的旋转。

（3）牛眼睫毛过长，遮挡了大部分眼球。

（4）受环境光照影响大，易形成大面积的明显光斑。

虹膜图像的采集工作是识别算法得以运行的基础与支撑。以牛等大型动物为例，它们对外界刺激较为敏感，面对陌生设备靠近时，往往会不断摆动头部并转动眼球，给虹膜图像的采集带来较大挑战，也使得获取数量充足、质量可靠的识别图像变得困难。因此，亟须开发专门面向动物的虹膜采集设备，并配套建立科学有效的图像质量评估机制，以剔除不符合识别标准的图像数据。这不仅有助于提升采集效率，也对保障虹膜识别系统的准确性和稳定性具有重要意义。

### 2. 牛眼虹膜定位问题

虹膜定位在虹膜图像的预处理流程中扮演着至关重要的角色。针对人眼虹膜的定位算法，通常将瞳孔与虹膜视为两个同心圆，利用圆形的几何特性来完成定位。然而，牛的瞳孔形状与人类存在显著差异——人类的瞳孔接近正圆形，而牛的瞳孔则呈现类椭圆形。因此，在牛眼虹膜上需要拟合出一个椭圆，但在椭圆长轴的两侧会包含非瞳孔的错误区域，导致识别率降低。

### 3. 牛眼纹理特征提取问题

人眼虹膜分布着密集的放射状纹路，通过提取这些纹路的特征并转化为编码信息，能够实现身份的唯一标识。然而，牛眼虹膜的纹路呈现出松散的环状形态，与人类虹膜有显著不同，这要求探索全新的特征提取方法。

虹膜识别系统通过采集动物虹膜信息，在大型动物个体养殖至屠宰阶段，实现食品供应链的个体鉴别和溯源。通过虹膜采集装置获取大型动物个体的虹膜图像，利用虹膜识别系统将图像转化为可识别的特征编码，并将此编码作为每个大型动物个体的唯一标识，存入虹膜数据库。用户可通过这一唯一标识在数据库中查找相应动物个体信息，并维护数据库中大型动物个体的相关特征信息。

总而言之，虹膜识别技术在大型动物个体识别中的应用，不仅能提升大型动物个体的溯源精度，还能增强整个肉制品供应链的食品质量安全保障能力，是一项关键的食品溯源技术。

### 9.2.5 虹膜识别技术的发展趋势

虹膜识别主要依赖于特征匹配技术，目前常用的图像特征包括 SIFT（尺度不变特征变换）和 SURF（加速稳健特征）等。随着人工智能技术的不断进步，深度学习逐渐成为虹膜识别研究的重要趋势和核心方法之一。作为机器学习的一个关键分支，深度学习通过对数据中高层次抽象信息的建模，实现了更精准的识别与分类。在处理复杂数据时，深度学习采用多层结构，每一层都由多个特征检测单元组成。底层网络负责提取基本特征，如边缘或纹理信息，并逐层传递至更高层，从而形成对图像中复杂结构的全面理解。通过组合多个非线性处理模块，深度学习能够提取更具代表性和抽象性的特征，显著提升识别效率与准确度。得益于深度学习的迅猛发展，图像识别、语音识别、目标检测等多个研究领域取得了显著突破。特别是在图像分类与语音处理方面，深度神经网络的表现已明显超越传统方法，部分算法的识别准确率甚至超过了人类视觉辨识水平。这一成果充分展示了深度学习在特征提取与模式识别方面的强大能力，为包括虹膜识别在内的生物识别技术注入了新的活力。

## 9.3 大型动物个体识别案例

在当前动物生产领域，所需信息正朝着更为详尽、精准的方向发展。这不仅需满足生产者改善喂养方案、优化兽医管理及繁殖流程的需求，还要符合当局对食品安全监管的严格标准，以及消费者对肉类产品安全性与可靠性日益增长的期待。构建一个安全、难以篡改、持久耐用且高度自动化的动物识别体系，已成为行业发展的必然趋势。

早在20世纪后半叶，为应对当时的食品危机，美国动植物健康检查服务部（APHIS）与洛斯阿拉莫斯国家实验室（LANL）率先开启了对动物电子识别方法的探索。他们深入调研了多种可行方案，包括带有放射性同位素的胶囊、磁带、无线电发报机及光学设备等。经过不断研究与实践，基于射频技术的电子识别（EID）体系逐渐脱颖而出，成为极具潜力的动物识别方式。

尽管电子识别体系具备诸多优势，如识别速度快、准确性高、可实时追踪等，但要在商业领域大规模推广应用，仍需充分证明其商业价值。在工业和畜牧业发展初期，类似项链和电子钥匙的简易电子识别装置已有所应用，主要用于自动进料、挤奶流程控制、饲养程序管理及家畜个体管理等方面。随着科技进步，生产工艺的微型化及成本降低，注射式异频雷达收发机得以研发并逐步投入使用。然而，在实际复杂的养殖环境中，还需验证这类微型化体系的可靠性与功能性。国际动物编码委员会（ICAR）明确规定，此类系统的信息读取率需高于99%，并确保对人体和动物安全无害，且在加工后的动物可食部分不得残留任何有毒、有害成分。

当前，动物电子识别技术在全球范围内得到更广泛且深入的应用与发展。欧盟在农业数字化转型中，持续加大对动物识别体系建设的支持力度。2025年2月，欧盟委员会发布的《农业与食品愿景》强调推进数字化应用的重要性，并计划推出农业法规简化方案和欧盟农业数字化战略，旨在加速农业数字化进程，其中动物电子识别体系是关键一环。

回顾过往，早在1993年，欧盟农业指导委员会（DGVI，即欧洲农业保证与指导基金，FEOGA）便前瞻性地召集了巴塞罗那自治大学、相关研究所、Zoopro公司、伦巴第-艾米利亚实验站及埃武拉大学，共同开展一项小型试验计划。该计划旨在防范欺诈活动，解决欧盟内部家畜生产和发育过程中的识别与登记难题，研究电子识别体系在大规模应用中的可行性。为期一年的试验中，工作人员在5000只绵羊、3000头牛和2000只山羊皮下成功注射了异频雷达收发机，试验结果为后续推广应用奠定了坚实基础。

此后，1998年至2001年间运作的生命电子识别工程（IDEA），进一步调研了全社区范围使用电子识别体系的可能性。IDEA工程在德国、西班牙、法国、荷兰、意大利和葡萄牙六国同步实施，涵盖九个研究项目，主要探究电子识别体系在反刍动物（包括家养牛、水牛、绵羊和山羊）应用的可行性，并评估实际效果，明确欧盟范围内推行该体系所需构建的组织结构。研究结果显示，应用电子识别体系后，欧盟在家畜识别、登记和管理方面取得显著成效。

发展至今，动物电子识别技术持续迭代升级。以英国为例，其要求所有国内批准使用的低频（LF）转发器必须符合国际标准化组织（ISO）制定的11784和11785标准，并通过ISO 17025标准的相关测试，英国标准协会（BSI）承担额外测试。全球层面，国际动物编码委员会（ICAR）被指定为注册管理机构，负责检测符合ISO 11784/5标准的收发器和转发器，并制定相应检测程序。如今，电子识别设备类型多样，除传统皮下注射式异频雷达收发机外，还涌现出耳标式、项圈式等多种形式，并能与物联网、大数据等技术深度融合。在大型养殖场中，借助电子识别体系，管理者可实时掌握家畜位置、健康状况、进食情况等信息，通过数据分析优化养殖策略，提高养殖效率与家畜品质。例如，当家畜运动量异常下降时，系统可及时预警，提示兽医检查，预防疾病发生与传播。

此外，随着生物识别技术发展，基于动物面部特征、虹膜识别、步态识别等技术的应用逐渐崭露头角，与电子识别体系互补。这些技术具备非接触、高精度、难以伪造等优势，提升了动物识别的准确性与可靠性。在宠物管理领域，基于深度感知的宠物个体检测与识别方法不断突破，为宠物医院、宠物商店及家庭宠物管理提供智能、高效解决方案。在动物疫病防控方面，电子识别体系与疫病监测系统结合，实现疫情快速追踪与精准防控。当某地区出现动物疫病时，可通过电子识别信息迅速锁定感染动物及其活动轨迹，及时采取隔离、扑杀等措施，防止疫情扩散。例如，《2025 年国家动物疫病免疫技术指南》强调精准识别动物个体对科学开展免疫工作、有效防控动物疫病的重要性。

展望未来，动物识别技术将朝着更智能化、集成化方向发展，为全球动物生产行业可持续发展注入强大动力，为保障食品安全、促进畜牧业健康发展提供坚实支撑。

# 第十章 食品召回

全球性食品安全事件的频繁发生，促使国际组织及各国政府，特别是发达国家，不断推进食品安全管理体系的建立与完善，并持续强化监管机制，以确保公众饮食安全。食品召回作为应对食品安全事件的关键措施，不仅使食品安全管理体系更为健全，还有助于规范食品生产经营者在经济活动中恪守诚实守信的道德准则，从而更全面地保障消费者的合法权益。本章将基于《食品安全法》的框架，系统阐述食品召回制度及其体系，并结合逆向物流理念，进一步优化食品召回流程。

在经济全球化持续深入推进，我国积极践行人口、资源与环境可持续发展战略的大背景下，食品安全监管工作面临一系列新的形势与挑战。食品召回制度作为食品安全管理体系中的关键监督工具与控制机制，对于及时清除市场上的有害食品、有效预防和消除食品安全风险，发挥着不可替代的重要作用（刘文等，2007）。

## 10.1 食品召回制度

我国的食品召回制度正在不断发展和完善。2009 年 6 月 1 日正式实施的《中华人民共和国食品安全法》为食品召回奠定了重要的法律基础。在此基础上，2015 年 9 月 1 日起施行（2020 年修订）的《食品召回管理办法》对食品召回工作进行了细化规定。《食品召回管理办法》明确指出，在我国境内，不安全食品的停止生产经营、召回和处置及其监督管理适用该办法。其中，不安全食品指的是食品安全法律法规规定禁止生产经营的食品以及其他有证据证明可能危害人体健康的食品。监管实行分级管理，国家市场监督管理总局指导全国相关工作，县级以上地方市场监督管理部门负责本行政区域的工作。食品召回是指食品生产经营者按规定程序，对因自身生产经营原因造成的某一批次或类别的不安全食品，通过换货、退货、补充或修正消费说明等方式，及时消除或减少食品安全危害的活动。

尽管我国的食品召回制度已取得显著进展，但与一些发达国家相比，仍有提升空间，借鉴国外先进经验十分必要。以美国为例，其拥有强有力的政府监管体系。表面上食品召回是企业自愿行为，实则是在政府职能部门严格监督下的强制性举措。负责监管食品召回的农业农村部食品安全检疫局、食品和药品管理局职责明确，食品安全检疫局主要监督肉、禽、蛋类产品质量和缺陷产品召回，食品和药品管理局负责除上述产品外其他食品的召回，二者在各自管辖范围内对食品召回全过程进行监管。美国还对食品召回实行分级管理，根据缺陷食品可能引起的损害程度分为三级：一级召回针对消费者食用后肯定会危害身体健康甚至导致死亡的产品；二级召回针对食用后可能不利于身体健康的产品；三级召回针对一般不会对健康造成危害的产品，如贴错标签、标识有误等情况。这种分级方式有助于准确判断缺陷食品的危害程度，及时化解风险，避免资源浪费和社会秩序混乱。此外，美国还建立了完备的食品溯源制度，食品药品管理局规定与食品及动物饲料产品生产相关的各类单位都需建立记录档案，实现全程监管，为食品召回提供有力支撑。

欧盟在食品召回方面围绕追溯建立了完善的法律体系。《食品安全白皮书》及《通用食品法律（CEC178/2002）》明确了追溯程序和责任，强调实行环节追溯和全产业链追溯，贯彻“从农田到餐桌”的全产业链追溯理念。一旦发现食品安全问题，能够通过追溯体系迅速定位问题源头，为食品召回提供精准方向。

日本在食品召回制度建设方面，特别强调企业主体责任、批次追溯和全产业链追溯理念。政府主要负责监督检查，企业作为质量安全第一责任人，也是追溯系统建设的首要责任主体。例如，在出现食品安全问题时，企业需迅速启动召回程序，并准确向消费者和监管部门传达召回信息。

我国可从多方面借鉴国外经验进一步完善食品召回制度。在监管体系方面，可强化不同监管部门间的协调与信息共享机制，提升监管效率。以食品生产加工、流通、销售等环节涉及的多个监管部门为例，建立常态化的信息沟通平台，使各部门能及时共享食品召回相关信息，避免出现监管空白或重复监管现象。在召回分级方面，可结合我国实际情况，细化食品召回分级标准，使召回措施更具针对性。比如，针对不同类型食品的特性以及对人体健康可能造成的危害程度，制定更为详细的分级细则。在食品溯源体系建设方面，加大技术投入，鼓励企业采用先进的追溯技术，如物联网、区块链等。借助这些技术，实现食品从原材料采购、生产加工、运输销售到消费终端全过程信息的准确记录与实时追踪，为食品召回提供更可靠的数据支持。当发生食品召回事件时，能够通过溯源体系快速确定问题食品的流向，提高召回工作的精准性和效率。通过借鉴国外先进经验，不断完善我国食品召回制度，将进一步提升我国食品安全监管水平，切实保障消费者的健康权益。

### 10.1.1 食品召回制度的内涵

食品召回制度的核心目标是快速停止缺陷食品的流通与销售，及时通知公众和监管机构，并尽可能将问题食品从市场上移除。根据召回的严重程度和影响范围，食品召回可划分为三级（图 10-1）：

（1）批发级别回收。针对批发商、分销中心及进口商手中已流通但尚未进入零售市场的问题食品所采取的回收措施。

（2）零售级别回收。针对在超市、杂货铺、医疗机构、餐厅、体育场馆及外卖和保健品销售点等零售环节流通的食品，执行回收措施。

（3）消费者级别回收。针对已销售至消费者手中的有缺陷食品进行的回收操作。此类回收针对的食品安全问题最为严重，成本最高，但也最为彻底。

根据召回方式的不同，食品召回主要包括主动召回和责令召回。依据《规定》，当食品生产企业确认其产品属于需召回的不安全食品时，应迅速停止生产和销售，并向社会发布召回信息。同时，生产企业必须递交召回方案，以确保召回工作高效、有序地进行。

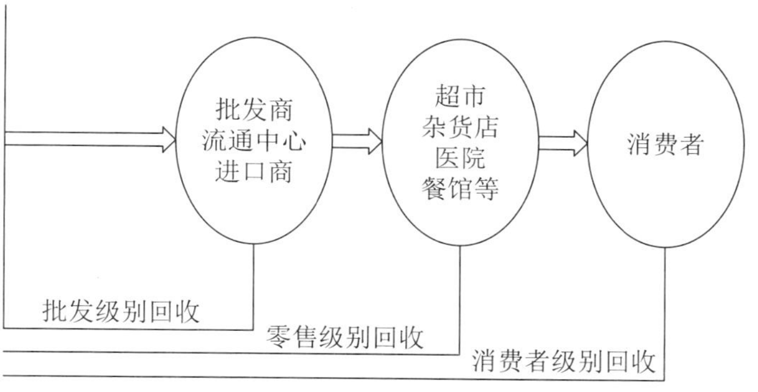


图 10-1　食品召回的三种级别

责令召回是指国家市场监督管理总局要求食品生产企业召回不安全食品，并及时发布食品安全及消费警示信息，或采取其他有效措施以防止危害扩散。经确认存在以下三种情况之一的，市场监督管理部门有权责令食品生产者召回不安全食品：

（1）食品生产者故意隐瞒食品安全隐患，或在应主动召回时未采取任何措施。

（2）因其过错导致食品安全风险扩大甚至再次发生。

（3）在国家监督抽查中发现其产品存在潜在安全问题，可能对公众健康和生命安全构成威胁。

针对不同类型的召回，食品生产者所需提交的召回计划也有所区别：主动召回应在企业所在地省级质量技术监督部门进行备案；而责令召回则需通过省级市场监督管理部门上报国家市场监督管理总局审批。需要注意的是，尽管企业实施了食品召回行为，其原有的法律责任仍须承担；但若属主动召回情形，可依法予以从轻或减轻处罚。

可见，食品召回作为食品安全控制的最后一道防线，实质上是一项面向消费终端、旨在预防潜在重大危害的事后管控措施。同时，食品召回是食品安全管理的基本要求，也是食品安全管理领域的国际惯例。召回的要求既适用于国内食品生产基地和加工企业，同样也适用于进入中国市场的国外食品企业。因此，《食品安全法》和《食品召回管理办法》的实施充分鼓励了食品生产者建立严格的食品召回制度，并支持食品经营者建设完善的食品溯源制度，最大限度地保护消费者利益。《食品安全法》使食品生产经营者意识到，召回不安全食品是其义不容辞的责任，是提升中国食品行业食品安全管理水平的必然要求。食品召回是食品质量管理体系的延伸，从生产经营者向消费者延伸，从食品生产经营的正向服务向缺陷食品回收的逆向服务转移。从某种意义上讲，食品召回是企业社会责任的一种加强和体现，也是一种社会文明进步程度的象征。在食品供应链双向全过程管理体系中，食品召回制度作为一种预防措施，可以在有缺陷的食品离开生产环节、进入市场流通之前造成严重后果前，及时加以控制与处置。该制度聚焦消费品管理，核心目标是保障消费者的健康与权益，将社会责任和风险交由食品生产商、进口商和经销商承担。Thomsen

M R 等（2001）指出，因召回问题食品所造成的所有者经济损失，通常占企业总资产的 1.5% ～ 3.0%。

缺乏《食品安全法》约束的环境中，面对缺陷食品召回引起的经济损失，食品供应链成员在召回引起的经济损失和生产经营缺陷食品带来的收益之间进行博弈，如果侥幸心理占据了主导地位，就会在恶性循环中损害社会公众的利益；而在《食品安全法》的约束下，食品供应链成员不仅消除了侥幸心理，而且不再单纯权衡召回所造成的经济损失与提升食品质量所需的成本之间的关系，更加注重通过提升产品质量来降低缺陷食品被召回的风险。

因此，食品召回制度的建立，有助于保障消费者的合法权益，同时也为食品企业营造良好的发展环境。在《食品安全法》的框架下，食品召回制度的实施不仅有助于食品供应链成员加强自身的食品质量安全管理，而且有助于食品供应链成员之间的合作与交流，在“共享利益，共担风险”的目标驱动下，提高整个食品供应链的食品质量安全管理水平。

### 10.1.2 食品召回制度的发展

自 20 世纪 80 年代起，为减少食品安全恶性事件的发生，部分发达国家和地区结合自身国情，先后建立了多样化的食品安全管理体系，致力于实现“从农田到餐桌”的全链条监管。通过这一全过程管控，食品质量安全水平得到了显著提升。与此同时，为有效应对突发食品安全事件，这些国家和地区设立了缺陷食品召回制度或相应的管理措施，进一步完善了食品安全管理体系。欧美、澳大利亚、新西兰等国家经过多年的管理实践，食品安全管理体系不断优化，食品召回制度已成为世界各国处置食品安全事件的重要措施（杨明亮等，2006）。

#### 1. 美国食品召回制度

产品召回制度最早起源于 20 世纪 60 年代的美国，随后逐渐扩展到食品等与消费者生命安全密切相关的领域。作为该制度的先行者，美国在长期的食品安全实践中不断改进，建立了较为完善的食品召回体系（袁健群等，2007）。

（1）美国食品召回制度概况。美国的食品召回工作主要由农业部食品安全检疫局（FSIS）和食品药品管理局（FDA）共同监管，两者分工明确且紧密合作（程言清等，2002）。FSIS 主要负责肉类、禽类和蛋类产品的质量监督及召回管理，FDA 则负责除上述产品外的其他食品类别。美国食品召回的法律依据包括《联邦肉产品检验法》《禽产品检验法》《食品药品及化妆品法》和《消费者产品安全法》等。2011 年 1 月 4 日，美国总统奥巴马签署了《食品安全现代化法案》，这是 70 多年来美国对食品安全法律最为彻底的一次改革，其指导思想是将食品安全的监管重心前移，更加注重防范食品安全问题的出现，而不是在问题发生后进行应对。该法律赋予 FDA 更大的权力来预防问题食品流入市场，并扩大了 FDA 在食品安全事件发生后采取执法措施的权力，包括：第一，对供应具有严重健康风险食品的制造商、加工商临时吊销执照；第二，在此法案之前，监管机构只能依赖于商家自愿召回问题食品，而新的法律赋予 FDA 发布强制召回令的权利。此外，FDA 还对婴儿配方奶粉、酸奶、活海鲜等进口食品进行现场检查，确保仅合格产品进入市场。

（2）美国食品召回的分级。美国 FSIS 和 FDA 根据缺陷食品可能带来的危害，设定了三级食品召回标准。一级召回为最高风险类别，消费者食用后必然对健康造成严重威胁甚至危及生命；二级召回风险较低，可能对健康产生一定不利影响；三级召回为最低风险，通常不会对健康造成明显危害，常见如产品标签错误或信息不完整。根据 FSIS 的统计，在以往的召回案例中，不同召回级别对应不同的召回规模与范围，召回行动覆盖批发商、学校、医院、宾馆餐饮业、零售渠道，乃至最终消费者。

（3）美国食品召回的步骤。食品召回一般有两种情况：企业主动发现产品存在缺陷并从市场召回，或在 FSIS 及 FDA 的指示下实施召回。无论哪种情形，召回均在 FSIS 或 FDA 的严格监督下进行。美国食品召回遵循完善的法律程序，主要步骤如图 10-2 所示。

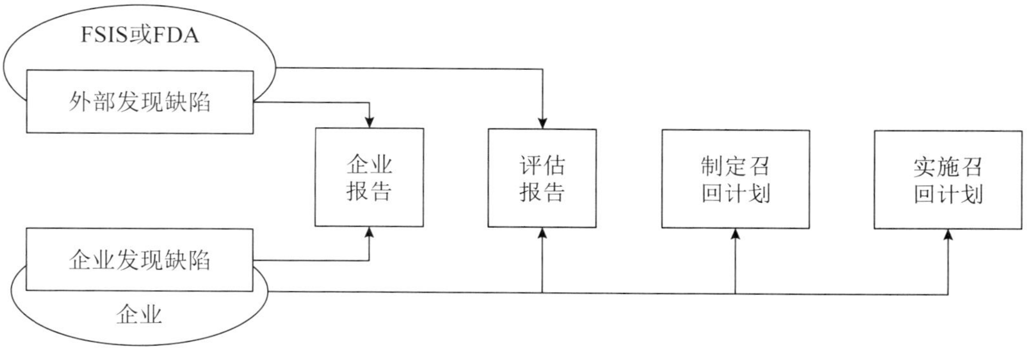


图 10-2 美国食品召回的步骤

美国食品召回的详细步骤如下：

①企业报告：食品生产商、进口商或经销商一旦发现其产品存在可能危害公众安全的问题，应在 24 小时内向 FSIS 或 FDA 提交报告。若监管机构通过举报或法律途径获悉问题，也会要求企业书面回应。

②监管评估：FSIS 或 FDA 接到报告后，将迅速评估食品缺陷及其危害等级，综合产品上市时间、销售量、流通渠道和消费群体等信息，确定风险程度。评估结果无需企业同意。

③召回方案制定：确认产品存在缺陷且需召回时，企业应立即停止生产和销售，通知零售商下架产品，并根据缺陷等级及流通范围制定召回计划。

④召回执行：企业制订的计划获监管部门批准后即可实施。FSIS 或 FDA 会通过官网及媒体发布召回公告，企业通过大众传媒向消费者和经销商传达详细信息。在监管部门监督下，企业执行召回措施，包括补救、销毁和消费者赔偿。风险降低至最低后，召回结束。

如果企业能够主动识别潜在风险，且这些风险尚未造成严重危害，并及时向监管机构报告并制定出有效的召回计划，FSIS 和 FDA 将简化召回程序，免除危害评估及公告发布的环节。只要企业积极配合并采取有效措施降低风险，通常情况下不会被公开曝光。此外，美国 FDA 运营一个专门的网页和搜索引擎，以便消费者能够迅速查阅召回公告。美国联邦政府还特别设立了一个“食品安全”网站，专门用于发布问题食品的相关信息。

### 2. 加拿大食品召回制度

加拿大于1997年颁布了《加拿大食品检验局法》，正式启用了食品召回程序。在过往实践中，加拿大食品召回的频率相对较高，但强制召回事件的比例却较低。例如，从1999年至2007年的8年间，仅发生了7次强制召回事件，占总召回事件的约0.2%。由此可见，加拿大的食品召回制度已成为保障消费者健康和食品安全的重要手段。加拿大食品召回的监管职责由加拿大食品检验局（CFIA）承担，其下属的食品安全召回办公室（OFSR）负责协调全国范围内的食品召回事务。

在加拿大，食品召回分为两类：一类是企业主动召回，另一类是政府强制召回。根据《加拿大食品检验局法》，当部长有合理依据认为某一食品对公众、动植物健康构成威胁时，有权发布强制召回令，要求将问题产品召回或送至指定地点处理。若有人拒绝执行召回命令，将被视为违法行为，可面临最高5万加元的罚款、最长6个月的监禁，或两者并处。

加拿大根据食品召回潜在危害的严重程度，将其划分为三个等级。一级召回风险最高，通常伴随官方警报的发布；二级召回风险中等，可选择是否发布警报；三级召回风险较低，一般无需发布警报。针对生产商、进口商、分销商和零售商，加拿大分别制定了《食品召回指南》。在这些法律法规中，对召回食品的确定及各环节的责任承担均有明确且详细的规定，确保召回制度有法可依，保障召回过程的高效运行。

### 3. 澳大利亚食品召回制度

澳大利亚的食品召回工作由澳大利亚新西兰食品标准局（FSANZ）统筹负责。该机构设有专职的食品召回协调员，同时各州和领地也配备了本辖区的食品召回协调员，共同协作推进食品召回工作的开展。

（1）澳大利亚食品召回的分类

①贸易层面的召回：指产品从分销中心或批发商处被召回，也可包括医院、餐馆等主要公共餐饮服务单位，或针对用于生产可直接食用食品的原料及半成品进行召回。

②面向消费者的召回：覆盖了产品生产、流通及消费的全流程，需从批发商、零售商乃至最终消费者手中追回所有可能受影响的产品，属于召回范围最广的一类。不同层级的召回，其操作规范也存在差异。例如，贸易召回通常仅需通知相关媒体；而消费者召回则除媒体公告外，还必须向公众发布信息，确保风险全面告知。

（2）澳大利亚食品召回的步骤

澳大利亚食品召回的核心目标有三个：停止受影响产品（即怀疑存在缺陷的所有产品）的配送和销售；将问题通知相关管理部门和公众；快速高效地从市场上撤除任何具有潜在危险性的产品。

为实现上述三大核心目标，FSANZ规定责任方在每次食品召回过程中必须执行六项关键步骤：建立召回委员会；进行危害/风险评估；确定召回级别；决定通知和收回产品的方式；处理召回产品；公布召回报告。

所有步骤均应由责任主体主动启动并负责组织实施。在必要时，可请求FSANZ及各州或领地的召回协调员提供协助，亦可聘请食品召回领域的专家或专业咨询机构协助执行相关工作（王若聪等，2006）。

在澳大利亚，食品召回通常由企业自发执行。然而，若企业未能及时采取有效措施，防止问题产品对公众健康造成威胁，相关法律授权部长可责令产品供应商在限定时间内，按照规定方式实施召回。在特定紧急情况下，部长亦可直接下达召回命令。依据《贸易实践法》，如召回义务未被履行，企业最高可被处以 20 万澳元罚款，个人则可被处以最高 4 万澳元罚款。澳大利亚对食品安全违法行为的处罚力度颇大，2015 年，全澳最大的三家连锁超市伍尔沃思、科尔斯和 IGA 因出售过期和变质食品被新南威尔士州政府罚款，并被责令加强内部安全卫生管理和员工培训。

此外，《澳大利亚新西兰食品标准法典》还规定食品企业必须能够识别其产品的来源。农产品追溯体系有助于食品企业和政府机构在发现潜在的食品安全问题时，快速有效地实施纠正措施（如产品召回），便于采取隔离措施，避免受污染的产品流转到消费者手中。

### 10.1.3 中国食品召回制度的现状及未来发展趋势

2009 年 2 月 28 日，第十一届全国人大常委会第七次会议表决通过《中华人民共和国食品安全法》，并于同年 6 月 1 日正式实施。该法为我国食品安全监管提供了重要的法律基石。此后，相关配套法规不断完善，推动食品安全监管工作日益规范化、科学化。

我国首部专门针对食品召回的法规——原国家质量监督检验检疫总局于 2007 年 8 月 27 日发布的《食品召回管理规定》，曾在一段时间内有力推动了食品召回制度在国内的规范运行，进一步健全了我国食品安全监管体系，在一定程度上有效降低了食品安全事件的发生率（刘伊婷，2007）。然而，随着监管实践的发展和完善，2020 年 7 月 13 日，国家市场监督管理总局决定废止《食品召回管理规定》。取而代之的是 2015 年 3 月 11 日国家食品药品监督管理总局令第 12 号公布的《食品召回管理办法》，该办法于 2015 年 9 月 1 日起施行，并在 2020 年 10 月 23 日经国家市场监督管理总局令第 31 号修订。

作为一项在国际上广泛应用的事后监管举措，食品召回不仅能够有力应对食品安全突发事件，切实保障消费者健康权益，还能明确生产企业的质量责任，推动整个行业提升质量管控水平与市场竞争力。

对于“不安全食品”，《食品召回管理办法》有着明确的界定，涵盖多方面情况：一是食品安全法律法规明确禁止生产经营的食品；二是有证据表明已诱发食品污染、食源性疾病，对人体健康造成危害甚至导致死亡的食品；三是有可能引发食品污染、食源性疾病，对人体健康存在危害风险的食品；四是含有特定成分，可能对特定人群引发健康危害，但在食品标签和说明书上未标识或标识不全、不明确的食品；五是其他依法认定的不安全食品。

中国食品召回制度在借鉴国外经验的基础上，已初步构建起较为系统的框架（解彤，2018），且在不断发展完善中，以下是截至 2025 年的现状及预测的未来发展趋势。

1. 食品召回制度现状

（1）标准体系初步建立：截至 2025 年 3 月，国家已发布约 1660 项食品安全国家标准，覆盖340多类食品，涉及2万余项指标内容。现行标准体系主要包括通用标准、产品标准、生产经营规范以及检测与检验方法等四大类，整体上已构建出较为系统、结构合理、具有配套性的国家食品安全标准体系，为食品召回工作提供了较为权威的判定依据。

（2）检验检测体系完善：我国食品安全检验检测机构分布于多个政府部门，卫生部门建立并持续完善国家食品安全监测系统，农业农村部设立了国家级和部级质检中心，质量监督检验检疫部门构建了以国家级技术机构为核心、省级检验机构为主体、市县级技术机构为基础的三级检验体系。随着科技进步，先进检测设备逐步应用，新技术和方法不断改进，检测项目范围拓展，灵敏度和准确性提高，基本满足食品召回的实际需求。

（3）风险评估体系加强：食品安全风险评估是制定和修订食品安全标准及实施监督管理的科学基础。1994年颁布的《食品安全性评价程序和方法》及《食品毒理学试验操作规范》，历经持续修订，在科学性与实用性方面取得了显著提升。在此过程中，针对农药残留、兽药残留等关键领域积累了海量且翔实的基础数据，为后续的风险研判提供了坚实支撑。

近年来，凭借在风险评估工作中的扎实推进，我国为食品召回分级提供了强有力的技术支撑。依据食品安全风险的严重程度与紧急程度，《食品召回管理办法（2020修订）》明确将食品召回划分为三级。一级召回针对食用后已经或者可能导致严重健康损害甚至死亡的食品，要求食品生产者在知悉食品安全风险后24小时内迅速启动召回，并向县级以上地方市场监督管理部门报告召回计划。二级召回适用于食用后已经或者可能导致一般健康损害的食品，生产者需在48小时内启动召回流程并上报计划。三级召回主要针对标签、标识存在虚假标注的食品，生产者应在72小时内开展召回工作并报告相关情况。若标签、标识存在瑕疵且食用后不会造成健康损害的食品，生产者应当改正，也可自愿召回。这种基于科学风险评估的分级召回制度，确保了在面对不同程度的食品安全问题时，能够迅速、精准地采取相应措施，最大程度降低食品安全风险对公众健康的威胁，切实维护了消费者的合法权益与市场秩序的稳定（丁甜甜，2023）。

（4）食品溯源体系完善：自2000年代初期我国开始系统推进食品溯源研究以来，相关标准和指南逐步建立。截至2023年，已有超过150项与食品溯源相关的国家标准和地方标准发布，涵盖多个领域。科技研发推动了基于标签识别、区块链和物联网技术的应用，促进了溯源系统的集成与示范推广。市场监管总局印发相关文件，明确食品销售者食品安全追溯等主体责任，鼓励采用信息化手段建立完善食品安全追溯体系。农业农村部建成并全面运行国家农产品质量安全追溯管理信息平台，与多个省级平台实现对接，社会访问量累计达到5820万次，覆盖产品种类1472个，入驻企业及其产品追溯赋码94.4万批次（段云成，2023）。

### 2. 未来发展趋势

（1）法规制度持续完善：市场监管部门将根据食品安全监管工作的实际需求，适时对《食品召回管理办法》进行修订，构建更加规范高效的不安全食品召回制度，加强与司法部门的协作配合，形成监管合力，进一步推动不安全食品生产经营者切实履行主体责任，有效防控食品安全风险。

（2）标准体系优化升级：未来，我国食品安全标准体系将不断对标国际先进标准，提升标准采纳国际先进做法的比例，强化对新兴食品种类、食品添加剂及新型包装材料等方面标准的制定，优化标准制定和监管流程，统一标准信息公开渠道，加快标准更新速度，增强标准体系的系统性和协调性。

（3）监管执法更加严格：市场监管总局等部门将坚决贯彻“四个最严”要求，持续加大监管力度，严格检测机构管理，压紧压实各方责任。针对食品召回执行过程，将明确监管职责，强化对不安全食品处置的现场监管，严厉打击虚假报告、问题食品回流市场等违规行为，提升食品召回制度的实效性（郭雨秋，2021）。

（4）部门协作更加顺畅：随着食品安全监管工作的深入推进，各部门之间的职责将进一步明确，协作机制将不断完善。例如，中共中央办公厅、国务院办公厅要求农业农村部会同市场监管总局等部门制定食用农产品质量安全追溯管理办法，建立健全食用农产品质量安全追溯目录，进一步明确各部门在食品召回管理中的职责，提升食品召回工作的效率与统一性。

（5）溯源体系全面覆盖：市场监管总局将继续指导地方市场监管部门加大监管力度，重点督促食品生产经营者建立健全食品安全追溯体系，鼓励采用信息化手段采集、留存生产经营信息。农业农村部将持续推进国家农产品追溯平台与地方、相关部门、第三方农产品追溯平台的对接，构建全国统一的农产品追溯网络体系，提升食品追溯体系建设保障能力，完善追溯农产品优质优价机制，努力营造良好的社会氛围，实现食品溯源体系的全面覆盖和高效运行。

## 10.2 食品召回体系

在食品召回制度的基础上，构建完善的食品召回体系不仅是政府依法行政、保护公众安全利益的必要举措，也是健全食品安全管理体系的迫切需求。食品召回体系作为一个复杂而综合的系统，涉及政府职能部门、食品供应链各环节参与者及消费者等多方利益主体，同时涵盖法律法规的制定、市场监管以及部门间的协调管理等多个重要环节。因此，要全面构建中国的食品召回体系，必须明确食品召回的主体及其职责、细化食品召回的具体程序，并确保食品召回体系顺利实施的各项保障措施到位。

### 10.2.1 食品召回的主体及其职责

食品召回的主体分为两类：一类是食品召回的实施主体；另一类是食品召回的监督主体。由于食品召回的等级不同，其规模与范围也存在差异。

**1. 食品召回的实施主体**

在中国，关于食品召回的实施主体，存在两种主要观点。

第一种观点认为，食品生产商、进口商以及销售商，均有责任在各自所处的经营领域与环节实施食品召回。鉴于食品召回级别存在差异，召回的规模和范围也不尽相同，“召回可能发生在批发层、用户层（如学校、医院、宾馆和饭店）、零售层，甚至消费者层面”。因此，在部分国家的食品召回体系里，生产商、进口商和销售商均被视作缺陷食品召回的实施主体。我国食品召回制度中，部分规范也采纳了这一观点。例如，《广东省食品安全条例》明确规定，食品生产企业对其生产的不安全食品承担召回责任，同时，也赋予流通和消费环节的相关经营主体相应的召回义务。

第二种观点从食品召回的应然状态出发，主张食品召回的义务主要归属于食品生产商。从食品生产的实际状况来看，多数食品缺陷源于生产阶段，批量性食品安全问题多由微生物指标不合格或非法使用添加剂所致，因此，最终的召回责任主要由生产商承担。尽管销售商也需配合完成问题食品的收回、登记等工作，但这些行为本质上属于生产商召回流程的一部分，即销售环节在生产商召回体系中发挥辅助作用。虽然《上海市消费者权益保护条例》第三十三条规定了销售商的缺陷产品召回义务，然而该规定受限于消费者权益保护这一立法目的和主题，并未对销售商召回产品后的处置事宜作出具体规定。销售商召回不安全食品后，最终仍需由生产商全部召回。根据2012年修订的《北京市食品安全条例》，其中第三十三条规定了市和区、县人民政府应当组织食品安全监督管理部门建立食品安全应急协调体系，制定食品安全突发事件应急预案并组织演练，做好食品安全突发事件应急处理工作。且《食品召回管理办法》中明确规定，食品生产企业知悉其生产的食品存在现实或者潜在的危害时，应当通知销售者停止销售，告示消费者停止使用，主动召回食品，并向有关监督管理部门报告；销售者发现其销售的食品存在安全隐患，可能对人体健康和生命安全造成损害的，应当立即停止销售该食品，通知生产企业或者供货商，并向有关监督管理部门报告。

理论上，在流通环节、运输和仓储等因素确实可能在一定程度上引发食品安全问题，但此类问题极为个别且偶然，不一定会导致批次性质量问题。依据商务部于2007年发布并施行的第1号令《流通领域食品安全管理办法》，对于不合格食品实行的是退市管理制度，仅要求“立即停止销售，并记录在案”，并未规定食品召回措施。也正是基于此，上海市食品药品监督管理局颁布的《缺陷食品召回管理规定（试行）》，除第5条第4款所规定的特殊情形外，即因后续销售、储运等环节责任致使食品出现缺陷的情况，应由相应环节的食品生产经营者负责召回，其余情况下的食品召回责任通常由生产企业承担，前三款的具体内容均规定了食品生产商的召回义务，并且在召回程序，尤其是责令召回程序的规定中，将食品召回的义务主体限定为食品生产商。

《中华人民共和国食品安全法》第六十三条明确规定，当食品生产经营者发现其生产经营的食品不符合食品安全标准或者有证据证明可能危害人体健康时，必须立即停止生产经营，召回已经上市销售的食品，通知相关生产经营者和消费者，并记录召回和通知情况。食品生产者若发现其生产的食品存在问题，应主动召回；食品经营者若发现其经营的食品存在问题，对于因自身原因导致的不安全食品，要在经营范围内主动召回，若因生产者无法确定、破产等原因致使生产者无法召回不安全食品的，食品经营者同样应当在其经营范围内主动召回。同时，食品生产经营者还需向所在地县级人民政府食品安全监督管理部门报告。

《中华人民共和国食品安全法实施条例》第七条进一步强调，当食品安全风险监测结果表明存在食品安全隐患，经食品安全监督管理等部门进一步调查确认有必要通知相关食品生产经营者时，接到通知的食品生产经营者需立即自查，一旦发现食品不符合食品安全标准或者有证据证明可能危害人体健康，必须依照《食品安全法》第六十三条的规定停止生产、经营，实施食品召回，并报告相关情况。

国家市场监督管理总局发布的《食品召回管理办法》对食品召回的具体流程与要求作出了更为细致的规范。其中第十二条表明，食品生产者通过自检自查、公众投诉举报、经营者和监督管理部门告知等途径，知悉其生产经营的食品属于不安全食品的，必须主动召回。若食品生产者应当主动召回不安全食品却未主动召回，县级以上市场监督管理部门有权责令其召回。并且依据食品安全风险的严重和紧急程度，将食品召回划分为三级，不同级别对应不同的召回时间要求。

根据《食品召回管理办法》，食品生产经营者作为食品安全第一责任人，有义务建立健全相关管理制度，收集、分析食品安全信息，依法履行不安全食品的停止生产经营、召回和处置义务。国家市场监督管理总局负责指导全国不安全食品停止生产经营、召回和处置的监督管理工作。县级以上地方市场监督管理部门则负责本行政区域内相关工作的监督管理，包括收集、分析和处理本区域不安全食品信息，监督食品生产经营者落实主体责任。若食品集中交易市场的开办者、食品经营柜台的出租者、食品展销会的举办者发现食品经营者经营的食品属于不安全食品，应采取有效措施，确保相关经营者停止经营不安全食品。若食品生产经营者生产经营的不安全食品未销售给消费者，尚处于其他生产经营者控制中，应立即追回并采取必要措施消除风险。

食品生产者应按召回计划召回不安全食品，县级以上地方市场监督管理部门收到计划后，必要时可组织专家评估，若评估认为需修改，生产者应立即修改并按新计划实施召回。召回计划应涵盖生产者基本情况、食品信息、召回原因及后果、召回等级及流程时限、召回通知或公告内容及发布方式、相关生产经营者义务责任、召回食品处置措施及费用承担、召回预期效果等内容。召回公告应当包含食品生产者的名称、住所、法定代表人、具体负责人、联系电话、电子邮箱等；食品名称、商标、规格、生产日期、批次等；召回原因、等级、起止日期、区域范围；相关食品生产经营者的义务和消费者退货及赔偿的流程。不安全食品在本省、自治区、直辖市销售的，召回公告应在省级市场监督管理部门网站和省级主要媒体发布，并与国家市场监督管理总局网站链接。若在两个以上省、自治区、直辖市销售，召回公告应在国家市场监督管理总局网站和中央主要媒体发布。一级召回应在公告发布之日起 10 个工作日内完成，二级召回为 20 个工作日内，三级召回为 30 个工作日内。情况复杂的，经县级以上地方市场监督管理部门同意，可适当延长召回时间并公布。食品经营者知悉生产者召回不安全食品后，应立即停止购进、销售，封存不安全食品，并在经营场所醒目位置张贴召回公告，配合召回工作。若因经营者自身原因导致食品不安全，应在其经营范围内主动召回，并告知供货商，在召回通知或公告中注明原因。若因生产者无法确定、破产等原因无法召回，经营者应在其经营范围内主动召回，召回程序参照生产者相关规定。

食品生产经营者对召回的食品，应依法采取补救、无害化处理、销毁等处置措施。若未依法处置，县级以上地方市场监督管理部门可责令其依法处置。对于违法添加非食用物质、腐败变质、病死畜禽等严重危害人体健康和生命安全的不安全食品，应立即就地销毁，若不具备条件，可集中销毁，但需提前报告。对因标签、标志或者说明书不符合食品安全标准而被召回的食品，食品生产者在采取补救措施且能保证食品安全的情况下可以继续销售；销售时应当向消费者明示补救措施。对不安全食品进行无害化处理，若能实现资源循环利用，可按国家有关规定处理。若处置方式不确定，应组织专家评估并根据评估意见处置。食品生产经营者应如实记录停止生产经营、召回和处置不安全食品的相关内容，记录保存期限不得少于 2 年。县级以上地方市场监督管理部门发现不安全食品，应通知相关生产经营者停止生产经营或召回，采取措施消除风险。若发现可能属于不安全食品，可开展调查分析，相关生产经营者应积极协助。监管部门可对停止生产经营、召回和处置情况进行现场监督检查。若存在较大风险，应在结束相关工作后 5 个工作日内书面报告相关情况。县级以上地方市场监督管理部门可要求定期或不定期报告，并对报告进行评价，若措施不足，应责令采取更有效措施。此外，为预防和控制风险，可发布预警信息，要求停止生产经营不安全食品，提示消费者停止食用。

作为食品召回的实施主体，食品生产商在确认其生产的食品需要进行召回的时候，应做好以下工作。

（1）保存有关资料，制订召回计划。

（2）向当地协调机构及政府主管部门如实报告相关情况。

（3）向相关生产经营者和消费者进行通报和公示。

（4）启动召回行动，记录召回和通知情况。

（5）报告召回的进展和评价。

因此，食品生产商需要承担的食品召回工作如图 10-3 所示。

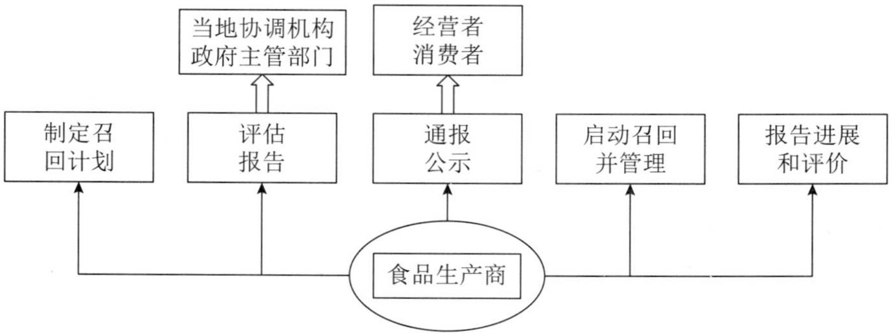


图 10-3　食品生产商承担的食品召回工作

### 2. 食品召回的监督主体

食品召回的监督主体与食品监管职能紧密相连。根据《国务院关于进一步加强食品安全工作的决定》（国发〔2004〕23 号文件），我国食品质量监管遵循“一个监管环节由一个部门监管”的原则进行环节划分：农业部门负责初级农产品种植、养殖等生产环节的质量把控；质量技术监督部门主管食品生产加工环节的监管，承接了原本由卫生部门承担的该环节食品卫生监管职责；工商行政管理部门承担食品流通领域商品质量的监督工作；卫生部门负责餐饮业、食堂等食品消费领域的监管工作；食品药品监管部门则负责食品安全的综合监督、组织协调以及依法组织查处重大事故。在各环节具体监管工作中，质量技术监督部门严格实行生产许可、强制检验等食品质量安全市场准入制度，严厉查处生产环节的不合格食品及其他质量违法行为，并及时通报生产许可证相关情况；工商行政管理部门做好食品经营主体登记注册，取缔无照经营，加强流通环节食品质量监督检查，查处销售不合格食品及相关违法行为，同时通报营业执照相关情况；卫生部门负责消费环节及食品生产加工环节的卫生许可及监管工作，通报卫生许可证相关情况。

然而，随着食品安全监管体系的不断变革与完善，这一模式逐渐发生转变。如今，在食品召回管理工作中，我国已构建起全面且系统的监管架构。依据《食品召回管理办法》等相关规定，国家市场监督管理总局在全国范围内承担指导不安全食品停止生产经营、召回及处置的监督管理工作，在宏观层面统筹协调，把控食品召回工作的整体方向与策略。总局负责汇总分析全国不安全食品的相关信息，依据食品安全风险因素，完善食品安全监督管理措施，从顶层设计上保障食品召回工作的科学性与有效性。

县级以上地方市场监督管理部门则在各自行政区域内具体负责相关工作的落地实施，积极履行监督管理职能，对食品生产经营者的行为进行严格监督，确保其依法履行不安全食品的停止生产经营、召回和处置义务。无论是对食品生产源头的把控，还是对流通环节的监管，抑或是对问题食品召回的具体操作流程监督等方面，各级市场监督管理部门都各司其职、协同配合。在发现不安全食品时，县级以上地方市场监督管理部门有权通知相关食品生产经营者停止生产经营或召回，采取相关措施消除食品安全风险，还可以对食品生产经营者停止生产经营、召回和处置不安全食品情况进行现场监督检查，对食品生产经营者提交的不安全食品停止生产经营、召回和处置报告进行评价。

这种从中央到地方的分层级管理模式，明确了各级部门的职责边界，使得食品召回工作在组织协调与监督管理上，既能够保持全国一盘棋的统一性，又能充分结合地方实际情况进行灵活且高效的执行，切实保障消费者的食品安全与合法权益。

在上海，依据《上海市食品安全条例》，区市场监督管理部门及其派出机构全面负责对本区域内食品、食品添加剂及食品相关产品生产经营活动的监督管理工作。市场监督管理部门在本市流通、消费环节缺陷食品的召回监管工作中发挥着主导作用。随着机构改革的推进，原上海市质量技术监督管理部门的相关食品监管职能已整合至市场监督管理部门，因此，在涉及本市食品生产者负责实施的缺陷食品召回事项时，由本市各级市场监督管理部门内部协同开展工作，不再存在与上海市质量技术监督管理部门沟通协调的情况。若发现缺陷食品的生产者或者直接从国外进口缺陷食品的经营者不在本市，市场监督管理部门会迅速将情况通知相关省、自治区、直辖市的市场监督管理部门，以此保障食品召回监管工作在各个环节都能得到有效落实，构建起跨区域、全链条的监管协同机制。

在北京，根据《北京市食品安全条例》明确的监管架构，市和区（县）人民政府在食品安全监督管理中承担总责，全面领导和协调本区域内的食品安全工作，并将其纳入政府工作考核目标。农业农村、生态环境、市场监督管理、卫生健康等负有食品安全监督管理责任的部门，以及消防救援、公安等相关部门，依照各自职责依法开展食品安全监督管理及指导工作。当需要责令生产者召回食品时，市和区（县）的市场监督管理部门会严格依照规定审查生产者的食品召回计划，对召回过程进行全程监督，从食品生产源头到终端市场，确保每一个环节都符合食品安全标准，切实保障消费者权益。

广东省在《广东省食品安全条例》中规定，县级以上人民政府对本行政区域的食品安全监督管理工作全面负责，统一领导、组织和协调各项相关工作，建立健全食品安全监督管理协调机制，切实落实食品安全监督管理责任。县级以上人民政府的市场监督管理部门主管本行政区域内食品生产经营活动的监督管理工作，卫生、农业、林业、城市管理、公安以及海关等有关部门，在各自职责范围内协同开展食品安全监督管理工作。在食品召回方面，市场监督管理部门会对食品生产者的召回情况进行严格监督检查，并对召回结果进行科学评估，依据评估结果采取进一步措施，如针对召回效果不佳的企业责令其重新召回或者采取其他整改措施，以此确保食品召回工作达到预期效果，维护食品安全市场秩序。

依据2018年12月29日第十三届全国人民代表大会常务委员会第七次会议《关于修改〈中华人民共和国产品质量法〉等五部法律的决定》修正后的《中华人民共和国食品安全法》相关规定：国务院设立食品安全委员会，其职责由国务院规定。在机构改革后，原食品药品监督管理职责整合，现国务院食品安全监督管理部门即国家市场监督管理总局，依照本法以及国务院所规定的职责范畴，对食品生产、流通、经营等全链条活动实施统一监督管理。国务院卫生行政部门则依照本法和国务院规定职责，组织专业力量开展食品安全风险监测工作，运用科学方法进行风险评估，并会同国务院食品安全监督管理部门，基于严谨的科学依据制定并向社会公布食品安全国家标准，为食品行业提供明确规范。国务院其他有关部门，也需依据本法以及国务院明确的职责，协同承担与食品安全相关的各项工作，如农业农村部门负责食用农产品从种植养殖环节到进入批发、零售市场或生产加工企业前的质量安全监管等，形成全方位、多层次的食品安全监管体系。

在地方层面，县级以上地方人民政府肩负本行政区域食品安全监督管理工作的总责，需充分发挥领导职能，统一组织、协调本行政区域内的食品安全监督管理工作，同时建立高效的食品安全突发事件应对机制，制定应急预案并定期演练，以保障公众健康与安全。此外，县级以上地方人民政府还需着力构建食品安全全程监督管理工作机制，从农田到餐桌，涵盖种植养殖、生产加工、流通销售、餐饮服务等各个环节，实现无缝监管；并搭建信息共享机制，促进各监管部门间的数据流通与协作。县级以上地方人民政府依照本法和国务院相关规定，因地制宜确定本级食品安全监督管理、卫生行政部门以及其他诸如农业农村等有关部门的具体职责，确保各部门在各自职责范围内，对本行政区域的食品安全监督管理工作各司其职、协同配合。县级人民政府食品安全监督管理部门，为进一步延伸监管触角，提升监管效能，可在乡镇或者特定区域设立派出机构，对基层食品生产经营活动进行常态化监督检查，及时发现并处置食品安全隐患。

针对食品召回监督方面，《中华人民共和国食品安全法》第六十三条明确规定，当食品生产经营者未依照规定召回或者停止经营不符合食品安全标准的食品时，县级以上人民政府食品安全监督管理部门，即市场监督管理部门，有权责令其召回或者停止经营。市场监督管理部门在履行食品召回监督职责时，需严格把关，从食品生产源头开始，对原材料采购、生产加工工艺合规性等进行监督；到市场流通环节，包括食品运输、仓储、销售等各个节点，全面把控食品召回的相关流程。监督食品生产经营者及时制定召回计划，确保问题食品迅速、有效从市场召回，并监督其对召回食品采取无害化处理、销毁等措施，防止问题食品再次流入市场，切实保障消费者的合法权益与食品安全，维护良好的市场秩序。

食品召回监督主体的主要职责在于审查食品召回计划、监督召回过程（图 10-4），具体可以概括如下：

（1）确认召回食品的品种、质量，向食品生产经营者发布召回令。

（2）审查食品生产经营者的食品召回计划、食品召回记录和通知情况。

（3）监督食品召回的全过程，核查食品生产经营者对已召回食品所采取的补救措施、无害化处理方式或销毁程序的合规性与有效性。

（4）对于未依照规定召回不符合食品安全标准食品的生产经营者，责令其依法开展召回工作。

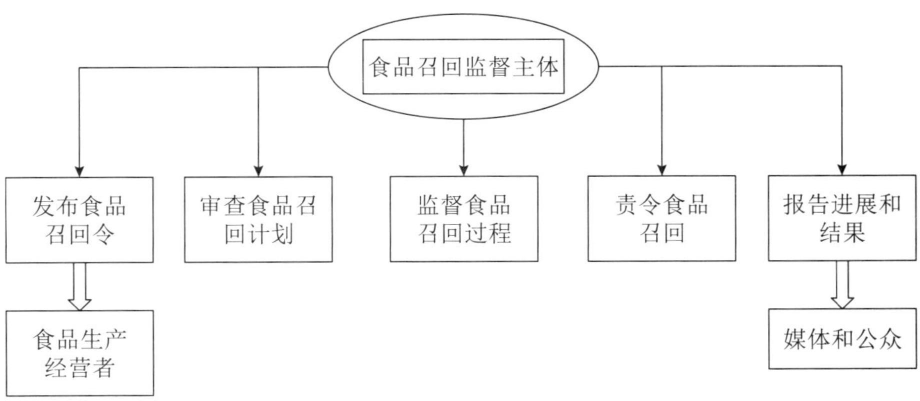


图 10-4　食品召回监督主体的主要职责

## 10.2.2　食品召回程序

规范的食品召回程序是食品召回体系的重要组成部分，也是确保食品召回制度有效实施的重要基础。英、美等国家借鉴了缺陷汽车召回的模式，发展出食品召回制度，强调食品召回方案的报告和许可程序。在缺陷汽车召回程序中，制造商一旦发现产品存在缺陷，首先应向行政主管部门报告，并对产品缺陷进行危害风险评估，提交缺陷汽车的召回处理方案。该方案需经行政机关批准后，方可实施。英、美等国家在食品召回程序上，除了主动召回外，还建立了一套与缺陷汽车召回相似的工作程序和操作模式。中国的食品召回流程大致可分为如图 10-5 所示的四个关键阶段。

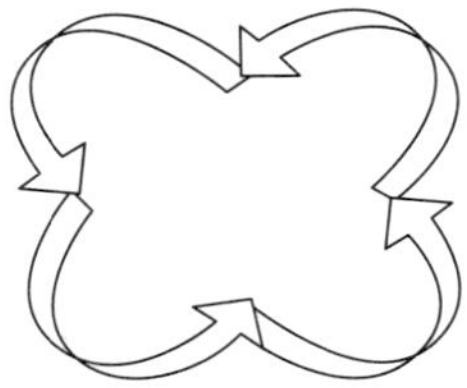


图 10-5　食品召回程序

### 1. 制订食品召回计划

关于食品召回计划的制订和实施是否需要经过食品安全监督管理部门批准，主要存在许可制和备案制两种观点：

（1）许可制观点源自英国、美国等国的食品召回制度，主张食品召回计划的制订和实施应采用许可制。在美国，食品召回计划必须经过美国农业部食品安全检验局（FSIS）或美国食品药品监督管理局（FDA）的批准方可实施，且只有经过 FSIS 或 FDA 的认可，才能终结召回程序。在中国，依据《食品召回管理办法》，食品召回计划实行的并非审批制度，而是备案与评估相结合的制度。当食品生产者通过自检自查、公众投诉举报、经营者和监督管理部门告知等方式，知悉其生产经营的食品属于不安全食品并决定主动召回时，应按照食品安全风险的严重和紧急程度，分级别在规定时间内向县级以上地方市场监督管理部门报告召回计划。比如，一级召回需在知悉食品安全风险后 24 小时内启动并报告召回计划，二级召回为 48 小时内，三级召回为 72 小时内。县级以上地方市场监督管理部门收到食品生产者的召回计划后，必要时可以组织专家对召回计划进行评估。若评估结论认为召回计划应当修改的，食品生产者应当立即修改，并按照修改后的召回计划实施召回。同时，食品生产者应当按照召回计划召回不安全食品，召回行动结束后，对于召回效果等也需接受监管部门监督，若涉及责令召回情形，同样需遵循上述备案与评估流程，而非先经审核批准才可实施召回。只有当召回行动完成且达到预期目的，经市场监督管理部门确认后，方可宣告召回程序正式结束。

（2）备案制观点则来自上海市食品药品监督管理局的《缺陷食品召回管理规定（试行）》。该规范性文件设定了主动召回和责令召回两种方式。在主动召回程序中，第十五条第三款规定：“市食品药品监管局应当对食品生产经营者提交的召回报告、召回计划及召回通知书进行审查，认为需要提出意见的，一级缺陷食品的召回应当在接到召回计划和召回通知书后 24 小时内提出，二级、三级缺陷食品的召回应当在 72 小时内提出。逾期未提出意见的，视作同意。”第十九条第二款规定：“市食品药品监管局应当对食品生产经营者提交的召回终结报告进行审查，认为需要提出意见的，应当在 3 天内提出。逾期未提出意见的，视作同意。”该文件同时规定，责令召回程序参照主动召回程序执行。因此，该规范性文件对食品召回计划的制订和实施，采用了备案制而非许可制。

随着食品安全监管体系的不断发展和完善，如今的食品召回相关规定在多方面有所更新与拓展。在食品召回实践中，从食品生产源头到市场流通各环节，市场监督管理部门通过多种手段确保食品召回工作有效开展，保障消费者的合法权益与食品安全。

（3）食品召回计划的主要内容：任何食品生产者在发现其生产的食品属于应当召回的范畴时，应当及时拟定书面的召回方案，并严格按照计划组织实施。该召回计划应涵盖以下核心内容：

①停止生产不符合食品安全标准的食品的情况。

②通知食品经营者停止经营不符合食品安全标准的食品的情况。

③通知消费者停止消费不符合食品安全标准的食品的情况。

④食品安全隐患的具体类型、形成原因、潜在受影响的消费群体，以及事件的严重性和紧急程度等内容。

⑤召回的具体安排，包括执行该计划的组织结构、相关联系人的方式，以及召回的具体方法、覆盖范围与完成时限等要素。

⑥召回的预期效果。

⑦召回食品后的处置措施。

### 2. 启动食品召回

食品生产企业作为食品召回的首要责任主体，必须主动承担并启动召回流程。在启动召回程序的过程中，应落实以下关键工作。

（1）由企业主要负责人组织召开召回专题会议，审阅与问题食品相关的所有资料和信息。

（2）判断是否确需实施召回。首先开展食品安全风险评估，若评估结果表明产品存在食品安全隐患，应明确召回的具体方式和操作方案。

（3）向当地食品召回协调组织报告。

### 3. 实施食品召回

根据食品安全风险评估的结果，食品不符合安全标准的程度不同，其召回的级别也应相应区分，召回的范围和规模也会有所差异。应根据问题食品被发现的具体环节，合理确定召回的层级；若在批发或零售阶段发现尚未销售给消费者的不合格食品，可在商业环节内部组织召回；若食品已被消费者购买，则需在消费层级实施召回。

一旦发现存在食品安全问题，食品生产企业必须立即采取双重措施：一方面立刻停止问题食品的生产和销售，通知经营者将相关产品从货架上撤下并单独存放，等待进一步处理；另一方面，应通过新闻媒体及店内公告发布经食品安全监管部门审核的详细召回信息，迅速从消费者手中追回不合格食品，并根据实际情况采取修复、更换或销毁等措施，同时妥善安排消费者补偿工作。

4. 食品召回总结评价

食品召回工作结束后，食品生产企业需对整个召回过程进行系统总结与评估，具体包括以下方面：

（1）撰写食品召回进展报告，全面说明召回工作的各阶段进展情况。

（2）对召回的执行情况进行审查和评估，包括召回方案的落实情况、召回机制的运作效率、实际执行效果、相关人员的培训情况以及整体效果分析等。

（3）向食品安全监督管理部门提交总结报告。

（4）提出保证食品质量安全，防止再次生产、经营不符合食品安全标准的食品的措施。

### 10.2.3 食品召回体系实施的保障

食品召回体系是一个涉及众多利益主体且涵盖多个管理环节的复杂系统。构建科学且完善的食品召回体系，是确保食品召回制度顺畅运行的关键基础。美国等发达国家在多年的实践中，已建立起完善的食品召回体系，并在维护食品市场经济秩序、保护消费者合法权益方面发挥着积极作用。要形成一套科学完整的食品召回体系，不仅需要法律保障和技术支持，还离不开信息技术的支撑。因此，保障食品召回体系顺利实施的要素可以概括为以下几个方面（图 10-6）。

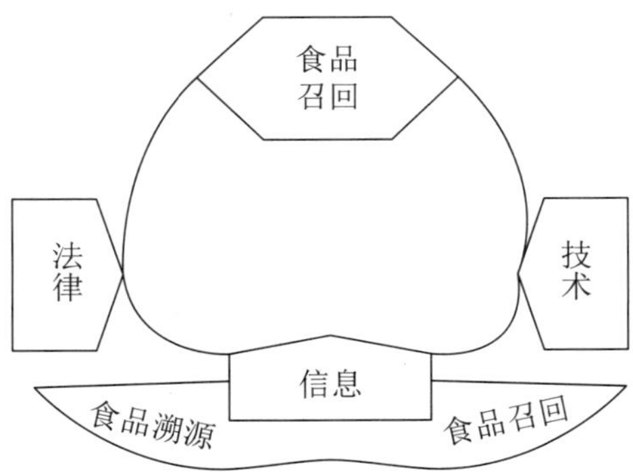


图 10-6 食品召回体系实施的保障因素

1. 完善国家食品召回法律法规

完善的法律法规是食品召回体系顺利实施的重要保障。在食品召回方面，仅依靠规章制度来规范其实施力度仍显不足，必须通过法律手段提供坚实保障，才能确保召回制度真正落地执行。因此，应根据我国食品召回管理的实际情况，尽快构建覆盖全国的食品召回法律法规体系，并推动各地区制定具备较强可操作性的地方性法规。同时，针对食品召回中的重点环节和重点领域，尤其是肉类、水产品等高风险食品的安全管理，有必要出台专项法律或实施细则。《食品安全法》的实施，为健全国家食品召回的法治框架、完善管理机构提供了制度基础和法律支撑。

### 2. 加强食品安全标准、食品安全检测和食品安全风险评估技术的研究

食品安全标准是辨识食品风险的基础，食品安全检测技术是确定食品危害程度及是否需要召回的有力工具，而食品安全风险评估技术是对不安全食品进行分级的主要手段。

由此可知，中国应逐步完善食品安全标准，着力建设一批技术水平与国际接轨、经权威机构认证的重点科研与检测平台。结合我国国情，有针对性、分阶段地开展部分高精尖检测技术的研究，推动先进检测仪器和设备的研发与应用。同时，应加快食品安全风险评估的相关研究工作，综合考虑食品上市时间、市场投放量、流通方式以及主要消费人群等因素，科学评估食品可能存在的安全风险及其严重程度。

### 3. 完善食品溯源系统

良好的食品溯源系统是实施食品召回的关键所在。在中国，不符合食品安全标准的食品在溯源方面存在困难，客观上制约了食品召回工作的顺利推进。随着信息技术的不断进步，条形码、射频识别（RFID）等关键溯源技术逐渐应用于食品供应链管理之中。这些技术可对食品原料在生产、加工、储运和销售等各个环节进行标识，并通过计算机信息系统实现全流程的动态管理。一旦发生食品安全事件，便可依托相关标识与记录，追溯产品的历史轨迹、流通路径及相关环节，从而迅速定位问题源头。可见，食品溯源技术能够在很大程度上提高不符合食品安全标准的食品的回收效率，为食品召回提供坚强的技术支持。因此，中国应面向整个食品供应链，广泛研究和应用食品溯源关键技术，逐步建立和完善食品溯源系统，实行“从农田到餐桌”的全程动态监控（岳红卫等，2025）。

### 4. 建立食品召回信息系统

食品召回信息系统的建立，不仅可以让消费者及时、便捷地获取食品安全信息，而且能够为公众提供充分透明的信息，使其在全面了解相关风险的基础上做出科学理性的判断和选择。更为关键的是，该系统为政府监管部门、食品供应链各环节的主体以及广大消费者搭建了一个高效的信息沟通平台，实现了召回信息的实时传递、精准推送和公开透明。这不仅拓展了各方沟通的渠道，提升了召回决策的科学性与合理性，同时也加强了召回过程中的管理与监督力度。通过该系统，政府能够更好地履行监管职责，食品企业能够及时响应并整改问题，消费者也能发挥社会监督作用，三方合力显著提升了食品召回的效率与及时性。由此可见，建立食品召回信息系统是确保及时、高效地收集可靠信息并采取正确的食品召回行动的有力举措。

在食品召回体系实施的保障因素中，除了法律、技术、信息等重要因素之外，还有专业人才和资金等保障因素，这些因素都会影响食品召回体系的正常运行和顺利实施。

## 10.3 食品召回与逆向物流

逆向物流涵盖了所有涉及资源循环利用、替代、再利用及资源最终处置的物流活动（于连姿等，2007），不可避免地存在于各类产品的供应链体系中。作为一个典型的逆向物

流过程，食品召回的实施意味着大量不符合食品安全标准的食品在逆向物流中流动。因此，在食品召回体系中合理规划和管理逆向物流，不仅能够优化资源配置、提高生态效率，还能有效降低食品召回成本，显著提升整个食品供应链的核心竞争力。

### 10.3.1 逆向物流

随着物流行业的持续发展，环保要求的提升、产品召回法规的出台，以及退货和报废产品回收与再利用力度的加大，逆向物流的概念日益受到重视。众多国际知名企业已将逆向物流战略视为增强竞争力、提升客户价值和优化供应链整体绩效的关键举措（曹益平等，2016）。在中国，大多数企业在构建物流系统时，主要关注正向物流（forward logistics）系统。然而，实践表明，仅依靠正向物流系统显然无法满足企业的全面需求，因此，构建完善的逆向物流系统显得尤为重要。这不仅有助于提升客户服务水平，还能有效应对产品召回等突发情况，提高企业的应变能力和整体运营效率。

#### 1. 逆向物流的定义

逆向物流（reverse logistics）这一概念最早由 Stock 于 1992 年在美国物流管理协会（Council of Logistics Management，CLM）的一份研究报告中提出（李敏等，2006）。Stock 将逆向物流定义为涵盖产品退回、物品再利用、废弃物处理、再处理、维修和再造等环节的物流活动。1999 年，美国逆向物流执行委员会（The Reverse Logistics Executive Council，RLEC）主任 Rogers 博士与 Tibben Lembke 博士出版了首部关于逆向物流的专著，提出逆向物流是为了重新获取产品价值或进行妥善处置，产品从消费地返回来源地的移动过程。Rogers 和 Tibben Lembke 进一步指出，逆向物流配送系统由人员、流程、计算机软硬件以及承运商组成，这些要素协同作用，完成物品从终结地到来源地的流动。美国物流管理协会（CLM）则将逆向物流定义为规划、实施和控制原料、半成品库存、制成品及相关信息，从消费点到起点的经济高效流程，旨在回收价值和妥善处置。

中国在 2001 年制定的国家标准《物流术语》（GB/T 18354—2001）中，虽然没有明确给出逆向物流的定义，但通常将其分为两大类：回收物流和废弃物物流。回收物流（returned logistics）指的是不合格产品的返修、退货以及周转使用的包装容器从需求方返回供应方所形成的物品实体流动；而废弃物物流（waste material logistics）则是指经济活动中失去原有使用价值的物品，根据实际需求进行收集、分类、加工、包装、搬运、储存，并最终送往专门处理场所时所产生的物品实体流动。

产品在完成开发后，经过生产和供应链环节，最终传递到消费者手中。然而，产品在供应链的任何阶段都有可能被退回。因此，完整的供应链循环应包含正向物流和逆向物流两部分。正向物流是指商品和服务从供应方向需求方的物理流动；相反，逆向物流则是商品退回后的流程，包括刷新、维修、再制造及再生等再加工处置，目的是实现资源再循环利用或废弃物的妥善处理（图 10-7）。企业逆向物流作为经营活动的重要组成部分，通过有效管理逆向物流，企业能够降低资源消耗，提高劳动生产率，降低生产成本，增强产品竞争力。同时，逆向物流涉及大量的协调、安排、处置、管理和跟踪工作，需依托信息系统和运营管理系统的支持，才能构建高效的逆向物流体系。

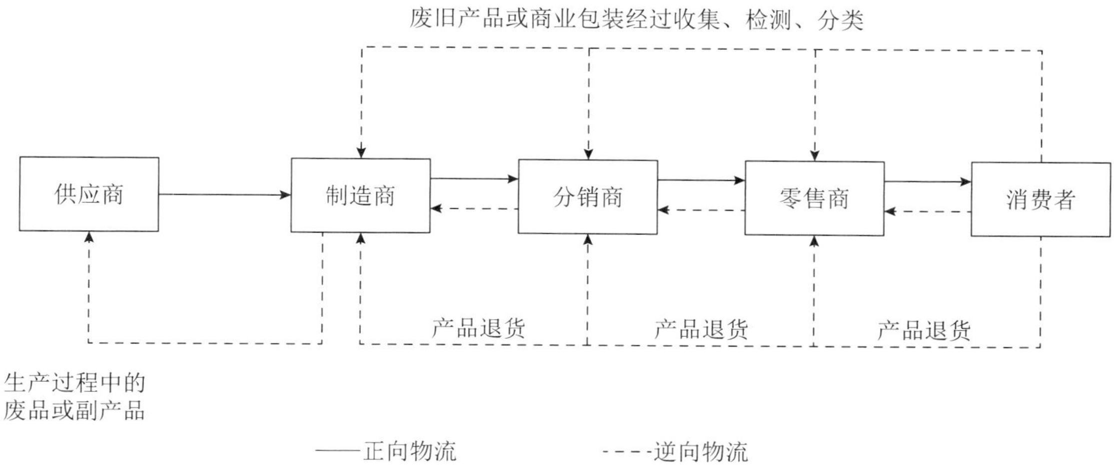


图 10-7 逆向物流示意图

### 2. 逆向物流的内涵

尽管对逆向物流的定义表述存在差异，但其核心内涵基本一致。逆向物流的内涵可以从流动对象、流动目的和活动构成三个方面进行阐述（王长琼，2003）。

（1）从流动对象的角度看，逆向物流涉及产品、运输容器、包装材料及相关信息，这些物品沿供应链渠道从最终目的地逆向流动。

（2）从流动目的来看，逆向物流旨在重新获取退货品、回收品或废弃产品的使用价值，或对最终产生的废弃物进行妥善处理。

（3）从活动构成来看，为实现逆向物流的目的，逆向物流包括产品或包装物的回收、重用、翻新、改制、再生循环及垃圾填埋等多种形式，同时涵盖正向物流过程中的资源节约活动。

尽管逆向物流涵盖范围广泛，但其最主要的流动对象是废弃物、次品及包装材料，这些物品从消费者和零售商逆向流向配送或生产加工企业。企业通过建立逆向物流系统，能够提升废次品的回收效率，促进其使用价值的快速恢复。

### 3. 逆向物流的类型

从不同的角度分析，逆向物流具有不同的类型。根据逆向物流内容的不同，可以将其分为两类：回收逆向物流和退货逆向物流（林秋平，2007）。

（1）回收逆向物流是指将最终消费者手中的废旧物品回收到供应链成员企业的过程，主要涵盖终端废旧产品、包装材料及产品载体的回收利用，同时也包括因食品安全标准不合格而产生的食品召回回收物流。

（2）退货逆向物流是指下游客户将不符合订单要求的产品退回给上游供应商或第三方物流公司的流程，其路径与正常产品流向相反。退货逆向物流主要涉及质量问题退货、订单错误退货、维修退货以及产品召回等类别。

逆向物流的具体分类如表 10-1 所示。

表 10-1 逆向物流的分类

| 项目 | 类别 | 周期 | 驱动因素 | 处理方式 | 例证 |
|---|---|---|---|---|---|
| 回收逆向物流 | 废旧产品 | 长期 | 国家立法、经济效益、社会效益 | 再生产循环利用、废弃处理 | 立法规定范围内的所有电子电器产品 |
| | 包装材料产品载体 | 长期 | 经济效益 | 再循环使用 | 托盘、条板箱、器皿、包装袋、纸盒 |
| 退货逆向物流 | 差错退货 | 短期 | 市场营销、客户满意服务 | 检查确认、退换货补货 | 重复、错误运输的所有产品 |
| | 质量问题退货 | 短期到中期 | 市场营销 | 再循环使用、废弃处理 | 积压库存、过期产品 |
| | 维修退回 | 中期 | 市场营销法规条例 | 维修处理 | 保质期内或承诺期内出现问题的产品 |
| | 产品召回 | 短期 | 市场营销法规条例 | 换货、退款处理 | 大批量存在问题的产品 |

### 4. 逆向物流的特殊性

逆向物流作为产品供应链的重要组成部分，已成为提升生态效益和经济效益的关键措施。相较于正向物流，逆向物流具有以下几个方面的独特性。

（1）流动的逆向性：在逆向物流中，退回的商品或报废物品的流动方向通常是从消费者经过中间商，再到生产厂家，最终抵达原材料或零部件供应商。这一流向与供应链体系中物流的主流方向完全相反，起点也与正向物流的起始点截然不同。此外，逆向物流的实物流动和信息流动可以由任何一个供应链成员驱动，是对市场需求的积极或被动响应。

（2）逆向物流的不确定性：由于废旧物资、缺陷产品、维修物品的产生来源分散在产品供应链的各个环节，涉及社会各个层面，其不确定性主要体现在以下几个方面：首先，逆向物流的需求时间、地点和数量难以准确预测，存在较大的不确定性；其次，逆向物流的终点可能是供应链中的任一节点，目的地具有多样性和不确定性。

（3）逆向物流的缓慢性：其主要表现在以下三个方面。

①逆向物流的物品积累速度较慢，且处理流程复杂，导致整体回收效率不高。在初期阶段，逆向物流中回收的物品种类繁多但数量较少，只有经过持续汇集才能形成规模效应。

②废弃物的收集、分类、检验及循环利用是一个环节繁杂且技术要求较高的过程。

③收集的废弃物难以立即实现价值恢复，需经过分拣、检测、改造和加工等多个步骤，有时只能作为原材料重新进入生产环节，这意味着资产的价值恢复需要较长周期，经济效益不会立刻显现。

（4）逆向物流的复杂性：由于逆向物流的回收源头分布广泛且较为分散，难以实现统一集中运输；在回收过程中，不同类型和状态的物品通常混杂在一起，必须先经过分类和检测，才能明确其归属和处理方式。资源再利用方式多样，不同处理工艺对价值恢复的效果也有差异，进一步加剧了逆向物流处理流程的复杂性。此外，某些回收物品对处理方式有特殊要求，例如用于二级市场销售的商品需去除原有标识、重新贴牌等，也增加了操作的难度与成本。

（5）处理费用的昂贵性：主要表现在两个方面：回收或退货物品的来源分散、数量不稳定，且多数缺乏完好包装，难以实现运输与仓储的规模效益，导致物流效率低下、运营成本上升；大量回收品需依赖人工进行检测、筛选与处理，难以实现机械化流水作业，不仅降低了处理效率，还大幅提高了人工成本。

（6）价值的双重性：在逆向物流的各个环节中，回收或退货产品因持续产生运输、储存与再处理等成本，其原始价值呈现递减趋势；但是经过加工处理，回收产品的重新应用，又降低了企业成本，带来经济利益。因此，从不同视角观察，逆向物流存在价值递减性和价值递增性。

### 10.3.2 食品召回逆向物流

随着市场竞争的日益激烈，在优胜劣汰的市场机制作用下，企业对其产品的责任范围不断扩展，现已涵盖产品的整个生命周期，食品供应链中的各参与方亦不例外。由企业在设计、生产、包装、销售及储运等环节中出现的质量问题所引发的严重后果，均需由企业承担相应责任。当不符合食品安全标准的产品在特定区域内对消费者造成损害、侵害其合法权益时，企业往往在市场压力或政府监管部门的推动下，对相关问题食品进行集中回收处理。在此过程中，逆向物流需求应运而生，这种情形便构成了典型的食品召回逆向物流，它包括回收逆向物流和退货逆向物流两种形式。

#### 1. 食品召回逆向物流的流程

依据《食品召回管理办法》，食品召回分为企业主动实施和监管部门责令执行两类。因召回方式存在差异，具体流程也相应有所不同（杨辉，2007），所以，相应的食品召回逆向物流的流程也有所差别。

（1）主动召回逆向物流的流程。食品生产经营者主动实施食品召回的逆向物流流程可以概括为：

①发现问题。

②调查原因。

③确定受影响的食品范围。

④确定召回方案。

⑤申请食品召回。

⑥不符合食品安全标准的食品回收并检验。

⑦不符合食品安全标准的食品销毁或再处理。

⑧提交食品召回阶段性报告。

（2）责令召回逆向物流的流程。政府责令相关企业实施食品召回的逆向物流流程可以概括为：

①发现问题。

②申请政府监督部门调查。

③调查备案。

④通知相关企业进行食品召回。

⑤确定受影响食品范围，提出食品召回方案。

⑥不符合食品安全标准的食品回收并检验。

⑦不符合食品安全标准的食品销毁或再处理。

⑧提交食品召回阶段性报告。

无论是主动召回还是责令召回，食品召回逆向物流的流动方向是一致的。主动召回和责令召回逆向物流的流程如图 10-8 所示。

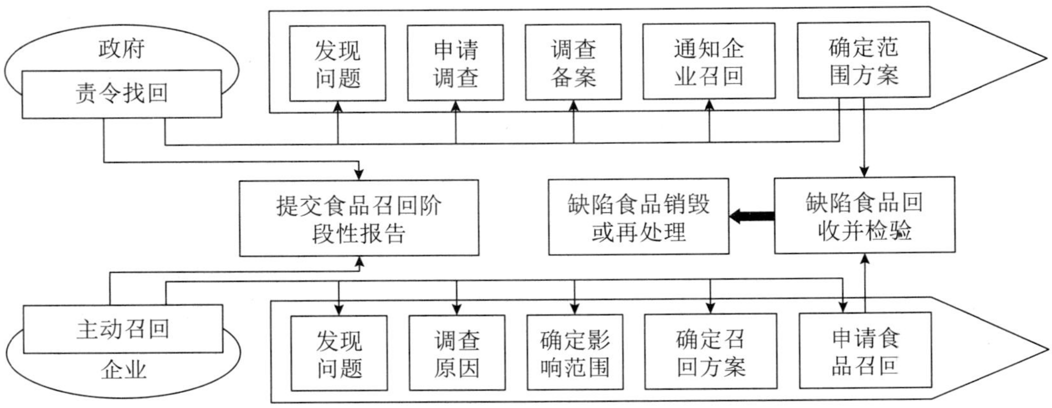


图 10-8　主动召回和责令召回逆向物流的流程

## 2. 食品召回逆向物流的关键控制点

在逆向物流控制研究领域，程宇（2004）对产品召回控制的关键点进行了深入研究。研究表明，有效控制产品召回的关键点能够显著提升效益并降低成本。在食品召回逆向物流领域，应重点关注以下几方面的关键控制点。

（1）不符合食品安全标准的食品溯源

无论是主动召回还是责令召回的逆向物流，均要求食品生产者在发现食品质量问题后，迅速确定受影响食品的种类、流向和流量，以便制定全面的食品召回计划。这一过程离不开食品溯源系统的支持。借助食品溯源系统，可以详细掌握食品的生产时间、批次、配方、所用材料及其状态、流向、流量等信息，并通过这些高度共享、相互关联的数据，追踪食品供应链各环节，快速查明不符合食品安全标准的食品在供应链中的流动和分布情况。例如，输入特定生产时段，即可迅速追溯该时段内的生产批次、产品类型、产量、状态、去向及流通量等信息。此外，食品生产者的生产系统和物流系统还必须支持召回后的收货、分拣、检验、控制、再处理等逆向物流活动，并确保这些活动在食品溯源系统中均有完整记录，以便后续追踪和溯源。

（2）不符合食品安全标准的食品回收和检验

由于不符合食品安全标准的食品存在潜在健康风险，需在最短时间内进行全面召回，力求覆盖所有问题食品。然而，鉴于食品流通地域广、流向分散、回收数量大等因素，召回过程面临较高难度和复杂的物流操作。因此，高效的物流系统成为召回成功的关键支撑。从控制节点来看，问题食品的召回流程在本质上与产品退货过程相似，但在某些流程和节点控制上，因食品召回的特殊性而有所区别。

①食品生产者应主动提供回收信息。退货通常由下游经销商向上游供应商提出申请，并提供退货清单；而食品召回则由上游食品生产者向下游食品经营者或消费者提出，并提供详细的回收清单。例如，在三鹿奶粉事件中，2008 年 9 月 11 日，石家庄三鹿集团股份有限公司发布召回公告，称自查发现 2008 年 8 月 6 日前生产的部分婴幼儿奶粉批次含有三聚氰胺污染，市场上约有 700 吨产品受影响。因此，在回收不符合食品安全标准的食品时，食品生产者必须主动提供准确的回收清单，明确标注回收食品的品种、批号、数量等信息。

②食品装车和分拣需按经营者或消费者分类。由于食品召回涉及从多个经营者或消费者处回收产品，属于一对多的关系，不同于退货的一对一关系。因此，召回食品在装车和分拣时，需按经营者或消费者分开，以便与食品溯源系统中的流向、流量数据进行核对，确认不符合食品安全标准的食品是否已完全召回。

（3）不符合食品安全标准的食品销毁或再处理

食品生产者对召回食品采取的补救、无害化处理和销毁等措施，必须经过严格审批，并在监督部门的指导下，按照规范程序执行。鉴于食品召回同时也是生产者面临的危机公关，召回食品的销毁或再处理过程最好在新闻媒体和政府相关部门的监督下进行，以缓解消费者担忧，增强社会信任。因此，召回食品的处理方式相比退货更为严格，必须采用公众认可、符合法律法规和科学标准的方法。

### 3. 食品召回逆向物流的实施难点

由于逆向物流本身所具备的特殊性，食品生产者在实施食品召回逆向物流过程中面临诸多难点。对这些难点进行深入分析，有助于食品生产者积极寻求解决方案，提升处理能力，从而有效提高食品召回逆向物流的控制水平。通常，食品召回逆向物流的实施难点包括以下几个方面：

（1）缺乏科学的食品召回逆向物流决策方法

食品召回逆向物流具有突发性强、规律性差等特点。在食品供应链中，正向物流系统通过对静态库存和动态运输的管理控制，确保食品通过高效、集成的渠道流向消费者，决策者可以对此进行优化。然而，食品召回逆向物流系统的流通渠道不可预知，且往往涉及非经济批量甚至单件产品的召回，难以进行科学的成本优化决策。

在责令召回模式下，食品生产者必须在限定时间内完成不符合食品安全标准食品的召回，准备时间不足。尽管在主动召回模式下，食品生产者通常有较充裕的准备时间，但食品质量缺陷的突发性依然存在。任何负责任的企业都不会允许频繁且有规律的食品质量问题发生，每次召回的具体原因各异，时间上无规律可循。食品生产者无法预知召回产品的数量和状态，每次召回都带来新的挑战。因此，食品召回对生产者的应变能力提出了严峻考验，考验其能否在面对突发大规模食品召回逆向物流时，快速、准确、科学地决策，完成召回任务。

（2）缺乏完善的食品召回逆向物流处理方法

相较于退货、回收等逆向物流，食品召回逆向物流的处理难度更大。以惠氏公司奶粉召回为例，需依据生产记录精准确定受影响奶粉的品种、数量及批次；物流中心则需在最短时间内掌握奶粉的详细流向。回收时，装车人员需仔细清点数量，核对品名和批号，防止遗漏；装车过程中还需对不同经营者的货物贴上明显标识，避免混淆。回收到物流中心后，应按经营者、品种、批号再次清点，并与惠氏公司的发货及销售记录核对。问题奶粉的销毁须严格遵循环保及相关技术规范，并在政府监管部门的监督下进行。这一系列环环相扣、严密的物流操作流程，必须在极短时间内完成。由此可见，无论是生产控制还是物流操作，食品召回都面临工作量大、精度高和时间紧迫的巨大挑战。

（3）缺乏有效的食品召回逆向物流信息平台支持

食品召回逆向物流对食品生产者的信息管理水平要求较高。以确定不符合食品安全标准食品的影响范围为例，食品生产者发现食品缺陷后，需尽快确定受影响的产品及数量。因此，生产信息系统必须详尽记录食品生产的各项细节，包括生产时间、批次及所用原材料等，且这些记录必须与实际生产活动完全一致，杜绝任何遗漏或偏差。否则，将无法准确界定食品缺陷的影响范围。可以说，食品召回是对食品生产者食品供应链管理及其正向物流信息管理水平的全面检验。只有食品供应链管理到位，物流信息流程记录完整，信息系统反馈灵活通畅，才能实现高效、便捷的食品召回逆向物流管理。

## 10.3.3 逆向物流在食品安全领域中的战略意义

逆向物流的迅猛发展不仅受到环境法规的推动，更源于其日益凸显的战略价值。作为企业竞争取胜的关键因素，政府和企业均投入大量资源支持逆向物流的建设和运营。众多企业不惜投入大量人力、物力和财力，致力于构建完善的逆向物流体系。作为供应链的重要组成部分，逆向物流通过一系列有效的控制措施和信息系统的建立，能够显著减少因退货或产品召回带来的资源损失，食品安全领域亦不例外。近年来，越来越多的食品生产企业将逆向物流纳入战略规划，使其成为降低成本、提升利润的重要途径，既带来了环境效益，也创造了显著的经济价值。这表明，逆向物流管理在食品安全领域具有重要的战略意义。

### 1. 提高客户服务水平，增强企业竞争优势

在 2025 年的商业版图中，买方市场的主导地位愈发凸显，客户需求与期望成为市场走向的决定性力量。客户价值已从边缘概念跃升为企业生存与持续发展的核心枢纽，企业战略的每一环都紧密围绕客户服务理念构建。唯有持续提升客户满意度、精心培育客户忠诚度，方能在激烈的市场竞争中赢得客户信任，稳固并拓展市场份额。

在此形势下，众多食品生产者将目光聚焦于完善逆向物流体系，以此作为提升客户体验、增强品牌竞争力的关键抓手。随着消费者权益保护意识的提升以及市场监管的日益严格，食品逆向物流的重要性与日俱增。当食品出现质量瑕疵、消费者改变购买意愿或产品临近保质期时，高效的逆向物流体系能够迅速响应，顺畅实现产品召回、退换货等操作。这不仅有力保障了消费者权益，降低了食品安全隐患，更让消费者切实感受到企业对其的重视与关怀，显著提升了客户满意度。例如，一些生鲜食品头部企业搭建了极速响应的逆向物流通道，一旦消费者反馈了食品存在质量问题，企业可在数小时内安排专人上门处理，进行换货或退款，极大增强客户对品牌的信赖。

从企业自身运营角度来看，逆向物流体系对不合格产品的质量分析与追溯功能，为生产工艺改进和质量控制体系升级提供了有力支撑，助力产品质量与安全水平显著提升。同时，逆向物流过程中收集的消费者反馈，有助于企业精准洞察市场需求变化，优化正向物流策略，提高正向物流的配送效率与服务质量。此外，借助物联网、大数据、区块链等前沿技术，食品生产者为逆向物流体系注入了新活力。物联网设备实现对回收食品全流程实时监控，确保运输与存储环节的安全性；大数据分析能够精准预测产品退货率与回收量，辅助企业合理规划物流资源；区块链技术则赋予食品逆向物流信息不可篡改、公开透明的特性，进一步夯实消费者对食品安全的信心。

可见，在当下食品行业，完善逆向物流体系已成为食品生产者提升客户满意度、增强客户信任、塑造差异化竞争优势的必由之路，为企业在复杂多变的市场环境中稳健前行筑牢根基。

（1）针对最终消费者而言，逆向物流的高效运行能够确保不符合订单要求的食品及时退回，有质量问题的不安全食品能够迅速召回，从而消除消费者的顾虑，提升其对食品生产企业产品和服务的信任度与复购率，进而帮助企业扩大市场份额。如今，越来越多的食品企业认识到，客户满意度是企业最重要的资产；而召回不符合食品安全标准的食品或不符合质量要求的产品，正是客户满意度的重要构成之一。

（2）对于食品供应链上的企业客户来说，合理且灵活的退货政策能够有效降低下游客户的经营风险，促进供应链成员间的紧密合作。因此，无论是消费者还是企业客户，良好的逆向物流管理不仅有助于维系长期稳定的客户关系，还推动食品供应链成员之间形成战略合作，避免因供应商变动带来的转换成本。实践证明，保持老客户比开发新客户的成本更低，且所带来的价值更大。这种稳定的合作关系能够增强整个食品供应链的竞争力。

### 2. 节约资源与降低成本，成为新的利润增长点

随着资源日益紧缺，产品的再生利用已成为企业降低生产成本的重要途径。一些国家通过法律法规，将生产者责任延伸至产品生命周期结束后，进一步推动逆向物流的发展，使其成为新的利润增长点。

回收产品经过翻新、改制等处理后，部分可作为生产原料或配件重新投入制造过程，或在二级市场进行再销售，实现资源的循环利用与价值最大化。例如，可口可乐公司推出的“1 元钱玻璃瓶”计划，通过提供可重复利用的玻璃瓶包装，使更多消费者能够品尝到

可口可乐。这一举措不仅节约了公司成本，还有效抢占了市场制高点，扩大了市场份额。在资源日益紧缺的背景下，采用再生资源或二手零部件已成为企业降低生产成本的关键途径。由于废旧物资价格低廉且来源广泛，回收并加工这些资源能够显著减少企业的物料支出，提升经济效益。

随着资源供求矛盾加剧，部分国家纷纷推行产品回收与再循环政策，促使一些企业发现逆向物流项目的新利润点。总之，开展逆向物流不仅有效节约资源、降低物料成本，还为企业创造了可观的经济收益。

### 3. 改善环境行为，提升企业形象

在2025年，公众的环境保护意识正以惊人速度提升，消费者对环境保护的期望已达到全新高度。他们不再仅关注当下生活品质，更将视野拓展至人类后代的长远未来，深度关切可持续发展与生存环境的维系。普华永道2024年消费者之声调查显示，超80%的消费者愿平均多花9.7%的钱购买可持续生产或采购的商品，近85%的人因亲身经历环境气候变化对日常生活的破坏，而优先选择践行可持续消费。

在此大背景下，企业的可持续发展战略已从可选项转变为必答题，成为衡量其履行社会责任与伦理承诺的核心标尺。如今，企业的一举一动都受到消费者、监管机构及社会各界的密切关注。若企业对可持续发展无动于衷，不仅可能面临监管处罚，还将被消费者抛弃，被市场边缘化。而积极投身可持续发展的企业，能够有效降低运营风险，开拓新的市场空间，吸引更多认同其理念的消费者与投资者。例如，在供应链管理中，企业建立绿色供应链，可减少碳足迹与环境污染，契合全球绿色采购与认证的趋势，增强国际竞争力。

越来越多的企业意识到，可持续发展不仅关乎环保，更是企业实现长远发展的战略机遇。通过绿色创新，企业能开发出更环保、更具竞争力的产品与技术，提升资源利用率，降低生产成本。将可持续发展理念融入企业文化，还能吸引和留住优秀人才，提升员工的工作积极性与忠诚度。在信息传播极为迅速的当下，企业的可持续发展举措能够通过多渠道广泛传播，提升企业透明度，赢得公众与媒体的信任，树立良好的品牌形象。

日益严格的环保法规和污染收费政策，为食品企业的经营行为设定了更高的规范标准。企业通过推行逆向物流战略，不仅能显著减少产品废弃物的排放，降低环境污染和资源消耗，还积极承担起保护环境、为子孙后代保存资源的社会责任，从而在消费者心中树立了良好的企业形象。

### 4. 改进食品设计，促进食品质量持续提升

逆向物流在推动食品企业不断完善食品质量管理体系方面发挥着至关重要的作用。根据《质量管理体系 要求》（ISO 9001：2015），企业的质量管理活动呈现为一个闭环过程，涵盖计划、实施、检查和改进四个环节。逆向物流恰好处在检查与改进之间，扮演着承上启下的桥梁角色。借助逆向物流信息系统，退货所反映的食品质量问题及包装外观缺陷等相关信息能够及时反馈至质量管理部门和食品设计部门。这不仅激励设计部门在食品结构与包装设计上持续创新，也助力质量管理部门更高效地推进全面质量管理，从而提升食品质量和产品竞争力。同时，逆向物流还能帮助企业及时消除质量隐患，降低退货率和逆向

物流的总体负担。

尽管中国在食品安全管理方面已取得一定成效，逐步构建了食品安全管理体系，但与发达国家相比，中国在食品溯源、食品召回领域仍显稚嫩，亟需进一步完善。《食品安全法》的实施为中国食品安全管理的发展注入了新的动力，这将有力推动中国在体制、机制和法律法规等方面优化食品安全管理体系，营造一个统一开放、公平竞争且规范有序的食品市场环境。

# 参考文献

[1] 吴新敏，李文婷 .GS1 标准赋能食品全链追溯 [J]. 中国食品安全，2024（10）：51-56.

[2] 郝修振，付丽，申晓琳，等 . 畜产品可追溯信息管理机制研究进展 [J]. 中国畜牧杂志，2016，52（18）：30-34.

[3] 谈和义 . 融合区块链的湖羊肉农产品溯源系统研究 [D]. 湖州：湖州师范学院，2023.

[4] 张黔生 . 普洱茶质量安全可追溯行为管控研究 [D]. 昆明：昆明理工大学，2019.

[5] 荆会云 . 农产品质量追溯管理体系建设思考 [J]. 农业经济，2019（09）：142-144.

[6] 孔洪亮，吴新敏 .GS1 标准赋能全链追溯提升食品安全水平 [J]. 条码与信息系统，2024（01）：15-22.

[7] 石念，邵逸超，朱婕 . 国内外食品安全追溯互操作性标准化与启示 [J]. 标准科学，2023（06）：97-101.

[8] 陈娉婷，罗治情，官波，等 . 国内外农产品追溯体系发展现状与启示 [J]. 湖北农业科学，2020，59（20）：15-20.

[9] 柴豪杰，王艳艳 . 畜类肉品加工溯源系统研究综述 [J]. 乡村科技，2024，15（09）：129-134.

[10] 林派佳 . 食品安全风险分析及其在食品质量管理中的应用 [J]. 现代食品，2025（06）：135-137.

[11] 吴培，许喜林，张毅 . 食品安全风险分析与应用 [J]. 现代食品科技，2006（04）：200-203.

[12] 王玉环，徐恩波 . 农产品质量安全内涵辨析及安全保障思路 [J]. 西北农林科技大学学报（社会科学版），2004（06）：11-15.

[13] 何坪华，焦金芝，刘华楠 . 消费者对食品安全信息关注度的调查分析 [J]. 统计与决策，2007（23）：114-116.

[14] 毕文泰，田兆慧，梁远 . 食品安全风险与治理研究展望 [J]. 农业工程，2025，15（05）：157-162.

[15] 孙瑞琳，娄芳慧，马娇豪，等 . 我国食品安全预警机制的建立 [J]. 河南农业，2021（15）：58-59+62.

[16] 晏绍庆，康俊生，秦玉青，等 . 国内外食品安全信息预报预警系统的建设现状 [J]. 现代食品科技，2007（12）：63-66.

[17] Jakes A F，Jones P F，Paige L C，et al. A fence runs through it：A call for greater

attention to the influence of fences on wildlife and ecosystems[J]. Biological Conservation，2018，227：310-318.

[18] Ilbery B，Maye D. Food supply chains and sustainability：evidence from specialist food producers in the Scottish/English borders[J]. Land use policy，2005，22（4）：331-344.

[19] Bosona T，Gebresenbet G. Food traceability as an integral part of logistics management in food and agricultural supply chain[J]. Food control，2013，33（1）：32-48.

[20] Leistner L，Gould G W. Hurdle Technologies：Combination Treatments for Food Stability，Safety and Quality：Combination Treatments for Food Stability，Safety，and Quality[M]. Berlin：Springer Science & Business Media，2002.

[21] Blandine T. Establishment of a Pig Body Farm to Study Geophysical and Geochemical Analysis to Help Forensic Law Enforcement Locate Clandestine Graves[M]. Youngstown：Youngstown State University，2024.

[22] Huen E，Huen J，Stallkamp J. Verfahren zur kontrollierten Erfassung des Bearbeitungsweges wenigstens eines Teils eines Stueckguts sowie ein diesbezuegliches Erfassungssystem[J]. 2007.

[23] Qian J P，Yang X T，Wu X M，et al. A traceability system incorporating 2D barcode and RFID technology for wheat flour mills[J]. Computers and electronics in agriculture，2012，89：76-85.

[24] Zhao W X，Zhou K，Li J，et al. A survey of large language models[J]. arXiv preprint arXiv：2303.18223，2023，1（2）.

[25] Mishra A，Siy H. An interdisciplinary approach for teaching artificial intelligence to computer science students[C]//Proceedings of the 21st annual conference on information technology education. 2020：344-344.

[26] Lake B M，Ullman T D，Tenenbaum J B，et al. Building machines that learn and think like people[J]. Behavioral and brain sciences，2017，40：e253..

[27] Wang L，Ma C，Feng X，et al. A survey on large language model based autonomous agents[J]. Frontiers of Computer Science，2024，18（6）：186345.

[28] Dietrich J，Kozlenkov A，Schroeder M，et al. Rule-based agents for the semantic web[J]. Electronic Commerce Research and Applications，2003，2（4）：323-338.

[29] Busoniu L，Babuska R，De Schutter B. A comprehensive survey of multiagent reinforcement learning[J]. IEEE Transactions on Systems，Man，and Cybernetics，Part C（Applications and Reviews），2008，38（2）：156-172.

[30] Cheng Y，Zhang C，Zhang Z，et al. Exploring large language model based intelligent agents：Definitions，methods，and prospects[J]. arXiv preprint arXiv：2401.03428，2024.

[31] Olsen P，Borit M. The components of a food traceability system[J]. Trends in Food Science & Technology，2018，77：143-149.

[32] 李晨晓 . 食品溯源系统在保障食品安全中的作用探讨 [J]. 食品安全导刊，2025（06）：22-24.

[33] 谢晓伟 . 基于区块链技术的农产品质量追溯系统设计与实现研究 [J]. 大数据时代，2024（07）：60-65.

[34] 郭天一，谷利芬 . 基于区块链的农产品溯源系统的研究及探索 [J]. 电脑与电信，2023（09）：46-49.

[35] 孟猛 . 基于 B/S 结构的农产品质量安全追溯系统研究 [J]. 热带农业工程，2010，34（03）：21-24.

[36] 刘树，田东，张小栓，等 . 基于混合模式的农产品质量安全可追溯系统集成方法 [J]. 计算机应用研究，2009，26（10）：3804-3806.

[37] 叶艳兵，费奇，丁烈云 . 精准建造中以质量为驱动的项目绩效持续度量体系 [J]. 基建优化，2004（06）：4-7.

[38] Schmidt M D，Schmidt M S，Butelman E R，et al. Pharmacokinetics of the plant - derived κ - opioid hallucinogen salvinorin A in nonhuman primates[J]. Synapse，2005，58（3）：208-210.

[39] Rossmann A，Haberhauer G，Hölzl S，et al. The potential of multielement stable isotope analysis for regional origin assignment of butter[J]. European food research and technology，2000，211（1）：32-40.

[40] Branch S，Burke S，Evans P，et al. A preliminary study in determining the geographical origin of wheat using isotope ratio inductively coupled plasma mass spectrometry with 13 C，15 N mass spectrometry[J]. Journal of Analytical Atomic Spectrometry，2003，18（1）：17-22.

[41] Piasentier E，Valusso R，Camin F，et al. Stable isotope ratio analysis for authentication of lamb meat[J]. Meat science，2003，64（3）：239-247.

[42] Thiem I，Lu¨ pke M，Seifert H. Factors influencing the 18O/16O-ratio in meat juices[J]. Isotopes in Environmental and Health Studies，2004，40（3）：191-197.

[43] Schwertl M，Auerswald K，Schäufele R，et al. Carbon and nitrogen stable isotope composition of cattle hair：ecological fingerprints of production systems?[J]. Agriculture，ecosystems & environment，2005，109（1-2）：153-165.

[44] Hegerding L，Seidler D，Danneel H J，et al. Oxygen isotope ratio analysis for the determination of the origin of beef[J]. 2002.

[45] 王琬，鲁毅强，刘咸德，等 . 北京冬季大气颗粒物中铅的同位素丰度比的测定和来源研究 [J]. 质谱学报，2002（01）：21-29.

[46] Almeida C M R，Vasconcelos M T S D. Determination of lead isotope ratios in port wine by inductively coupled plasma mass spectrometry after pre-treatment by UV-irradiation[J]. Analytica chimica acta，1999，396（1）：45-53.

[47] 张西营，马海州，谭红兵 .Sr 的地球化学指示意义及其应用 [J]. 盐湖研究，2002，

10（3）：38-44.

[48] 黄志勇，杨妙峰，庄峙厦，等 . 利用铅同位素比值判断丹参不同产地来源 [J]. 分析化学，2003，31（9）：1036- 1039.

[49] Kelly S，Heaton K，Hoogewerff J. Tracing the geographical origin of food：The application of multi-element and multi-isotope analysis[J]. Trends in Food Science & Technology，2005，16（12）：555-567.

[50] Almeida C M R，Vasconcelos M T S D. Does the winemaking process influence the wine 87Sr/86Sr? A case study[J]. Food chemistry，2004，85（1）：7-12.

[51] Franke B M，Gremaud G，Hadorn R，et al. Geographic origin of meat—elements of an analytical approach to its authentication[J]. European Food Research and Technology，2005，221（3）：493-503.

[52] 张霞 . 食品微生物污染风险评估与监控方法探讨 [J]. 现代食品，2025，（12）：148-150.

[53] 杨春霞 . 食品安全化学性污染物高氯酸盐污染现状及风险管控策略 [J]. 黑龙江农业科学，2023（04）：71-76.

[54] 顾晨荣 . 食品相关产品安全溯源系统与生物性污染控制对策研究 [D]. 上海：上海师范大学，2017.

[55] 傅骏青，高牡丹，范丽，等 . 我国食品中放射性核素检验及污染暴露水平 [J]. 食品安全质量检测学报，2024，15（03）：165-173.

[56] 李家辉，姚欢，肖鹏，等 . 蛋白质标志物的免疫质谱分析方法及应用进展 [J]. 计量科学与技术，2025，69（07）：18-29.

[57] 史喜菊，马责平，刘全国，等 . 欧盟的食品追溯体系 [J]. 中国畜牧兽医文摘，2007（04）：10-11.

[58] 马汉武，王善霞 . 实施可追溯系统所需的技术 [J]. 中国禽业导刊，2006（14）：32.

[59] 潘耀谦，金春彬 . 聚合酶链反应（PCR）技术体系研究进展 [J]. 动物医学进展，1999（04）：11-17.

[60] 周用武 .DNA 技术鉴定动物物种研究评述 [J]. 通化师范学院学报，2008（02）：48-51.

[61] 武敬亮，苏智先，田桂香，等 .PCR-RAPD 技术在植物生态学中的应用 [J]. 生物技术，2004（01）：61-62.

[62] 张奇志 .DNA 探针和 PCR 技术在食品检测中的应用 [J]. 广东农工商职业技术学院学报，2007（02）：53-56.

[63] 付志勇，郑子伟，祝天宇，等 . 精准计量视角下实时荧光定量 PCR 技术在传染病检测领域的创新应用与发展 [J]. 计量与测试技术，2025，51（07）：118-121.

[64] Suzaki M，Yamakita O，Horikawa S，et al. A horse identification system using biometrics[J]. Systems and Computers in Japan，2001，32（14）：12-23.

[65] 穆伟斌，张淑丽，王晓东，等 . 基于虹膜识别的身份鉴别系统设计 [J]. 齐齐哈尔大学学报（自然科学版），2014，30（03）：57-59.

[66] 马文杰，黄彦天 . 虹膜识别技术的发展综述 [J]. 现代计算机，2023，29（17）：18-24.

[67] Daugman J.How iris recognition works[M]//The essential guide to image processing. Academic Press，2009：715-739.

[68] 刘洋，王锋 . 虹膜识别技术的应用及发展趋势 [J]. 科技信息，2011（14）：9.

[69] 孙尚帮，姚鹏，周足红，等 . 虹膜识别中噪声的检测与处理方法 [J]. 电路与系统学报，2012，17（01）：5-10.

[70] 王凤随，冯桂 .Radon 变换在虹膜去噪中的应用 [J]. 微计算机信息，2007（25）：267-269.

[71] Wildes R P. Iris recognition：an emerging biometric technology[J]. Proceedings of the IEEE，2002，85（9）：1348-1363.

[72] 刘文，王菁 . 我国食品召回制度的现状和特点 [J]. 食品科技，2007（12）：1-4.

[73] 刘伊婷 .《食品召回管理规定》解读 [J]. 中国质量技术监督，2007（11）：10-11.

[74] 谢杨 . 对我国食品召回制度的探讨 [J]. 中国卫生法制，2004（03）：34-35.

[75] Thomsen M R，McKenzie A M. Market incentives for safe foods：an examination of shareholder losses from meat and poultry recalls[J]. American Journal of Agricultural Economics，2001，83（3）：526-538.

[76] 杨明亮，赵亢 . 发达国家和地区食品召回制度概要及其思考 [J]. 中国卫生监督杂志，2006（05）：326-332.

[77] 袁健群，叶桦，丁宪，等 . 部分发达国家和地区食品召回制度的现状及其思考 [J]. 中国食品卫生杂志，2007（06）：529-533.

[78] 程言清，黄祖辉 . 美国食品召回制度及其对我国食品安全的启示 [J]. 科学 · 经济 · 社会，2002（04）：55-59.

[79] 王若聪，郑增忍，胡永浩，等 . 澳大利亚的食品召回制度及其特点 [J]. 中国食品卫生杂志，2006（01）：61-63.

[80] 解彤 . 中美食品召回制度的比较研究 [D]. 北京：首都经济贸易大学，2018.

[81] 丁甜甜 . 我国食品召回制度的现状研究及完善 [J]. 质量探索，2023，20（01）：87-92.

[82] 段云成 . 食品安全标准体系建设现状及其发展对策研究 [J]. 食品安全导刊，2023，（15）：9-11.

[83] 郭雨秋 . 我国食品召回制度存在的问题及完善研究 [D]. 南京：南京农业大学，2021.

[84] 岳红卫，丁采凤，李瑞，等 . 区块链技术在食品溯源中的典型应用及问题分析 [J]. 食品与发酵工业，2025，51（12）：378-384.

[85] 于连姿，孟凡胜．论农产品绿色物流的现状与对策 [J]. 哈尔滨商业大学学报（社会科学版），2007（05）：69-71+128.

[86] 曹益平，钟妙．“互联网 +”战略下我国逆向物流新模式的构建途径 [J]. 商业经济研究，2016（21）：104-106.

[87] 李敏，赵涛．第三方逆向物流供应商的选择 [J]. 西北农林科技大学学报（社会科学版），2006（04）：73-77.

[88] 王长琼．国外逆向物流的经济价值及管理策略初探 [J]. 外国经济与管理，2003（08）：18-21.

[89] 林秋平．第三方逆向物流及其信息管理平台开发 [D]. 成都：成都理工大学，2007.

[90] 杨辉．企业构建逆向物流的关键控制环节研究 [J]. 铁道货运，2007（05）：1-4.

[91] 程宇．企业逆向物流的控制 [J]. 中国物流与采购，2004（18）：50-53.